交通运输战略规划政策研究项目

CHUANBO HE GANGKOU WURAN
FANGKONG JISHU YU ZHENGCE YANJIU

船舶和港口污染
防控技术与政策研究

汪守东　程金香　徐洪磊　编著

人民交通出版社股份有限公司
China Communications Press Co.,Ltd.

内 容 提 要

本书共分为5章，分别为绪论、船舶污染防控技术、港口污染防控技术、船舶与港口污染事故应急技术、船舶与港口污染物监测监管技术，对4项技术领域的发展现状、存在的主要问题、未来技术发展需求等进行了分析，提出了技术研发和推广应用的技术清单、技术推广和鼓励应用的引导政策以及需要修订的系列技术标准规范建议。

本书旨在为政府部门制定船舶与港口污染防控有关标准规范和技术政策提供参考，也可供码头、航运企业、高校及科研单位借鉴和参考。

图书在版编目（CIP）数据

船舶和港口污染防控技术与政策研究 / 汪守东，程金香，徐洪磊编著．—北京：人民交通出版社股份有限公司，2019.9

ISBN 978-7-114-15720-2

Ⅰ．①船…　Ⅱ．①汪…②程…③徐…　Ⅲ．①船舶污染—污染防治②港口水域—污染防治　Ⅳ．①U676②U698.7

中国版本图书馆CIP数据核字(2019)第171333号

书　　名：船舶和港口污染防控技术与政策研究
著 作 者：汪守东　程金香　徐洪磊
责任编辑：杨丽改
责任校对：张　贺　龙　雪
责任印制：张　凯
出版发行：人民交通出版社股份有限公司
地　　址：（100011）北京市朝阳区安定门外外馆斜街3号
网　　址：http://www.ccpress.com.cn
销售电话：（010）59757973
总 经 销：人民交通出版社股份有限公司发行部
经　　销：各地新华书店
印　　刷：北京虎彩文化传播有限公司
开　　本：720×960　1/16
印　　张：12.75
字　　数：228千
版　　次：2019年9月　第1版
印　　次：2019年9月　第1次印刷
书　　号：ISBN 978-7-114-15720-2
定　　价：60.00元

编 写 组

组　长：汪守东　程金香　徐洪磊

副组长：李雪莲　张春昌　谢　燕　杨献朝　韩兆兴
吴　睿　李　涛

成　员：李　悦　支霞辉　郑超蕙　胡　怡　毛　宁
龚巍巍　王　征　王人洁　田荣洁　张利国
秦翠红　雷　立　申　伟　李明君　刘　晨

FOREWORD 前言

党的十八大从新的历史起点出发，针对我国面临的新发展问题，做出了“大力推进生态文明建设”的战略决策。当前，生态文明建设已经成为全社会、各行业的重要工作内容。《中共中央国务院关于加快推进生态文明建设的意见》《中共中央国务院关于全面加强生态环境保护坚决打好污染防治攻坚战的意见》等重要文件既做出了全局部署，也对各行业提出了具体的要求。

交通运输行业是社会经济发展的先行者，也一直是绿色发展、生态发展的积极实践者。近年来，我国的港口建设和航运发展迅猛，快速步入了世界航运和港口大国的行列，也将在今后一段时间内继续保持较快的发展势头。在欣喜于发展成就的同时，我们也发现水路运输的蓬勃发展给各地带来了不同程度的环境问题。为了践行生态文明建设，贯彻落实各项污染防治工作任务，水运行业将船舶与污染防治作为工作重心之一，通过实施船舶排放控制区、普及船舶污染物接收转运处置设施、开展码头油气回收、推广 LNG 和岸电等清洁能源应用等工作，在推进航运节能减排的绿色发展方面取得了一定的成效。但是，各地的实践也表明了船舶与港口污染防治工作仍存在着不少短板，在部分重要的污染防治领域出现了技术水平不足和标准缺失的问题，这些问题已经成为制约我国船舶和港口污染防治工作的瓶颈。

为全面提升我国船舶与港口污染防治水平，有力支撑船舶与港口污染防治工作的顺利推进，需厘清相关防控技术和技术政策体系，查漏补缺，划出合理的技术发展路线，提出重大科技攻关方向，支撑相关技术政策和标准体系的制定，交通运输部组织开展了《船舶与港口污染防控技术方向与技术政策研究》。该课题研究由交通运输部规划研究院牵头，联合交通运输部水运科学研究院，共同组成了20余人的专业研究团队，在交通运输部相关司局的指导下，研究团队多次开展实地调研和专家咨询，几经修改，历时2年多完成了成果研究。在此，对各地港口和海事主管部门给予的大力支持和各位专家给予的悉心指导表示衷心的感谢。

本书共分为5章，分别为绪论、船舶污染防控技术、港口污染防控技术、船舶与港口污染事故应急技术、船舶与港口污染物监测监管技术。全书系统总结了船舶港口污染防治工作现状及存在的主要问题，提出了污染防控技术的主攻方向、实用技术政策和标准制修订建议，研究成果已纳入交通运输部《交通运输重大技术方向和政策》成果汇编，本书提出的有关污染防控的技术和技术政策已在港口及海事部门得到了应用，较好地发挥了经济和环境效益。此外，本书有力支撑了相关技术导则、标准和政策的制定和发布，一定程度上带动了相关环保产业发展，对行业转型升级以及建立较为完善的船舶与港口污染防治标准规范体系意义重大。在此，向所有为本书付出努力的仁人志士表示诚挚的感谢。

本书编者参考了不少相关领域的文献和著作，引用了国内外许多专家和学者的研究成果，在此向有关作者致以感谢。

限于我们的学术水平，本书尚存在一些不足和疏漏之处，恳请得到广大读者的批评指正。

编　者

2019年5月于北京

CONTENTS 目 录

CHAPTER ①

第一章

绪 论

生态文明国家战略是新时期我国发展思路、发展方向、发展着力点的集中体现。近年来，《大气污染防治行动计划》《水污染防治行动计划》以及《中共中央国务院关于加快推进生态文明建设的意见》相继发布，对加强交通运输行业绿色低碳节能减排发展、全面推进污染防治提出了工作要求。交通运输行业是社会经济发展的先行者，也一直是绿色发展、生态发展的积极实践者。为贯彻实施国家要求，推进绿色航运发展和船舶港口节能减排，交通运输部出台了《船舶与港口污染防治专项行动实施方案（2015—2020年）》《珠三角、长三角、环渤海（京津冀）水域船舶排放控制区实施方案》和《原油成品油码头油气回收试点工作实施方案》等系列政策文件，对船舶与港口污染防治相关工作做出了部署，明确了船舶与港口污染防治应以大气污染物、水污染物防治为重点，以减少污染物排放和强化污染物处置为核心，以完善法规标准体系和加强污染物排放监测监管为手段的船舶与港口污染防治整体工作思路。2016年，交通运输部发布《交通运输节能环保“十三五”发展规划》，明确将港口与船舶的污染防治作为“十三五”期间交通运输部重点推进工作之一，提出分阶段、分步骤设立排放控制区，推进原油和成品油码头油气回收治理、港口作业污染专项治理、船舶污染物接收设施建设、液化天然气（LNG）应用等工作。2017年，交通运输部印发《交通运输部关于全面深入推进绿色交通发展的意见》，要求推动建立港口和船舶污染物排放、船舶燃油质量等方面部门间的联合监管机制。根据交通运输部《关于印发交通运输重大技术方向和技术政策的通知》（交科技发〔2015〕163号），“船舶与港口污染防控技术”将作为今后一个时期行业重点发展的十大技术方向之一。为全面提升我国船舶与港口污染防治水平，有力支撑船舶与港口污染防治工作的顺利推进，需厘清相关防控技术和技术政策体系，规划出合理的技术发展路线，深入探讨重大科技攻关方向，研究制定相关技术政策和标准体系制修订方案。

我国是世界航运和港口大国。截至2018年末，我国港口拥有生产用码头泊位23919个（万吨级及以上泊位2444个），完成货物吞吐量143.51亿t，集装箱吞吐量2.51亿TEU；拥有水上运输船舶13.7万艘，仅长江干线航道，全年日平均标准船舶流量就达到647.6艘次。预计到2020年，我国国际、国内海运量增长幅度分别约为4%和5%，沿海港口货物吞吐量增长幅度约为5%，内河水运量增长幅度约7%。水路运输的蓬勃发展给船舶与港口污染防治带来了巨大压力。截至2016年底，全国港口污水处理设施超过720套，污水年处理能力超过2亿t；全国煤炭运输的上下水港、重点矿石运输港口均采取了粉尘污染控制措施，部分码头安装了油气回收装置和船舶靠泊使用岸电工程，有效降低了船舶和港口污染物排放。但是，目前船舶与港口污染防治工作仍不容乐观，还存在标准不健全、船舶大气污染治理相对滞后、船舶化学品洗舱水处置技术水平不高、危化品污染事故应急能力不足、行业监测和监管能力薄弱等诸多问题。从技术支撑角度看，船舶岸电及码头油气回收关键技术及国产化装备、高效低成本船舶污染物处置装备、港口污水集约化综合利用技术、危化品泄漏事故预警与应急处置技术、低温和结冰条件下溢油清除技术、大深度环境下的沉船抽油技术、船舶污染物监测监管技术、船舶与港口营运能效监测技术和相关标准等方面都已经成为制约我国推动船舶港口污染防治工作的技术瓶颈。

根据当前我国船舶与港口污染防治工作涉及的主要技术领域，本书将从船舶污染防控技术、港口污染防控技术、船舶与港口污染事故应急处置技术、船舶与港口污染物监测监管技术 4 个领域开展研究。通过全面分析上述 4 个领域的技术研发与应用现状、发展趋势和存在的主要问题，并面向需求，提出船舶与港口污染防控的技术框架体系及分类，以及未来 10 年重大关键技术的科研主攻方向，绘制相应的技术路线图，制定技术推广或鼓励应用的引导政策，探讨建立较为完善的船舶与港口污染防控技术标准规范体系。研究成果将指导我国船舶与港口污染防控技术的科技研发和推广应用，带动相关产业发展，对行业转型升级及建立较为完善的船舶与港口污染防治标准规范体系意义重大。

第一节　船舶与港口污染防治工作开展情况

一、船舶污染防治工作现状

（一）发展历程

我国很早就积极开展船舶污染防治工作。在联合国恢复合法席位后，我国于 1973 年加入政府间海事协商组织（简称海协），1975 年成为第二类理事国（在国际海上贸易方面有最大利害关系的国家）。1982 年，海协改名为联合国国际海事组织（简称 IMO），我国继续保持理事国身份，参与各种公约和决议的商讨，并逐步成为第一类理事国（在提供国际航运服务方面具有最大利害关系的国家）。为有效控制船舶污染，海协于 1973 年召开国际海洋污染会议，制定了 MARPOL 73 公约，但并未生效。1978 年 2 月，海协又制定了 MARPOL 78 议定书，并决定公约和议定书一起执行，称为《经 1978 年议定书修订的〈1973 年国际防止船舶造成污染公约〉》（简称《73/78 防污公约》）。我国于 1983 年 7 月 1 日加入《73/78防污公约》，成为该公约的缔约国。《73/78防污公约》于1983年10月达到生效条件，后经不断修正、调整各类决议，对船舶油类、散装有毒液体物质、生活污水、垃圾和空气的污染防治发挥了重大作用。

1. 工作起步阶段（1983—1995年）

20世纪80—90年代，我国主要依据MARPOL公约要求开展船舶污染防治工作，并对国际航行船舶实施港口国检查。1983年，我国依据MARPOL公约条款编制颁布了《船舶污染物排放标准》，提出了沿海和内河船舶污染防治要求。总体而言，按照船舶类型区分，我国船舶污染防治可分为国际航线船舶污染防治、沿海内贸船舶污染防治和内河船舶污染防治；按照污染物类型区分，可分为水污染防治、固体废物污染防治和大气污染防治；按照污染特征区分，可分为常规污染防治和事故污染防治等。

2. 体系建立阶段（1996—2007年）

21世纪初，交通运输部先后颁布了《中国海上船舶溢油应急计划》（2000年）及《北方海区溢油应急计划》《东海海区溢油应急计划》《南海海区溢油应急计划》《台湾海峡水域溢油应急计划》《防治船舶污染内河水域环境管理规定》（交通部令2005年第25号）、《航运公司安全与防污染管理规定》（交通部令2007年第6号）、《船舶及其有关作业活动污染海洋环境防治管理规定》（交通运输部令2010年第7号）、《防治船舶污染海洋环境管理条例》（国务院令第561号），对沿海和内河船舶污染物的监管、预防和应急等方面提出了明确要求，船舶污染防控制度体系逐步建立。2007年，国家发改委联合交通部印发了《国家水上交通安全监管和救助系统布局规划》，规划新建12个溢油应急设备库（点），建造沿海大型应急工程船3艘，建造沿海中型、小型应急回收船4艘，建造中小型内河多功能应急环保船5艘。

3. 全面深化阶段（2008至今）

自“十一五”期间开始，我国加大对国家船舶溢油应急设备库建设，在“十二五”期间基本完成了《国家水上交通安全监管和救助系统布局规划》要求，国家船舶溢油应急能力覆盖高风险水域。为扶持社会溢油应急力量发展，我国又颁布了《船舶污染海洋环境应急防备和应急处置管理规定》（交通运输部令2011年第4号）和《船舶污染清除协议管理制度实施细则》（海船舶〔2011〕211号）。2016年初，国家发改委联合交通运输部印发了《国家重大海上溢油应急能力建设规划》，进一步提出了船舶应急能力建设计划。

在不断提升船舶污染应急能力的同时，我国也加强了船舶常规污染物的控制。2013年，我国开始对《船舶水污染物排放控制标准》进行修订，2018年2月发布了《船舶水污染物排放控制标准》（GB 3552—2018）。后续又结合实际情况，先后修改了《防治船舶污染海洋环境管理条例》和《防治船舶污染内河水域环境管理规定》。2015 年 5 月，中国船级社发布《绿色船舶规范》，指明船舶绿色化是未来发展趋势。为落实国务院《大气污染防治行动计划》和《水污染防治行动计划》，2015 年 8 月底交通运输部印发了《船舶与港口污染防治专项行动实施方案（2015—2020 年）》，提出船舶与港口污染防治工作的 11 项任务。2015 年 12 月，交通运输部印发了《珠三角、长三角、环渤海（京津冀）水域船舶排放控制区实施方案》（交海发〔2015〕177 号），2018 年 11 月发布《船舶大气污染物排放控制区实施方案》（交海发〔2018〕168 号）进一步扩大控制区地理范围，加严控制要求。2016 年，我国开始探索船舶污染物监管联单制，拟通过港城协调、船岸衔接、多部门联合等方式，全面加强船舶污染物的接收、转运及处置。目前按照《水污染防治行动计划》要求，各港口城市均陆续印发了针对船舶污染物的联单管理制度和多部门联合监管制度。2017 年，交通运输部先后印发了《推进长江经济带绿色航运发展的指导意见》（交水发〔2017〕114 号）和《长江经济带船舶污染防治专项行动方案（2018—2020 年）》（交办海〔2017〕195 号），以进一步强化长江经济带船舶污染防治工作。2017 年 7 月，交通运输部发布《港口岸电布局方案》，这是针对港口岸电设施建设的顶层设计文件，进一步有序推进了我国港口岸电设施建设，控制船舶大气污染物排放。

（二）工作特点

1. 工作开展循序渐进

20 世纪 80—90 年代，我国船舶污染防治工作主要依据国际公约开展，管理手段较为单一，多关注于船舶水污染和固体废物的排放。21 世纪初，我国逐步建立适合于我国实情的船舶污染物管理制度体系，强调源头控制、确保合规排放和实施建设应急能力。近年来，随着国家生态文明战略的全面实施、人民群众环保诉求的日益强烈和行业转型升级的发展需求，我国船舶污染物防治工作呈现出全面推进的特点，包括制定绿色船舶规范、印发专项行动方案、设立排放控制区和建立联单制，体现出我国政府对船舶污染防治工作的高度重视。

2. 社会关注对相关工作起到了一定推进作用

总体而言，我国船舶污染防治工作稳步推进，但一些重大污染事故和社会新闻报道引发广大公众关注，对相关工作起到了阶段性快速推进作用。2010 年 7 月，大连新港发生爆炸，船舶溢油量达万吨以上，造成大量经济损失和严重海洋环境污染，引发社会对船舶溢油污染和应急能力建设的议论和思考。2014 年前后，多篇新闻报道船舶排放的尾气影响人体健康，引起社会对船舶大气污染物排放的广泛关注，船舶排放控制成为港口城市污染控制的重点。

（三）存在问题

1. 先进技术自主创新能力不足

通过初步对比研究，我国在岸电、尾气后处理、压缩天然气动力船、危化品应急等前沿技术与国际先进水平尚存在较大差距，国内很多试点工程也均采用国外进口技术设备。先进技术国产化水平低、自主创新能力不足，是制约岸电、尾气后处理等船舶污染防控技术推广应用、进一步减少污染物排放的重要原因。因此，亟须对船舶污染防控的前沿技术进行系统梳理，针对性地开展技术攻关工作。

2. 标准政策亟待完善健全

标准、规范及相关政策缺失或不完善是现行船舶污染防治工作面临的突出问题。船舶尾气后处理技术、多污染物协同处理技术、LNG 技术等方面缺乏技术标准保障。船舶岸电、溢油应急等标准亟需修订完善。对于现有成熟的船舶污染防治技术也需要制定相应的推广和鼓励政策，因此，亟需在构建船舶污染防治技术体系的基础上，提出标准的制、修订建议和拟定的政策措施。

二、港口污染防治工作现状

（一）发展历程

我国政府和有关部门一直重视我国港口的环境保护工作。20 世纪 70 年代，各大港口（港航局）相继成立了环境保护专门机构，主要工作是组织“三废”治理和港区环境污染的日常监测，对港口环保工作提供了初步实践并初步完成了环保队伍构建。

1. 起步阶段

1979 年我国《环境保护法（试行）》颁布后，港口污染防治工作上升到了一个新的阶段。

20 世纪 80 年代，在交通部和环保部门的指导下，港口环保队伍得到了加强，环保设施得到了持续的投入和建设，从国家政策层面强化了环保设施管理和重点污染治理，为了港口环保工作持续稳定发展创造了条件。

20 世纪 80 年代后，随着我国改革开放的持续发展，港口污染防治工作面临了很多新的挑战：如大量业主码头的建设和运营、港口环保队伍的萎缩和职能的调整、新建港区的大量使用等。港口的环保执行主体大多是原来的港务单位，过去一直代表港口当局履行和实施防止海洋污染公约的义务，同时也是港口环保工作的具体执行者。随着20世纪末港口政企分开，原来作为港口主体的港务单位完全成为港口经营企业，过去属于港口行政的职能相应划入政府行政系列。在港口经营企业单位的价值取向和追求目标随之发生变化的过程中，原有的一些义务和责任相对也出现了调整。

我国于1983年7月1日加入了《国际防止船舶造成污染公约》(MARPLO 73/78)。成为该公约的缔约国，对我国港口和船舶污染防治工作提出了与国际标准接轨的要求。经过多年努力，我国港口在履行MARPLO 73/78公约义务和执行国家环保法规的过程中，形成了以地方环保部门负责陆域环保管理及协调各部门的综合环保管理体系，海事部门牵头的海上溢油应急管理和对船舶污染监督的监管体系，港务单位负责接收处理靠泊船舶废弃物和对码头作业的环保管理实施体系，以及各类专业公司承担海上废弃物接收处理及溢油应急清污工作的专业队伍体系。

2. 体系建立阶段

21世纪初，交通运输部先后颁布了《交通建设项目环境保护管理办法（交通部令〔2003〕15号）》《船舶及其有关作业活动污染海洋环境防治管理规定》（交通运输部令2010年第7号）等文件，对港口、码头、装卸站提出了污染防治的相关规定。交通运输部制定了《港口码头溢油应急设备配备要求》（JT/T 451—2009），该标准已于2017年修订为《港口码头水上污染事故应急防备能力要求》（JT/T 451—2017）——用于溢油应急设备的配备标准，进一步规范了码头企业的溢油应急设备配置要求。

3. 全面深化阶段

随着十八大的胜利召开，我国港口的污染防治工作迎来了新的开局。2015年，交通运输部印发《船舶与港口污染防治专项行动实施方案（2015—2020年）》，制定5年船舶与港口污染防治的时间表和路线图。交通运输行业明确提出了2020年资源节约型和环境友好型港口发展目标，主要有：与2005年相比，2020年全国港口单位长度生产性泊位完成的货物吞吐量提高50%左右，岸线资源集约利用取得显著成效；港口生产单位吞吐量综合能耗下降10%左右，能源利用效率显著提高；港口粉尘综合防治率达到70%，港口污水综合处理率达到100%，主要污染物排放量显著下降。

2014年《防治船舶污染海洋环境管理条例》完成了修订，2016年《防治船舶污染内河水域环境管理规定》颁布实施，对港口、码头、装卸站以及从事船舶修造的单位的防污能力等提出了要求。

绿色港口建设和评选工作持续稳步推进。2011 年交通运输部发布的《“十二五”水运节能减排总体推进实施方案》提出“把建立绿色港口发展长效机制作为重要工作之一”。2013 年 4 月，交通运输部制定了《绿色港口等级评价标准》，对绿色港口的内涵、评价指标体系、评价方法等内容进行了详细界定，其作为推进绿色港口建设的行业标准，将成为推进港口节能减排工作的长效手段。2014 年 6 月，交通运输部发布《关于推进港口转型升级的指导意见》，进一步明确要求“加强技术和管理创新，推动港口绿色发展”“开展绿色港口等级评价”。

根据 2016 年 1 月 1 日起实施的《珠三角、长三角、环渤海（京津冀）水域船舶排放控制区实施方案》，我国在珠三角、长三角、环渤海（京津冀）水域设立了 3 个船舶大气污染物排放控制区，其中，自 2016 年 4 月 1 日起，长三角水域船舶排放控制区正式运行。

（二）工作特点

随着我国港口的快速发展，环境保护方面的科技创新工作扎实推进，在港口工程实践中积极采用新结构、新工艺、新材料和新技术解决环境污染问题成为环境保护技术发展的新趋势。

1. 水污染防治是港口环保的重点工作之一

水污染与废水的接收处置、跑冒滴漏、港池航道疏浚等因素有关，粉尘和冲洗废水等也会造成水污染。从目前港口污染防治工作现状来看，水污染依然是防治工作的重点和难点。在港口污水处理方面，还存在污水处理缺乏统筹规划、缺少船舶污染物的接收处理设施、港口污水的集约化综合利用水平不高等问题。

港口码头水污染防控技术包括生产废水及生活污水的收集处置技术。其中生活污水中的污染物相对简单，基本无毒性，可生化改进性好，收集处置技术较成熟。生产废水收集处置技术包括含油污水、散装有毒液体废水、含煤污水、含矿污水、集装箱洗箱污水等收集处置技术。对于港口含油污水和化工品污水，其污染物浓度较高，一般处理技术路线为建立接收系统、预处理系统、生物处理系统和深度处理系统。散货堆场污水则一般常用的处理方法是采用混凝沉淀法去除悬浮物和色度后回用。

2. 大型散货码头及堆场粉尘污染社会关注度越来越高

由于干散货具有易起尘、易扬散的特点，在装卸、堆存、转运过程中产生的粉尘成为干散货码头周边区域的空气污染物之一。港口工程粉尘处理从粗犷式作业、较少考虑环保，发展到对生产环境及周边环境保护的逐步重视。粉尘的处理技术也从单一的干式除尘发展到干湿结合，并且在散货堆场四周设置防风网或建设防护林。大型散货码头，其大型工艺机械，如装船机、卸船机、斗轮机，采取湿式喷雾抑尘措施为主、封闭为辅的原则进行抑尘。码头前沿高架皮带机两侧布置挡风板；其他皮带机采用防尘密闭罩封闭。陆域各转运站皮带机转接点采用喷雾抑尘或干式抽风除尘措施，控制粉尘逸出。干湿结合的煤炭综合防、除尘体系的建立，有效地控制了散货粉尘污染。

针对散货码头粉尘治理，当前，环境保护主管部门正在力推封闭仓或半封闭仓，并将其作为码头工程是否采用环保工艺的重要指标，甚至是否决性指标。散货码头应考虑堆存形式从露天堆存到封闭、半封闭堆存的变化，如条形煤棚等形式在港口的应用。在解决工艺适应性、结构安全及防止煤炭自燃、粉尘防爆和泄爆的基础上，将半封闭堆存方式在保护环境、节约占地和提高生产效率等方面的优势充分发挥。防风网技术应用过程中，要对防风抑尘机理进一步研究，对于大规模堆场应用防风网技术，还须进一步明确防风网的动荷载、静荷载、阻力系数及振动等结构安全性问题，同时加快适应港口环境的国产防风网的研发，解决材料耐久性及经济性问题。

此外，港口应在散货粉尘治理方面对现有设备设施应用及防尘措施不断挖潜。如高效真空吸尘车在堆场及集疏港道路粉尘防治的应用，利用堆场高杆灯系统，设置高空喷洒水系统，不但减少了占地，提高了堆场利用效率，同时也提高了湿式除尘的效果。

3. 库区、石油化工码头废气回收及处理日益得到重视

港口工程产生的有害气体主要集中在石油化工码头和罐区，这些货物在运输、装卸、储存作业时会产生油气和有毒有害气体。其中，装卸和储存过程中因货物呼吸所造成的货物蒸发是有害气体的主要来源。同时，油品、化工品在储运过程中各环节可能出现跑、冒、滴、漏，以及货物的自然蒸发，这些也是造成码头油气污染大气环境的一个无组织排放源。

对于散化挥发的污染防治，首先应采取工程措施，如尽量采用先进储存和回收技术。对罐区来说，可采取浮顶罐储存技术和挥发性有机废气回收技术等。浮顶罐储存技术是目前国内最为普及、同时也是在目前技术经济条件下最为有效的储罐储存技术，采用该技术可使储存过程的静止和工作呼吸产生的损耗减少90%以上，可有效地减少油气逸散。其次，油气回收技术在陆上的应用相对成熟，在港口需要开展试点后推广应用。新颁布的《中华人民共和国大气污染防治法》

要求原油、成品油码头和运输船舶应当按照国家有关规定安装油气回收装置并保持正常使用。2015年，交通运输部印发的《原油成品油码头油气回收试点工作实施方案》中提出第1批试点项目名单。2016年，交通运输部、环境保护部、商务部和国家质量监督检验检疫总局联合印发《原油成品油码头油气回收行动方案》，明确码头油气回收工作的推进路线图。

4. 港口环保关注的重点从水气污染向生态环保转移

我国沿海港口经过几十年的建设，易开发的岸线资源大多已被利用，船舶的大型化促使码头泊位向离岸化、深水化发展的趋势越来越明显。码头的建设和运营对水生生态环境产生了扰动及破坏，因此生态环境恢复和保护技术成为沿海及河口地区港口环境保护技术的重点。生物修复技术与传统的物理修复和化学修复等技术手段相比具有投资和维护成本低、操作方便、不会对水体造成二次污染等优点，具有很好的经济效益和社会效益。在海港建设过程中，以人工鱼礁为代表的港口生态保护与恢复措施将稳步推进实施，并且在放流物种选择、放流数量、放流时间及频次等具体方案上体现本地性和适用性，提高生态保护与恢复措施的费效比。另一方面，推进内河港口专业化、规模化建设，加快内河港口现代化进程，推进内河港口集装箱、多用途和大宗干散货专业化港口码头建设成为我国水运工程建设的重点；适合内河港口生态环境、码头类型的环境保护技术开发应用成为新的方向。

（三）主要问题

1. 相关标准规范体系不完善

按照我国现行法律规定，交通运输主管部门负有船舶污染监管防治的职责。但目前相关的标准规范未能全面覆盖各污染排放环节，且所提管理要求偏低，强制性较弱，普遍存在“国际高于国内、沿海高于内河”的问题，在一定程度上制约了船舶污染防治工作的开展。

2. 行业自身环保监管能力不足

全行业尚未能建立起完备的环境监测监管机制，港口环境监测工作整体出现弱化及边缘化的态势，导致港口环境监测的规范性与有效性普遍不足，而船舶污染的监测手段和能力更加薄弱，还处于探索阶段。

3. 协作机制仍不健全

港口污染防治工作涉及港航、海事、环保、市政、渔政等较多部门，目前未在各部门之间形成有效的联动和沟通机制，难以形成污染防治的合力，制约了行业环境管理政策的执行。

4. 行业环保基础设施建议有待加强

一方面，港口码头的污染处理设施建设尚不完善，部分老旧码头未能配备足够的污水处理设施或粉尘防治设备，部分港区自建处理设施利用效率有待提高；另一方面，存在着船舶污染物的接收处理设施分布不够合理、水上溢油应急缺乏有力的社会清污力量补充、化学品应急设备和物资储备数量较少且缺乏系统性等问题，无法满足船舶污染防治的需求。

第二节 形势分析

1. 船舶和港口污染日趋严重

我国是世界水运大国，水路运输是我国综合交通运输体系的重要组成部分。根据当前我国水运业的发展状况，预计未来 5 年内我国水运业的运输需求将呈现中速增长趋势。预计到 2020 年，我国国际、国内海运量增长速度分别为 4% 和 5% 左右，沿海港口货物吞吐量增长速度为 5% 左右，内河水运量增长速度为 7% 左右。上述增速指标与近 5 年比，均有所降低。此外，随着全球航运格局的调整，我国船舶大型化将进一步推进。我国水运行业的快速发展和船舶大型化的发展趋势给船舶与港口的污染防治工作带来了巨大的压力。

1）船舶大气污染方面

污染物排放量估算结果显示，2014 年我国沿海和内河水域船舶 SO_2 排放量约为 110 万 t/ 年、NO_x 约为 229 万 t/ 年、PM_{10} 约为 16 万 t/ 年、$PM_{2.5}$ 约为 14 万 t/ 年，分别占全国污染物排放总量的 2%、4%、0.6% 和 0.7%；三个排放控制区船舶排放的 SO_2 约 42 万 t/ 年、NO_x 约 79 万 t/ 年，分别约占全国船舶排放量的 39% 和 35% 左右；核心港口区域船舶排放的 SO_2 约 14.2 万 t/ 年、NO_x 约 10.9 万 t/ 年。

2015 年全国船舶排放 SO_2 约 120 万 t/ 年，NO_x 约 220 万 t/ 年（200n mile 范围），分别占全国各类污染物排放源排放总量的 5% 和 8%；3 个排放控制区船舶排放的 SO_2 约 30 万 t/ 年、NO_x 约 54 万 t/ 年，均约占全国船舶排放量的 25%。

2）船舶水污染方面

根据初步测算，我国船舶油污水产生量沿海区域为 360 万 t/ 年，内河为 920 万 t/ 年；我国船舶生活污水产生量沿海区域为 580 万 t/ 年，内河为 1310 万 t/ 年；船舶垃圾产生量沿海区域为 22 万 t/ 年，内河为 38 万 t/ 年。

3）港口污染方面

我国沿海新建大型专业干散货码头堆场基本实现了防风抑尘网的覆盖，但仍

有部分老码头堆场尚未完成改造。内河中小港口干散货堆场防风抑尘设施相对缺少。大致估算，沿海干散货码头堆场防风抑尘网缺口总长约 13 km；内河中小港口干散货堆场防风抑尘网缺口总长约 22 km。非专业干散货码头由于装卸工艺落后，更容易造成粉尘污染。

2. 公众对生态环境诉求日益提高

随着信息化技术的快速发展、环境保护知识的广泛传播，我国公众对环境管理的参与度也随之提高。公众的积极参与、对环境保护的诉求以及对我国工程建设项目的积极建言，对我国环保行业的发展起到了越来越大的影响作用。目前，我国《环境保护公众参与办法（草案）》已经通过，公众参与环境保护诉求的权利得到了法律的保障，根据法律要求，政府部门有义务在收到公众诉求时进行相关调查，并有效解决存在的问题。

水路运输是我国交通运输体系的重要组成部分，船舶和港口的污染会对水体环境以及周边港口的陆上环境带来巨大影响，这种影响与公众利益息息相关。因此，加强船舶港口的污染防治，不仅是交通运输行业自身发展的内在要求，也是对公众关于生态环境诉求日益提高的积极响应。

3. 生态文明战略亟需加强海洋生态环境保护

党的十八大把生态文明建设放在突出地位，提出建设美丽中国，实现中华民族永续发展的战略。党的十八届三中全会再次重申，要加快建立生态文明制度，健全国土空间开发、资源节约利用、生态环境保护的体制机制。目前粗放的发展模式已经难以为继，能源资源相对不足、生态环境承载能力不强已成为我国的基本国情。面对资源约束趋紧、环境污染严重、生态系统退化的严峻形势，环境保护已成为当务之急，必须树立尊重自然、顺应自然、保护自然的生态文明理念，把生态文明建设放在突出地位。

海洋面积约占我国国土总面积的 1/3。实现蓝色国土的可持续发展是维护我国生态安全、推动生态文明建设的必然选择，关系民生福祉，也关系民族未来，是实现中华民族伟大复兴中国梦的重要内容。我国一贯重视海洋环境保护，倡导海洋资源在保护中开发，在开发中保护。重大海上溢油事故不仅会给海域环境和生态系统带来灾难性破坏，还会对水产、旅游、航运等海洋相关产业造成巨大影响。因此，加强重大海上溢油事故应急能力建设既是保护海洋环境、推动海洋经济可持续发展的重要手段，也是践行生态文明理念、实现科学发展的具体举措。

第三节 技术发展趋势及目标

船舶与港口污染具有污染物种类多、流动性强、产生量大等特点，逐步成为社会关注的焦点和重点。目前，国际上船舶与港口污染防控技术发展的趋势主要为：从溢油应急向危化品泄漏应急处置发展；由水面污染防控向水中（下）污染防控发展，从水面溢油应急处置向沉（半）潜油处置发展；由单一污染防控向综合污染协同控制发展，从最早关注溢油等事故性污染，逐步拓展到关注船舶污水、船舶垃圾、大气排放等的污染方面；由末端治理向过程控制发展，针对溢油污染由最早的应急处置技术向溢油预测预警技术发展，针对船舶大气排放由船舶燃料油品质控制向船舶污染物排放清单制定、在线污染监测监控技术发展。

依据相关政策文件要求，借鉴国际经验，以及结合我国当前船舶与港口污染防控技术的发展现状和发展趋势，综合考虑技术应用水平和政策实施条件，本着既兼顾行业发展实际、又适度超前的原则，本书提出未来 10 年我国船舶与港口污染防控技术发展的 3 个目标：第一，加强船舶与港口污染防控关键技术的理论与方法研究，提出船舶与港口污染防控前沿技术的主攻方向，突破船舶污染物监测监管技术、船舶大气污染控制技术、危化品泄漏事故预警和应急处置技术等关键技术瓶颈，提升船舶与港口污染防控技术和装备水平；第二，坚持标准先行，提出船舶与港口污染防控技术标准规范的制、修订建议，建立较为完善的船舶与港口污染防控技术标准规范体系；第三，制定适用技术的推广应用和引导政策，出台船舶污染物接收处置、船舶靠港岸电供应、码头油气回收、船舶污染物监测、新能源与清洁能源应用等鼓励政策和激励机制。

CHAPTER ② 第二章

船舶污染防控技术

船舶数量众多、活动范围广、流动性强，是交通运输行业的重点污染源。根据污染物类型，船舶污染物可分为船舶污水、船舶垃圾和船舶大气污染物等3类。本章重点对上述3类污染物的防治技术方向和技术政策进行介绍。

第一节　船舶水污染防控技术

船舶污水主要包括船舶含油污水、生活污水、含有毒液体物质污水以及压载水。船舶含有毒液体物质污水（多见于船舶洗舱水）主要在换货、卸载强制预洗以及船舶检修过程中产生，通常由岸上接收，委托港口或有资质的处理单位处理处置，因此其防控技术重点将在第三章港口污染防控技术中进行阐述。其他船舶污染物则主要在船舶航行过程中产生，其中船舶含油污水和生活污水对于单艘船舶来讲产生量较小且为间歇性发生，而船舶压载水产生量较大、瞬时排放量较高。根据各类船舶水污染物特点，船舶需按要求配备相应的处理装置，以保证船舶水污染物达标排放。

一、国内外现状及问题

（一）国内外现状

1. 相关管理要求

船舶水污染物排放主要涉及《国际防止船舶造成污染公约》（国际海事组织，以下简称《MARPOL防污公约》）、《船舶水污染物排放控制标准》（环境保护部、国家质量监督检验检疫总局，2018）及其相关规定。

1）MARPOL防污公约

（1）船舶含油污水。根据《MARPOL防污公约》附则I防止油污规则，各缔约国政府应承担义务，确保在其装油站、修理港以及船舶需要排放残油的其他港口提供足够的接收油船和其他能接收船舶留存的残油和油性混合物的设备，以满足船舶使用的需要。《MARPOL防污公约》船舶含油污水排放规定要求见表2-1。

2003年国际海事组织海上环境保护委员会形成了MEPC.107（49）决议，通过了《修订的船舶机器处所舱底水防污染设备指南和技术条件》。该决议中要求，舱底水分离器需设置关停装置，当流出物含油量超过15×10^{-6}时应自动关停油性混合物任何舷外排放装置；舱底水报警装置应记录日期、时间和报警状态以及含油量超过15×10^{-6}时舱底水分离器的运行状态，数据应储存至少18个月。

《MARPOL 防污公约》船舶含油污水排放规定要求　　表 2-1

船舶类型	排放要求
一、一般性要求	
总吨小于 400t 的船舶	（1）将油类或油类混合物留存船上 （2）或排放入海 ①船舶在航行途中 ②排放浓度不超过 15×10^{-6} ③油类混合物不是来自于油船的货泵舱的舱底 ④未混有货油残余物
总吨大于或等于 400t 的船舶	①船舶在航行途中 ②油类混合物经滤油设备予以处理 ③排放浓度不超过 15×10^{-6} ④油类混合物不是来自于油船的货泵舱的舱底 ⑤未混有货油残余物
二、油船要求	
总吨小于 150t 的油船	①将油留存船上以及随后将所有的油经污染洗涤液排入接收设备 ②用于冲洗和流回到储存柜中去的全部油和水应排入接收设备，除非设有足够的装置对允许排放入海的流出物进行有效的监测以确保符合本条的规定
总吨大于或等于 150t 的油船	①油船不在特殊区域之内 ②油船距最近陆地 50n mile 以上 ③油船在航行途中 ④油量瞬间排放率不超过 30L/n mile

（2）船舶生活污水。根据《MARPOL 防污公约》附则 IV 防止船舶生活污水污染规则，各缔约国应确保在其港口和近海装卸站提供足够的生活污水接收设备，以满足船舶使用的需要。对于船舶排放要求，国际海事组织海上环境保护委员会 MEPC.2（Ⅵ）决议中提出了建议标准。2006 年，国际海事组织海上环境保护委员会形成了 MEPC.159（55）决议，提出了新的排放要求。2012 年，国际海事组织海上环境保护委员会又形成了 MEPC.227（64）决议，增加了对污水排放中的氮磷排放要求。《MARPOL 防污公约》船舶生活污水排放规定要求见表 2-2。

（3）船舶含有毒液体物质污水。根据《MARPOL 防污公约》附则 II 控制散装有毒液体物质污染规则，各缔约国政府应承担义务，为确保船舶使用其港口、装卸站或修理港的需要而提供如下接收设备：①船舶货物装卸港、站应设有足够的设备，以接收船舶由于执行本附则而留待处理的含有毒液体物质的残余物和含有毒物质残余物的混合物；②从事 NLS 船修理的船舶修理港，应设有足够设备，以接收到达港的船舶所含有毒液体物质的残余物和混合物。《MARPOL 防污公约》

船舶含有毒液体物质污水排放规定要求见表 2–3。

《MARPOL 防污公约》船舶生活污水排放规定要求　　表 2–2

分　类	排放要求
一般性要求	①船舶在距最近陆地 3n mile 以外，排放业经粉碎和消毒的生活污水 ②在距最近陆地 12n mile 以外，排放未经粉碎和消毒的生活污水 ③在任何情况下，不得将集污舱中储存的或源自装有活体动物处所的生活污水顷刻排光，而应在航行途中，船舶以不小于 4n mile/h 的航速航行时，以中等速率排放
MEPC.2（Ⅵ）决议	①生化需氧量低于 50 mg/L ②悬浮物低于 50mg/L ③大肠菌群低于 250 个 /100mL
MEPC.159（55）决议	①生化需氧量低于 25 mg/L ②悬浮物低于 35mg/L ③大肠菌群低于 100 个 /100mL ④ pH 值在 6~8.5
MEPC.227（64）决议	①生化需氧量低于 25 mg/ L ②悬浮物低于 35mg/L ③大肠菌群低于 100 个 /100m ④ pH 值在 6~8.5 ⑤特殊区域的客船：总氮 20mg/ L 或减排 70% 以上，总磷 1.0mg/ L 或减排 80% 以上

《MARPOL 防污公约》船舶含有毒液体物质污水排放规定要求　　表 2–3

分　类	排放要求
一般性要求	①船舶在海上航行，自航船舶航速至少为 7n mile，或非自航船航速至少为 4n mile ②在水线以下通过水下排放口进行排放时，不超过水下排放口的最高设计速率 ③排放时距最近陆地不小于 12n mile，水深不小于 25m
X 类物质残余物的排放	①已被卸完 X 类物质的货舱，在船舶离开卸货港之前，应予以洗舱 ②清洗残余物时，其浓度重量处于或低于 0.1% 之前应被排至接收设备
Y 类高黏度或固化物质	①按规定进行预洗 ②预洗时产生的残余物 / 水混合物应被排放至接收设备
Y 或 Z 类物质	如果 Y 或 Z 类物质未按要求进行卸载，在船舶离开卸货港口之前，应予以预洗

2）国际船舶压载水和沉积物控制与管理公约

《国际船舶压载水和沉积物控制和管理公约》（国际海事组织，2004，以下简称《压载水公约》）于 2004 年 2 月在国际海事组织外交大会上获得通过。公约生效的先决条件为：该公约将在至少有 30 个缔约国加入，接受公约的船舶总吨位超过世界商船总吨位 35% 之后的 12 个月生效。

2016 年 9 月 8 日，芬兰向国际海事组织秘书长林基泽递交接受书，至此，接受《压载水公约》的船舶总吨位达到世界商船总吨位 35.1441%，加入该公约的缔约国总数达到 52 个，满足了公约生效的先决条件，因此《压载水公约》于 2017 年 9 月 8 日正式生效。根据公约要求，船舶需要对压载水进行相应的处理，以移除压载水中的有害物质，避免压载水带来的生物污染。

2017 年 7 月 3 日至 7 日在伦敦召开的国际海事组织海上环境保护委员会第 71 届会议最终审议批准了《压载水公约》8–3 条关于 D–2 标准实施的日期（实施压载水公约及区域性法令的信息通告，2017），具体内容如下。

（1）2017 年 9 月 8 日及以后建造的新造船，应自交船时符合 D–2 标准。

（2）2014 年 9 月 8 日及以后但在 2017 年 9 月 8 日前完成国际船舶防止油污证书（以下简称 IOPP 证书）换证检验的现有船，应在 2017 年 9 月 8 日或以后的首次 IOPP 证书换证时符合 D–2 标准。

（3）2017 年 9 月 8 日前建造的现有船（上述②所述船舶除外），如果其在 2017 年 9 月 8 日后的首次 IOPP 换证检验是在 2019 年 9 月 8 日前完成的，则应在 2017 年 9 月 8 日后的第二次 IOPP 换证检验时符合 D–2 标准。

（4）对于不适用于 IOPP 换证检验的船舶，应自主管机关确定的时间但不应迟于 2024 年 9 月 8 日应符合 D–2 标准。

D–2 标准的排放要求见表 2–4。

D–2 标准的排放要求 表 2–4

存活水生物	数量	指标微生物	允许浓度
≥ 50μm	<10/m^3	有毒霍乱弧菌	<1cfu/100mL 或 <1cfu/g 浮游动物样品
≥ 10μm 和 <50μm	<10/ml	大肠杆菌	<250cfu/100mL
		肠道球菌	<100cfu/100mL

3）船舶污染物排放标准

我国船舶污染物排放标准于 1983 年颁布实施，名称为《船舶污染物排放标准》（GB 3552—83）。2018 年，新修订的《船舶水污染物排放控制标准》（GB 3552—2018）印发，我国对船舶含油污水排放控制要求和对船舶生活污水污染物排放限值见表 2–5 和表 2–6。

我国对船舶含油污水排放控制要求　　表 2-5

<table>
<tr><th>污水类别</th><th>水域类别</th><th colspan="2">船舶类别</th><th>排放控制要求</th></tr>
<tr><td rowspan="5">机器处所油污水</td><td rowspan="2">内河</td><td colspan="2">2021 年 1 月 1 日之前建造的船舶</td><td>自 2018 年 7 月 1 日起，执行排放 15mg/L 标准或收集并排入接收设施</td></tr>
<tr><td colspan="2">2021 年 1 月 1 日及以后建造的船舶</td><td>收集并排入接收设施</td></tr>
<tr><td rowspan="3">沿海</td><td colspan="2">400 总吨及以上船舶</td><td>自 2018 年 7 月 1 日起，执行排放 15mg/L 标准或收集并排入接收设施</td></tr>
<tr><td rowspan="2">400 总吨以下船舶</td><td>非渔业船舶</td><td>自 2018 年 7 月 1 日起，执行排放 15mg/L 标准或收集并排入接收设施</td></tr>
<tr><td>渔业船舶</td><td>（1）自 2018 年 7 月 1 日起至 2020 年 12 月 31 日止，执行排放 15mg/L 标准
（2）自 2021 年 1 月 1 日起，执行排放 15mg/L 标准或收集并排入接收设施</td></tr>
<tr><td rowspan="3">含货油残余物的污水</td><td>内河</td><td colspan="2">全部油船</td><td>自 2018 年 7 月 1 日起，收集并排入接收设施</td></tr>
<tr><td rowspan="2">沿海</td><td colspan="2">150 总吨及以上油船</td><td>自 2018 年 7 月 1 日起，收集并排入接收设施，或在船舶航行中排放，并同时满足下列条件：
（1）油船距最近陆地 50n mile 以上
（2）油量瞬间排放率不超过 30L/n mile
（3）排入海中的总油量不得超过货油总量的 1/30000
（4）排油监控系统运转正常</td></tr>
<tr><td colspan="2">150 总吨以下油船</td><td>自 2018 年 7 月 1 日起，收集并排入接收设施</td></tr>
</table>

我国对船舶生活污水污染物排放限值（一）　　表 2-6（a）

<table>
<tr><th>序号</th><th>污染物项目</th><th>限　值</th><th>污染物排放监控位置</th></tr>
<tr><td>1</td><td>五日生化需氧量（BOD_5）（mg/L）</td><td>50</td><td rowspan="3">生活污水处理装置出水口</td></tr>
<tr><td>2</td><td>悬浮物（SS）（mg/L）</td><td>150</td></tr>
<tr><td>3</td><td>耐热大肠菌群数（个 /L）</td><td>2500</td></tr>
</table>

注：在 2012 年 1 月 1 日及以前安装（含更换）生活污水处理装置的船舶，向环境水体排放生活污水，其污染物排放控制按此表规定执行。

我国对船舶生活污水污染物排放限值（二）　　表 2-6（b）

<table>
<tr><th>序号</th><th>污染物项目</th><th>限　值</th><th>污染物排放监控位置</th></tr>
<tr><td>1</td><td>五日生化需氧量（BOD_5）（mg/L）</td><td>25</td><td rowspan="2">生活污水处理装置出水口</td></tr>
<tr><td>2</td><td>悬浮物（SS）（mg/L）</td><td>35</td></tr>
</table>

续上表

序号	污染物项目	限　值	污染物排放监控位置
3	耐热大肠菌群数（个/L）	1000	生活污水处理装置出水口
4	化学需氧量（COD_{Cr}）（mg/L）	125	
5	pH 值	6 ~ 8.5	
6	总氯（总余氯）（mg/L）	<0.5	

注：在 2012 年 1 月 1 日及以后安装（含更换）生活污水处理装置的船舶，向环境水体排放生活污水，其污染物排放控制按此表规定执行。

我国对船舶生活污水污染物排放限值（三）　　表 2-6（c）

序号	污染物项目	限　值	污染物排放监控位置
1	五日生化需氧量（BOD_5）（mg/L）	20	生活污水处理装置出水口
2	悬浮物（SS）（mg/L）	20	
3	耐热大肠菌群数（个/L）	1000	
4	化学需氧量（COD_{Cr}）（mg/L）	60	
5	pH 值	6~8.5	
6	总氯（总余氯）（mg/L）	<0.5	
7	总氮（mg/L）	20	
8	氨氮（mg/L）	15	
9	总磷（mg/L）	1.0	

注：在 2021 年 1 月 1 日及以后安装（含更换）生活污水处理装置的客运船舶，向内河排放生活污水，其污染物排放控制按此表规定执行。

4）沿海船舶排污设备铅封管理规定

为限制船舶油类污染物的排放，加快推进“资源节约型、环境友好型交通发展模式研究”工作，交通运输部组织制定了《沿海海域船舶排污设备铅封管理规定》（交海发〔2007〕165 号）。

该规定要求对下述船舶排污设备实施铅封管理：《渤海海域船舶排污设备铅封程序规定》范围的船舶；船舶检验证书中注明为遮蔽航区的船舶；仅在港口水域范围内航行、作业的船舶；辽东半岛至山东半岛间、雷州半岛至海南岛间定线航行的船舶；主管机关根据辖区情况确定的特殊航线或水域内航行、作业的船舶。

《渤海海域船舶排污设备铅封程序规定》（交海发〔2003〕32 号）适用于在渤海海域内航行、停泊、作业，且一个月内不驶离渤海海域的各类船舶。该规定要求，在渤海海域内船舶禁止直接向水体排放油污水，排污设备实施铅封管理，除机舱通岸接头（接收出口）管系外，油污水系统的排放阀以及能够替代该系统工作的其他系统与油污水管路直接相连的阀门应予以铅封。

2. 技术应用现状

1）船舶含油污水

船舶含油污水是指船舶运营中产生的含有原油、燃油、润滑油和其他各种石油产品及其残余物的污水，包括机器处所油污水和含货油残余物的油污水 [《船舶水污染物排放控制标准》（GB 3552—2018），2018]。在港期间，船舶含油污水通常由船舶污染物接收单位接收，送有资质的处置单位进行统一处理。由于含油污水存在一定的经济效益，含油污水的接收率较高。根据国际公约和我国船舶排放控制标准，船舶在航行过程中允许排放油污水，排放标准为石油类指标不超过 15mg/L。因此，按照相关规范，船舶也会配套安装有船舶含油污水处理装置。经调研，根据船型及处理量，船舶含油污水处理装置的价格在 10 万 ~20 万元之间。

目前，船舶含油污水处理技术主要包括重力分离法、吸附法、膜分离法，及其相关技术组合（潘良高，2015）。

重力分离法是一种初级处理方法，是利用油和水的密度差及油和水的不相溶性，在静止或流动状态下实现油珠、悬浮物与水分离。重力分离法结构简单，对游离态的油水分离有较好的作用，但对乳化油水效果甚微（李波、周世俊，2007；潘良高，2015）。

吸附法是利用吸附材料对油污水中的油滴进行吸附分离。吸附材料通常通过反冲洗的方式可部分恢复吸附能力，但定期需要对吸附材料进行更换。吸附法出水水质较好，体积小，但运营维护成本较高，部分吸附材料（多用于活性炭）具有一定的破乳效果（王泉斌、李秋成，2016）。

膜分离法是通过膜的微孔结构截留乳化油和溶解油，从而实现油水分离的方法。该种方法净化效果好，但膜组件清洗难度大，导致操作维护成本高，仅适宜深度处理，其对游离态的油水有良好的分离效果（王良武等，2017）。机舱含油污水处理装置如图 2-1 所示。

图 2-1 机舱含油污水处理装置

2）船舶生活污水

船舶生活污水包括：任何形式的厕所和小便池的排出物和其他废物；医务室（药房、病房等）的洗手池、洗澡盆和这些处所排水孔的排出物；装有活的动物处所的排放物；混有上述定义的排出物的其他废水［《船舶水污染物排放控制标准》（GB 3552—2018），2018］。上述生活污水又称为黑水，需达标排放。船舶产生的洗涤水、淋浴水、洗衣水、洗澡水及洗脸水等污水被称为灰水，尚无明确处理要求（刘婷，2008）。经调研，船舶生活污水多通过船上处理装置处理后排放，接收上岸的情况较为少见。

现有的船舶生活污水处理技术主要有物化法、生化法和电化学法（潘良高，2015）。物化法主要是将化学药剂加入污水中进行循环、粉碎、沉淀、消毒处理。该种方法工艺简单，装置体积较小，但由于未发生生化反应，多用于预处理（胡芝悦等，2014）。

生化法是较为常见的生活污水处理方法，通过对微生物诱导及驯化并提供有利于微生物生长繁殖的环境，达到提高微生物代谢处理生活污水的目的。国内外船舶生活污水处理装置主要采用生化法。

电化学法主要是通过电解原理，对污水进行氧化以形成具有消毒、去污作用的物质，从而净化水质。研究表明，电化学法污染物去除率可以达到 90% 以上，效果较好，但运行费用高（王新奇、程爱华，2013；Yang X、Xue Y、Wang W，2009）。船舶生活污水处理装置如图 2-2 所示。

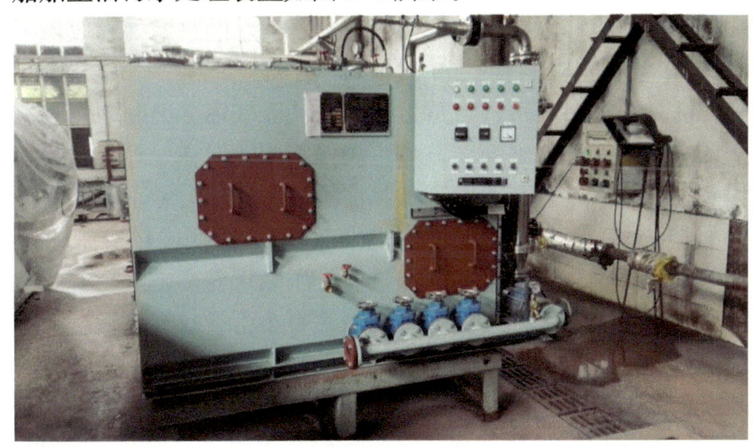

图 2-2　船舶生活污水处理装置

3）化学品洗舱水

国内船舶现多采用“专船专货”的方式运输化工品，从源头上减少了化学品洗舱水的产生。通常在化学品船换货时，会产生化学品洗舱水。而根据国际公约要求，X 类物质、Y 类高黏度或固化物质在卸货后需进行强制洗舱作业。化学品洗舱水通常由接收单位接收后排至港口或化工园区化学品污水处理厂进行处理。

化学品污水处理厂主要采用活性污泥法，并辅以电解法、酸碱调节、生物膜过滤等处理工艺。

4）船舶压载水

船舶压载水指为控制船舶纵倾、横倾、吃水、稳性或应力而在船上加装的水及其悬浮物（《压载水公约》，2004）。由船舶排放的压载水所造成的地理性隔离水体间有害生物的传播，已被世界环境基金会认为是海洋面临的四大威胁之一（张硕慧，2002）。大约有 500 种物种已经确认是由压载水传播的（Carton J T，1994）。根据《压载水公约》要求，船舶需对压载水进行处理后达标排放。为此，船舶需要安装压载水处理装置。截至国际海事组织海上环境保护委员会第 69 次会议，全球共有 65 个厂家的压载水处理系统获得相关主管机关的型式认可，全球设备中采用紫外线辐射技术设备的占 40% 左右。我国通过型式认可的设备厂家共 14 个，其中有 10 家采用紫外线辐射技术（中国船级社，2016）。现有的船舶压载水处理技术主要有机械法、物理法和化学法。

（1）机械法。机械方法主要包括过滤法、离心分离法以及稀释与置换法（谢承利等，2010）。过滤法可直接滤除部分外来生物，通过选择合适的网目，可以有效地去除不同的生物种群。该方法操作简单，但滤网网目越多则需要的压力越大，压载水中的物质也容易阻塞滤网，导致对压载水的过滤处理效果不理想（党坤等，2004）。

离心分离法是通过对海水进行重力分离，从而破坏多细胞动物和植物的卵、幼虫、孢子和有害的病原体细菌。该方法操作简单，但在处理水母等与海水比重相近的生物时效果有限，且不适用于压载水量较大的船舶（谢承利等，2010）。

稀释与置换法是在可排海域中用大量新鲜海水稀释或替换舱内的储存压载水，通过长时间循环实现压载水的稀释置换。压载水置换是国际上认可的处理压载水最简单有效的措施，但也存在着无法彻底更换压载水、舱底沉积物处理不彻底等问题。

（2）物理法。物理法有加热法和紫外线辐射法。加热法是利用船舶冷却系统中的废热对压载水进行加热处理。实验室研究表明，温度在 38~50℃，加热持续 2~4h，可杀灭海水中的大部分生物。加热方法虽然有廉价、原理简单等优势，但处理时间较长、耗能较高（王雪峰，2009）。

紫外线辐射法是通过光化学反应破坏核酸和蛋白质等生物成分从而杀灭海水的生物，致死效率与辐射度和作用时间相关。在波长为 240~260nm 处，尤其在 253.7nm 处对压载水中的生物和病原体有杀灭作用。我国很多压载水设备厂家均采用该种方法杀灭海水中的活性物质（中国船级社，2016）。

（3）化学法。化学法有氧化法和电解法。氯化法主要是利用氯的强氧化作用来杀灭压载水中的生物。该方法对去除浮游植物和原生动物以及细菌是可行的，但对不同的目标生物所需氯含量不同。对于浮游藻类，氯剂量的需求较大，容易造成二次环境污染（王雪峰，2009）。此外，氯的运输与储存较困难，也限制了其应用。

电解法是通过电解海水制取多种能够杀灭各种水生物和病原体的电解产物的压载水处理方法（党坤，2005）。该方法应用较好，在一定条件下能杀灭压载水中绝大多数的有害水生物和病原体，市场上已开发出多款产品。但电解法对海水盐度有一定要求，淡水和半咸水可能会影响其使用效果。船舶压舱水处理装置如图 2–3 所示。

图 2–3　船舶压载水处理装置

（二）主要问题

1. 船舶含油污水破乳问题

现有船舶含油污水处理技术尚未很好地解决含油污水乳化问题，破乳效率较低，导致需要定期更换耗材，从而降低了设备的可靠性。经调研，通常船舶含油污水处理设备理论上要求每半年清洗一次，但实际操作中由于乳化问题，堵塞滤料或使出水水质超过相关要求，装备每 3 个月即需要清洗调试一次。

2. 船舶生活污水生化处理的连续运行问题

现有船用生活污水处理装置大多采用生化法，即活性污泥法。该技术方法需对污水进行曝气培养微生物，逐步建立稳定的生态系统，其关键在于保障设备的连续稳定运行。根据调研，在常温条件下，菌种需要 2 周时间才可达到稳定，确保出水效果。通过人为引种方式，可将菌种培养时间缩短到 1 周左右。若培养温度较低，菌种培养时间需适当延长，更加影响设备处理效果的稳定性。

3. 船舶压载水可靠性问题

目前船舶压载水处理技术的性能主要依靠型式认可，包括岸基试验和船上试验 2 个阶段，在船上运行的经验还较为有限。船舶压载水的盐度、温度、浊度都会对处理技术产生一定影响，试验用微生物与实际船舶压载水微生物也不一致。例如，所有压载水装置均会安装滤器，若进入的压载水浊度较高、堵塞滤器，将直接影响设备使用。紫外线辐射法依赖紫外光在水中的穿透力，也会受到压载水浊度的影响。电解法对海水的盐度有一定的要求，如果在淡水或半咸水区加装压载水，则压载水中盐度不足可能会影响船舶压载水处理系统的正常运行。在淡水和半咸水区域，设备生产厂家建议船舶携带海水或袋装盐以保证装置正常运转。同时，在高温（40℃）和低温（0℃）等特殊温度条件下，各压载水处理装置的出水效果仍不理想。

二、技术需求分析

（一）国家及行业高度关注船舶污染物控制

当前，我国一些地区水环境质量差、水生态受损重、环境隐患多等问题十分突出，影响和损害群众健康，不利于经济社会持续发展。为切实加大水污染防治力度，保障国家水安全，2015 年国务院印发了《水污染防治行动计划》。该计划要求：加强船舶港口污染控制，积极治理船舶污染，分类分级修订船舶及其设施、设备的相关环保标准，航行于我国水域的国际航线船舶，要实施压载水交换或安装压载水灭活处理系统（《水污染防治行动计划》，2015）。

为落实《水污染防治行动计划》相关任务，交通运输部于 2015 年 8 月印发了《船舶与港口污染防治专项行动实施方案（2015—2020 年）》，要求“进入我国水域的国际航行船舶，按照已加入的国际公约要求安装压载水管理系统”“鼓励企业开展船舶与港口污染防治技术研究，积极争取国家重点专项对船舶与港口污染防治的支持”[《船舶与港口污染防治专项行动实施方案（2015—2020 年）》，2015]。

（二）货物吞吐量持续增长、船舶大型化趋势明显

根据相关规划和专家研判，未来我国港口航运业规模将会继续保持增长态势，船舶活动更加频繁，船舶大型化趋势更加明显，与国际交流更加深入。发展趋势

主要体现在以下两个方面。

（1）一是港口吞吐量将继续增长。根据《2017 年交通运输行业发展统计公报》，2017 年全国港口货物吞吐量达到 140 亿 t，其中内河港口 49.5 亿 t、沿海港口 90.5 亿 t。根据有关预测，2020 年全国沿海港口总吞吐量将会超过 100 亿 t。港口吞吐量的增加将带动船舶流量的上升，导致船舶污染物数量的增多。2013—2017 年全国港口货物吞吐量变化如图 2-4 所示。

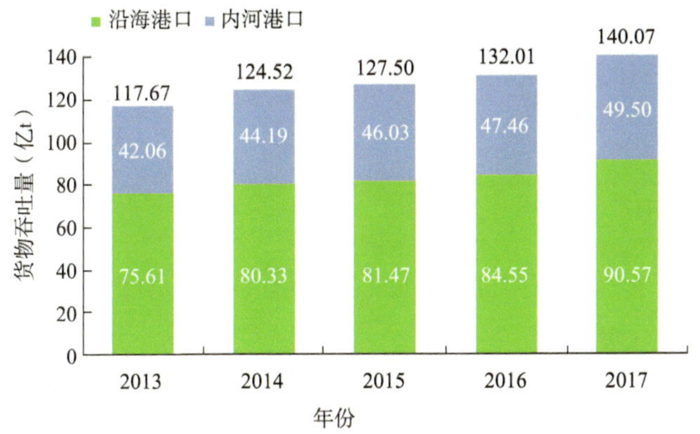

图 2-4　2013—2017 年全国港口货物吞吐量变化

（2）二是船舶大型化趋势仍在继续，不同类型船舶有所差异。在 2011—2016 年期间，全国船舶拥有量不断减少，但船舶净载重量快速增加，船舶大型化整体趋势逐步凸显。此外，对全球海运船队发展趋势研究表明：油船以 20 万 ~ 30 万 t 级的巨型油轮和 1 万 ~ 12 万 t 级的成品油船为主，未来数年吨位结构不会有大的变化；非油船中，邮轮、干散货船、集装箱船、LNG 船、滚装船的大型化仍在继续，杂货船的船型结构在未来几年不会有太大变化。船舶大型化对于船舶污染处理技术提出了更高的要求，一方面要求设备处理能力不断增加，另一方面要求其处理效率要稳步提升。2011—2016 年全国水上运输船舶拥有量和净载重量变化如图 2-5 所示。

（三）船舶水污染处理技术面临新的挑战

经过对国内多家设备生产厂家和中国船级社相关专家的调研发现，目前我国船舶水污染物控制技术和设备与国外基本处于同一水平。国内船舶水污染处理技术的型式认可和设备认可均按照国际海事组织的统一要求，国内设备生产厂家也基本取得了国际上主要船级社的型式认可。因此，总体而言国内外的技术差异不大，所面临的问题和技术攻关方向基本相同。

图 2-5　2011—2016 年全国水上运输船舶拥有量和净载重量变化

1. 船舶含油污水低排放处理技术

船舶含油污水的现行排放控制要求为石油类不超过 15mg/L，然而国外一些设备厂家已研发出可将含油污水出水浓度控制在 5mg/L 的设备（潘良高，2015）。目前，欧洲部分国家将港区内船舶含油污水的排放要求提高至 5mg/L，部分船级社已开始进行 5mg/L 船舶含油污水处理设备的型式认可。经调研了解，我国部分设备生产厂家也已经在开展船舶含油污水低排放处理技术的研发工作。

2. 船舶生活污水氮磷处理技术

2012 年，国际海事组织 MEPC.227（64）决议增加了特殊区域污水排放中对氮磷的要求。国外部分设备厂家已研发出船舶生活污水氮磷处理技术，可将生活污水排放的氮磷排放浓度分别控制在 20mg/ L 和 1.0mg/ L 以下，但实际处理效果尚需检验。经调研，目前我国船舶污染物处理设备厂家针对船舶生活污水的氮磷处理技术尚在研发阶段。

3. 船舶压载水处理技术

船舶应安装经型式认可的压载水管理系统。型式认可应经主管机关或认可的组织（RO）按照 IMO 制定的《压载水管理系统认可导则》（G8 导则）进行。如果压载水管理系统是使用活性物质进行生物杀灭（如高级氧化法），则还应获得 IMO 基于《使用活性物质的压载水管理系统的认可程序》（G9 导则）的基本批准和最终批准。

由于压载水处理系统面临诸多问题，目前国际海事组织已审议通过了新修订的《压载水管理系统认可导则》（G8 导则）。经审议，国际海事组织共识别出23 项问题，主要包括 [《压载水公约实施指南（2015 年）》，2015]：

（1）用淡水、半咸水、海水 3 种盐度进行试验。

（2）在冷水及热带水中温度影响。

（3）标准试验微生物。

（4）试验用水的总固体悬浮物标准。

（5）型式认可试验能否真实代表系统所批准的流速。

（6）压载水管理系统的监控设备。

（7）压载水管理系统验证的储存时间。

G8 导则修订后会对现行压载水处理技术提出很多新的要求，对技术的可靠性形成更新、更大的挑战。

三、技术框架体系及分类

船舶水污染控制技术主要包括含油污水处理技术、化学品洗舱水处理技术、船舶生活污水处理技术和船舶压载水处理技术，其技术框架如图 2–6 所示。

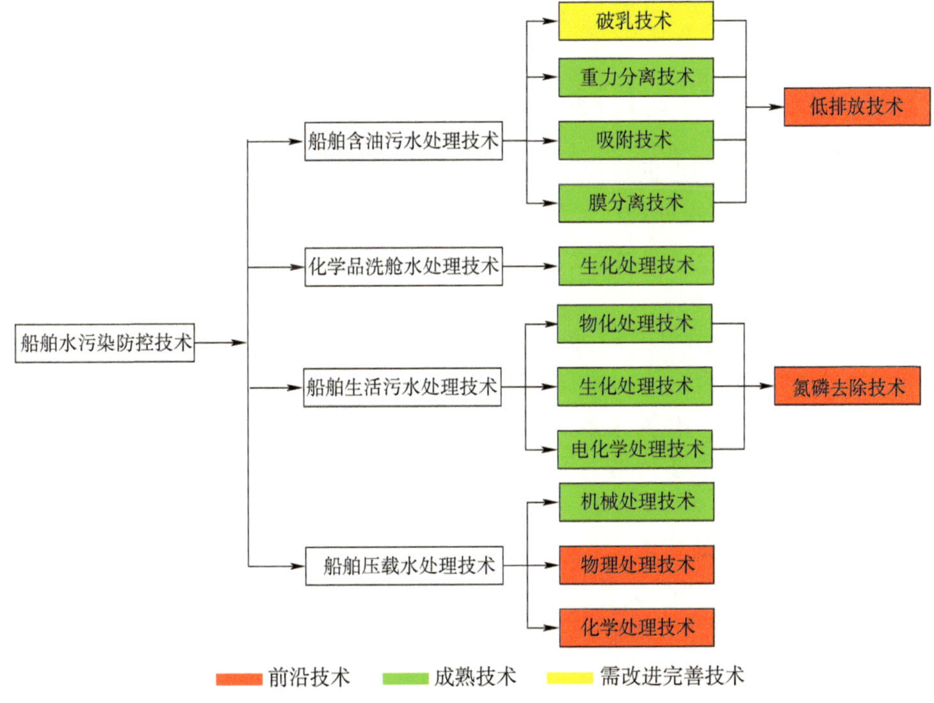

图 2–6　船舶水污染防控技术框架

通过分析，船舶含油污水低排放技术、船舶生活污水氮磷去除技术均为当前亟需的前沿技术，船舶含油污水破乳技术是需要改进完善的技术，其他技术较为成熟、应用广泛。

船舶水污染控制技术方向分类见表 2–7。

船舶水污染控制技术方向分类　　表 2–7

技术类别	技术方向	主要问题
前沿技术	船舶含油污水低排放技术	达到 5×10^{-6} 甚至 1×10^{-6} 的出水目标，并能够在船上稳定运行
	船舶生活污水氮磷去除技术	满足公约对特殊区域客船排水要求
	压载水处理技术	提高压载水处理的可靠性，减少温度、浊度、盐度对压载水处理技术的影响，满足新修订的G8 导则要求
先进成熟技术	船舶含油污水处理技术	已全面推广
	船舶生活污水处理技术	已全面推广
需要继续改进完善的技术	船舶含油污水破乳技术	进一步提高破乳效率，提升处理设备的使用周期

四、前沿技术的科研攻关方向

（1）船舶含油污水低排放处理技术。进一步降低船舶含油污水处理后的出水水质是船舶含油污水处理技术研发方向之一。我国已组织开展了相关科技攻关工作，未来其研究重点包括细微油粒去除技术、特性材料制备技术、设备结构调整优化等。

（2）船舶生活污水氮磷去除技术。MEPC.227（64）决议提出，在特殊区域的客船，船舶生活污水排放需满足总氮和总磷控制要求。我国现有船舶生活污水处理技术尚不能满足该要求。建议开展船舶生活污水氮磷去除技术研究，包括氮磷协同处理技术、氮磷去除工艺参数、氮磷去除设备结构调整优化等。

（3）压载水处理技术。为应对新修订的 G8 导则，需进一步开展压载水处理技术研发，包括极端温度下压载水灭活技术、高浊度压载水过滤及灭活技术、低盐度压载水灭活技术、压载水技术对微生物适应性研究等。船舶水污染防控前沿技术路线图如图 2–7 所示。

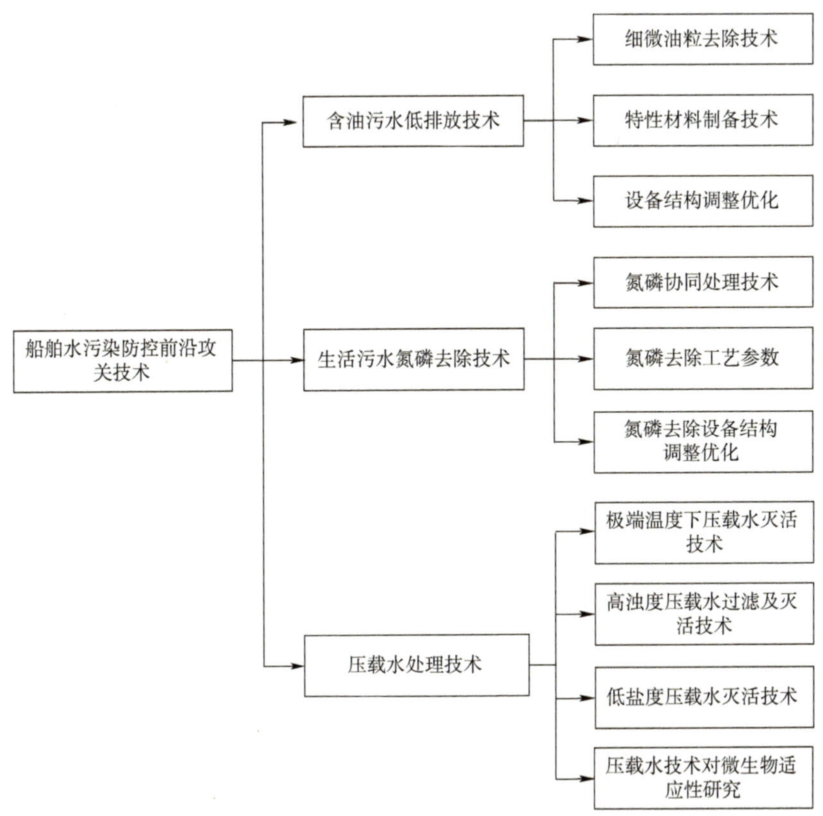

图 2-7　船舶水污染防控前沿技术路线图

五、适用技术的推广和鼓励应用政策

船舶水污染物处理技术市场化程度很高，现有技术均已应用于船舶污染防治相关设备中。依据我国《国际航行海船法定检验技术规则》《国内航行海船法定检验技术规则》和《内河船舶法定检验技术规则》，船舶设计过程中需根据航行水域特征及要求，配备相关污水处理设施或储存设施，并经过船级社、船检部门等多个环节的检查。因此，总体而言船舶的水污染物相关设备较为完善，可达到国际公约和国内相关法律法规的要求。结合前期技术使用现状和现行相关政策，建议船舶水污染物处理技术推广和鼓励应用政策如下。

（一）继续实施老旧船舶改造补贴

内河部分老旧船舶建造时间早，污染物处理设备老化、损坏导致出水不达标，

或者根本未配备船舶污染物处理或储存设备。由于老旧船舶环保改造费用高、经济效益不明显，船东开展相关工作动力不足，会产生一定污染。

针对老旧船舶环保改造问题，2014 年交通运输部实施了船舶标准化政策，联合财政部拟定了《内河船型标准化补贴资金管理办法》，对内河船舶加装生活污水处理装置或储存装置进行补贴。建议继续实施内河老旧船舶改造补贴，加快推进内河船舶标准化进程，提升船舶环境保护水平。

（二）提高船舶违规排放处罚力度

在安装有污染物处理装置或储存装置的船舶上，由于某些船员环保意识不足、存在侥幸心理或有意控制船舶运营成本，部分船舶关停污染物处理设施、违规偷排船舶污染物的情况依然存在。

《中华人民共和国水污染防治法》（2017 年 6 月 27 日第二次修正）规定：对于向水体倾倒船舶垃圾或者排放船舶的残油、废油等行为，处 1 万元以上 10 万元以下的罚款；造成水污染的，责令限期采取治理措施，消除污染，处 2 万元以上 20 万元以下的罚款。上述对于违规排放船舶污染物的处罚力度偏弱，一定程度上促使船员容易滋生侥幸心理。建议结合法律法规修订计划，调整违规排放船舶污染物的处罚额度，大幅提高处罚力度和违规成本，进一步减少船舶污染物违规处置现象。

（三）实施船舶污染物接收转运处置联单制政策

船舶污染物的处置包括接收、转运、处理、处置等多个环节，涉及海事、港口、环保、住建等多个管理部门，外籍船舶的污染物管理还需经过海关和检疫部门审批。然而，目前各部门管理相对独立，部门之间尚未建立行之有效的监管联动和信息共享机制，难以在船舶污染物的转运、后续处理和特征污染物达标排放等环节全过程实现有效监管，导致部分单位对船舶污染物的处理存在违规现象。

为此，建议借鉴环保系统危险废物转移联单制度，实施船舶污染物接收转运处置联单制政策，建立海事、港口、环保、住建等多部门联合监管模式，确保船舶污染物接收、转运及处置的相关信息在各部门之间共享，形成覆盖船舶污染物处理全过程、各环节的监管链条。

六、标准规范体系制修订方案

在船舶水污染防控标准规范建议方面，建议按照表 2-8 制定《船舶压载水排放标准》《船舶压载水处理技术要求》，修订《船舶机舱舱底水、生活污水采样方法》（JT/T 409—1999）。

标准规范体系制修订方案 表2-8

序号	标准名称	类别	原标准编号
1	船舶压载水排放标准	制定	—
2	船舶压载水处理技术要求	制订	—
3	船舶机舱舱底水、生活污水采样方法	修订	（JT/T 409—1999）

（一）制定船舶压载水排放标准

建议结合《国际船舶压载水和沉积物控制和管理公约》，参照美国、澳大利亚压载水排放要求，制定我国船舶压载水排放标准，明确不同时间压载水排放的目标污染物限值、允许排放条件、取样位置及监测检测方法等。

（二）制定船舶压载水处理技术要求

建议依据最新修订的压载水管理系统认可导则，制定船舶压载水处理技术总体要求，针对紫外线辐射、活性物质灭活等不同压载水处理技术，提出处理工艺、参数、尺寸等规范和要求，细化、明确压载水处理效果的监测检测条件和方法，针对半咸水、低温等特殊条件设计压载水出水检验规范。

（三）修订船舶机舱舱底水、生活污水采样方法

《船舶机舱舱底水、生活污水采样方法》制定于1999年，与当前船舶结构、相关防污染设备存在一定不适应，亟待修订完善。建议结合近年来开展的船舶水污染监测工作及新修订的《船舶水污染物排放标准》，对船舶污水采样的方法进行调整，进一步优化采样步骤和采样方法，针对不同类型船舶和船用污水处理装置提出污水采样注意事项。

第二节 船舶垃圾收集处置技术

一、国内外现状及问题

（一）国内外现状

船舶垃圾是指产生于船舶正常营运期间并需要连续或定期处理的各种塑料废

弃物、食品废弃物、生活废弃物、废弃食用油、操作废弃物、货物残留物、动物尸体、废弃渔具和电子垃圾以及废弃物焚烧炉灰渣[1]。

1. 管理要求

船舶垃圾排放主要涉及《MARPOL 防污公约》及国内船舶污染物排放标准。

1）MARPOL 防污公约

根据《MARPOL 防污公约》附则Ⅴ防止船舶垃圾污染规则，船舶垃圾接收要求各缔约国有义务根据船舶使用需求，确保在港口和码头设置足够的垃圾接收设施，不使船舶发生不当延误。《MARPOL 防污公约》船舶垃圾排放规定见表 2–9。

《MARPOL 防污公约》船舶垃圾排放规定　　表 2–9

分　类	排放要求
一般性要求	（1）一切塑料制品，均禁止处理入海 （2）在任何情况下均禁止在距最近陆地不足 25n mile 将漂浮的垫舱物料、衬料和包装材料处理入海 （3）在任何情况下均禁止在距最近陆地不足 12n mile 将食品废弃物和一切其他垃圾处理入海 （4）对于上述第三条涉及的船舶垃圾，在通过了粉碎机和磨碎机后，可允许尽可能远离最近陆地处理入海，但在任何情况下禁止在距最近陆地不到 3n mile 处理入海

2）船舶污染物排放标准

2018 年，新修订出台的《船舶水污染物排放控制标准》（GB 3552—2018）对船舶垃圾排放规定如下。

（1）在任何海域，应将塑料废弃物、废弃食用油、生活废弃物、焚烧炉灰渣、废弃渔具和电子垃圾收集并排入接收设施。

（2）对于食品废弃物，在距离最近陆地 3n mile 以内（含）的海域，应收集并排入接收设施；在距最近陆地 3n mile 至 12n mile（含）的海域，粉碎或磨碎至直径不大于 25mm 后方可排放；在距最近陆地 12n mile 以外的海域可以排放。

（3）对于货物残留物，在距最近陆地 12n mile 以内（含）的海域，应收集并排入接收设施；在距离最近陆地 12n mile 以外的海域，不含危害海洋环境物质的货物残留物方可排放。

（4）对于动物尸体，在距最近陆地 12n mile 以内（含）的海域，应收集并

---

[1] 《船舶水污染物排放控制标准》（GB 3552—2018）。

排入接收设施；在距最近陆地 12n mile 以外的海域可以排放。

（5）在任何海域，对于货舱、甲板和外表面清洗水，其含有的清洁剂或添加剂不属于危害海洋环境物质的方可排放；其他操作废弃物应收集并排入接收设施。

（6）在任何海域，对于不同类别船舶垃圾的混合垃圾的排放控制，应同时满足所含每一类船舶垃圾的排放控制要求。

2. 现状情况

部分船舶垃圾会被储存收集在船上，靠港后统一由接收单位接收，送市政垃圾填埋场或焚烧厂处理。来自疫区船舶的垃圾通常由检验检疫部门检查后，交由具备资质的单位接收处理。一些设施完备的船舶会设有垃圾房，船舶垃圾经分类收集后，压缩体积堆放存储。

部分船舶也会安装船用焚烧炉，用以焚烧处理普通垃圾。经焚烧后，船舶垃圾可以实现较好的减量化和无害化处理，但船舶焚烧会排放废气影响空气质量，焚烧产生的残渣需要进一步收集，交由岸上接收处置。

目前，船用焚烧炉主要包括以下类型：（1）处理固体废弃物的焚烧炉；（2）处理固体废弃物和废油的焚烧炉；（3）处理固体废弃物、废油、废水的焚烧炉（潘良高，2015；孟峥嵘、王春明，2012）。前两种类型的焚烧炉应用较多。焚烧炉设备基本均采用自动控制技术，达到安全、稳定、可靠的运行状态。

垃圾焚烧炉如图 2–8 所示。船舶垃圾分类表见表 2–10。

图 2–8　垃圾焚烧炉

（二）主要问题

目前垃圾焚烧技术已较为成熟，船舶垃圾焚烧设备也应用较为广泛。但垃圾焚烧产生的热量并没有及时回收，造成了浪费。若研发垃圾焚烧热量回收装备，则可用于船上海水淡化设施等其他设备的能源供应。

船舶垃圾分类表　　表 2-10

序号	类别	说　明
1	塑料废弃物	含有或包括任何形式塑料的固体废物，其中包括合成缆绳、合成纤维渔网、塑料垃圾袋和塑料制品的焚烧炉灰
2	食品废弃物	船上产生的变质或未变质的食料，包括水果、蔬菜、奶制品、家禽、肉类产品和食物残渣
3	生活废弃物	船上起居处所产生的各类废弃物，不包括生活污水和灰水（洗碟水、淋浴水、洗衣水、洗澡水以及洗脸水等）
4	废弃食用油	废弃的任何用于或准备用于食物烹制或烹调的可食用油品或动物油脂，但不包括使用上述油进行烹制的食物
5	焚烧炉灰渣	用于垃圾焚烧的船用焚烧炉所产生的灰和渣
6	操作废弃物	船舶正常保养或操作期间在船上收集的或是用以储存和装卸货物的固态废弃物（包括泥浆），包括货舱洗舱水和外部清洗水中所含的清洗剂和添加剂，不包括灰水、舱底水或船舶操作所必需的其他类似排放物
7	货物残留物	货物装卸后在甲板上或舱内留下的货物残余，包括装卸过量或溢出物，不管其是在潮湿还是干燥的状态下，或是夹杂在洗涤水中。货物残留物不包括清洗后甲板上残留的货物粉尘或船舶外表面的灰尘
8	动物尸体	作为货物被船舶载运并在航行中死亡的动物尸体
9	废弃渔具	放弃使用的渔具，含布设于水面、水中或海底用于捕捉水生物的实物设备或其部分部件组合
10	电子垃圾	废弃的电子卡片、小型电器、电子设备、计算机、打印机墨盒等

二、技术需求分析

2015 年国务院印发的《水污染防治行动计划》要求加强船舶港口污染控制，积极治理船舶污染，分类分级修订船舶及其设施、设备的相关环保标准，加快垃圾接收、转运及处理处置设施建设。

交通运输部印发的《船舶与港口污染防治专项行动实施方案（2015—2020 年）》，提出“鼓励企业开展船舶与港口污染防治技术研究，积极争取国家重点专项对船舶与港口污染防治的支持”。

三、技术框架体系及分类

船舶垃圾处理技术方向分类见表 2-11，船舶垃圾防控技术框架如图 2-9 所示。其中，生活垃圾焚烧技术、船舶废油处理技术和废污泥焚烧技术均为成熟技术；垃圾焚烧炉废热回收技术需进一步开展研究，其目标是充分利用船舶垃圾焚烧产生的热能，减少船舶能源供给需求。

船舶垃圾处理技术方向分类 表 2-11

技术类别	技术方向	主要问题
先进成熟技术	生活垃圾焚烧技术	已全面推广
	船舶废油处理技术	已全面推广
	废污泥焚烧技术	已全面推广
需要继续改进完善的技术	焚烧炉废热回收技术	废热回收技术在城市热电联产中应用较为广泛，但是适用于船舶内小型化、间歇运转的技术亟需开发，开发后可应用于海水淡化

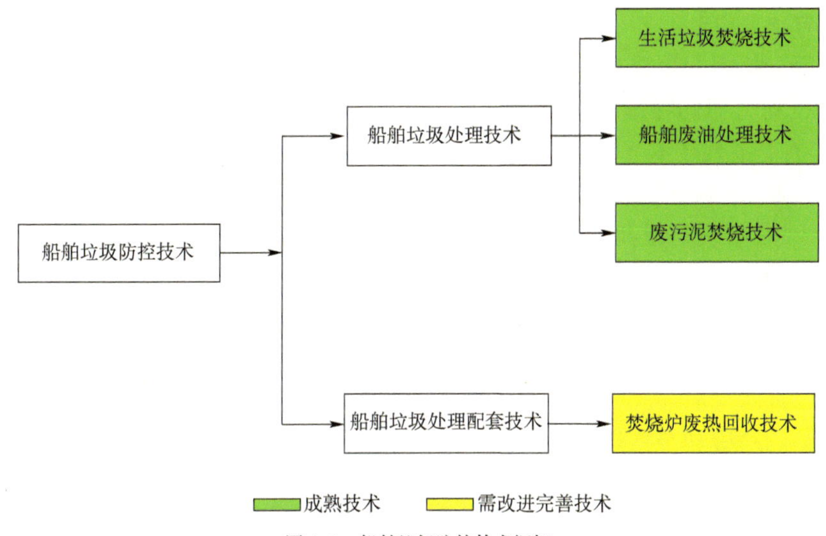

图 2-9 船舶垃圾防控技术框架

第三节 船舶大气污染控制技术

目前，国内外主要的船舶大气污染控制措施包括换用更清洁的船用燃油、靠港使用岸电技术、清洁能源动力船舶技术、船舶发动机技术改进以及船速控制等，主要的控制对象包括硫氧化物、氮氧化物、颗粒物，以及逐渐受到国际重视的黑炭。

一、国内外现状及存在的问题

（一）国内外现状

1. 换用更清洁的船用燃油

换用更清洁的船用燃油是目前国内外应用最为广泛的污染控制方法之一，对于硫氧化物的控制效果明显，对于颗粒物、黑炭等具有一定的减排作用。国际海事组织认可的波罗的海海域、北海海域、北美海域、美国加勒比海域等船舶排放控制区，美国和欧盟法令框架下的排放控制区域，以及我国的环渤海（京津冀）、长三角和珠三角船舶排放控制区都以换用低硫燃油为重点污染防治措施。

2. 清洁能源动力船舶

清洁能源动力船舶可以在使用清洁燃料的过程中减少硫氧化物、颗粒物等大气污染物的排放。目前的船用清洁燃料以液化天然气（LNG）的应用研究最为广泛，也有部分电动船舶、氢燃料船舶、生物质燃料船舶、太阳能动力船舶等的研究和试用。其中，较具有应用前景的技术是 LNG 动力和电动技术。

LNG 动力船舶在国外主要以新建海船为主，而在内河船舶以及远洋船上应用 LNG 的一系列技术才刚刚开展研究；发动机主要有单燃料和微引燃发动机（柴油含量 $< 5\%$）两种，技术较为先进，NO_x 排放可达到 Tier Ⅲ，但造价太高。我国 LNG 动力船舶新建和改造平衡发展，多应用于内河船舶，沿海船舶也已开展了研究，但远洋船舶应用 LNG 燃料和国外一样，研究刚刚起步；发动机主要有单燃料和混燃式 2 种（柴气比约为 7 ∶ 3），NO_x 排放只能达到 Tier Ⅱ，但造价相对国外低了很多。目前 LNG 动力船舶燃料的加注主要有槽车 – 船加注、岸站 – 船加注、趸船 – 船加注、船 – 船加注以及海上浮式设施 – 船加注 5 种方式。趸船式加注站的建设和管理规范均已出台，移动式加注船的建设规范也已发布，但安全监管规范还在研究，槽车、岸基式加注站和海上浮式加注的研究也已相继开展。电动船舶技术近年取得了一定突破。电动船舶具备加速性能好、制动速度快、噪声小等特点，目前在中国已有少量应用，主要适用于港作船舶、小吨位货运船舶等。另外，荷兰从 2018 年 8 月起，在阿姆斯特丹、安特卫普和鹿特丹等港口投放了一批电动集装箱驳船。

3. 船舶发动机技术改进

船舶发动机技术改进主要分为机内净化和尾气后处理 2 种。发动机内减排技术改进可以在一定程度上减少船舶的 NO_x 排放，但难以满足 IMO Tier Ⅲ阶段的排放要求。尾气后处理对于削减船舶 NO_x、SO_x 和 PM 排放具有显著效果，选择性催化还原（SCR）是可以满足 IMO Tier Ⅲ排放限值的成熟技术，国外研发的船用中高速机 SCR 系统装置已在上百艘船舶上进行了实船安装，国内也已有产品通过船级社认证。在脱硫方面，国外研制的废气洗涤装置已在多艘船舶上推广，目前脱硫系统的监测和控制技术研发是该领域的热点问题。此外，面向未来排放法规对多种污染物的控制要求，船舶多污染一体化治理装置的研究已取得一定进展，但仍未得到实船应用验证。

4. 靠港船舶使用岸电

靠港船舶使用岸电可以减少船舶靠泊过程中在港口区域的大气污染物排放。在美国、欧洲等国家和地区，岸电技术相对成熟，处于逐步推广应用阶段；在我国，目前上海港、连云港港、深圳港、蛇口港、广州港和宁波港等港口已建成船用岸电系统。《船舶与港口污染防治专项行动实施方案（2015—2020 年）》对未来我国港口码头的岸电安装率提出了明确要求。2016—2018 年，交通运输部组织实施了靠港船舶使用岸电项目奖励工作，共计有 3 批 245 个项目获得 7.4 亿元奖金。2017 年，交通运输部印发了《港口岸电布局方案》，进一步明确了岸电设施建设推进计划。2018 年，《靠港船舶岸电系统技术条件》（GB/T 36028.1—2018）标准发布，岸电标准体系得到进一步完善。

为了解决供售电资质等问题，2017 年，交通运输部、国家能源局和国家电网公司联合印发了《共同推进靠港船舶使用岸电战略合作框架协议》。

5. 船舶多污染一体化治理技术

船舶多污染一体化治理技术是当前的研究新方向，目前许多国家都已取得一定进展。Wartsila 等公司开展了同时解决 NO_x、SO_x、PM 的排放污染一体化治理技术及装置研发，新加坡 Ecospec 公司也推出了 CSNO X 三位一体化船舶排气处理系统，实现 NO_x、SO_x、CO_2 多污染一体化脱除，但其还未对其减排效果等进行实船验证。

（二）主要问题

尽管各项船舶大气污染控制技术都取得了一定的进展，但在科研及应用等方面仍存在一定的问题，具体如下。

1. 换用高质量船用燃油的基础条件不足

硫含量 0.5% 和 0.1%（质量比）以下的船用燃料油的生产供应能力有所不足，是未来开展换用低硫油措施的瓶颈问题之一。具体而言，市场上所供应的船用燃料油可根据来源分为内贸油和外贸油。内贸油多来源于中石化和中海油炼厂，与页岩油、煤制油等调和后硫含量可降至 3.5%（质量比）以下。市面上船用燃料油的硫含量在 1.3%~4.5%（质量比）之间，目前售价在 1040~5100 元 /t（以 2000~3000 元 /t 居多），硫含量小于 0.5%（质量比）的船舶燃油不多，若未来要求换用为硫含量小于 0.1%（质量比）的燃油，则内贸燃油供应能力更低。外贸油方面，有两家硫含量 0.5%（质量比）的低硫油供应商，其中壳牌公司油品质量稳定，但黏度较低容易损伤发动机，而韩国 SK 公司油品存在质量不稳定的问题。另外，市场上由正规企业供应的船用柴油，基本可以满足国Ⅲ标准，但很多由非正规企业供应的船用柴油质量较差，硫含量普遍超过国Ⅲ标准。

2. 脱氮脱硫装置与大功率柴油机匹配技术有待提升

目前，脱氮系统和脱硫系统与大功率柴油机的匹配存在一定的问题，是目前亟待解决的关键技术问题。另外，脱氮技术中的 SCR 技术的发展还受到排烟温度控制、催化剂失活、尿素定量喷射、与废气混合均匀性等因素制约，技术水平有待进一步提升。

3. 岸 – 船供受电制匹配难度大

我国港口电网供电频率为 50Hz，分别为 10kV、6kV 和 360V 等电压等级；而靠泊船舶的用电频率，既有 50Hz，也有 60Hz，电压除了我国的电压等级外，还有 11kV、6.6kV、690V 和 440V 等。岸电系统需要配置变压或变频设备，将码头供应电力转换成与船电一致的电压和频率，目前的岸电设备技术水平难以实现单一的港口岸电设备兼容各种不同电制类型船舶的需要。

4. 岸电系统带载转移技术不成熟

由于岸电系统船岸通信缺少相应标准，目前岸上供电设备难以准确读取船上的并网参数值，对于岸电自动确认参数并修正自身的参数影响较大，导致船舶受电系统和辅机发电系统在带载转移过程中可能会对船舶供电系统带来有害冲击，威胁船舶电力系统的安全性和稳定性，影响船舶的正常运行。

5. 大水位差码头和锚地岸电技术亟待研究

由于部分内河码头水位落差较大，造成岸电使用困难；此外，锚地内多船平行停靠，岸电使用也会相互干扰。上述两个问题，是内河特别是三峡水域推广岸电过程中面临的主要问题。因此，需研究大水位差码头及锚地岸电建设和应用等关键技术，解决因水位落差较大，难以合理布设充电桩和电缆的问题，使待闸锚地多船平行停靠可同时使用岸电。

6. 船舶多污染物协同处理技术有待提升

目前船舶硫氧化物、氮氧化物及颗粒物均研发了一些处理技术与装置。但面向未来排放法规对多种污染物的控制要求，单种污染物处理技术还不能满足要求，多种污染物一体化协同处理技术将成为未来的重要技术之一。然而该技术目前大多仍处于原理研究和实验室研发阶段，尚无实船应用，技术水平有待进一步提升。

7. LNG 动力性和安全性问题

燃用液化天然气（LNG）和燃用柴油相比，混合气的热值比纯柴油低，进气（空气）量少，分子变更系数小，动力性会下降，如果匹配不良，动力性会恶化到惊人的程度。LNG 本身作为一种危化品，其理化性质决定了它也是一种重要的风险源。LNG 的主要成分是甲烷，甲烷是一种可压缩、易燃的气体，其危害包括低温冻伤、燃烧、爆炸、窒息等方面。LNG 用来作为船舶发动机燃料时，由于发动机舱室空间封闭，LNG 的低温、泄漏和爆炸是柴油 -LNG 双燃料发动机的主要安全问题。

二、技术需求分析

（一）大气污染控制需求分析

近年来，我国京津冀、珠三角及长三角等区域频繁出现高强度、大范围、长时间的雾霾污染天气，严重威胁到人民群众的健康和社会经济的发展。作为世界航运大国，我国拥有近 20 万艘水上运输船舶，京津冀、珠三角及长三角等区域的船舶密度较高，其大气污染控制问题已逐步受到社会各界的重视。《纽约时报》《参考消息》等国内外媒体相继刊出相关文章，认为航运是中国一个十分重要的大气污染源，国家近年也多次收到关于“呼吁控制船舶污染”的议案，我国的船舶大气污染控制已迫在眉睫。

另外，随着长江经济带和海上丝绸之路等战略的实施，我国的运力结构将大幅向水运方向调整，航运业迎来新一轮快速发展的同时，也将成为交通行业大气污染治理的重中之重，“规范化”和“清洁化”将是水运行业未来的发展方向，是践行“绿色交通”的重要举措。

综上所述，为更好地贯彻党中央大力推进生态文明建设、国家层面实施“创新驱动发展战略”和行业层面建设“绿色交通”的战略部署，满足国家要求、群众需求和行业发展等多个层面的需求，有必要积极开展船舶大气污染防治工作。

（二）有关法规的要求

为减缓日益严重的大气污染，保障群众身体健康，2013 年 9 月国务院发布《大气污染防治行动计划》（国发〔2013〕37 号），明确提出要“开展船舶的污染控制”。

2015 年 8 月，正式颁布的《中华人民共和国大气污染防治法》中也提出要加强对机动车、船大气污染的综合防治，体现了国家对于治理船舶大气污染的明

确态度。

2015年12月，交通运输部发布《船舶与港口污染防治专项行动实施方案（2015—2020年）》和《珠三角、长三角、环渤海（京津冀）水域船舶排放控制区实施方案》，提出了船舶靠港使用岸电、设立国内船舶排放控制区等污染控制措施。

2017年7月，交通运输部印发了《港口岸电布局方案》，明确了沿海和内河港口码头岸电设施建设数量等要求。

2011年2月召开的散装液体和气体分委会15次会议上，清洁运输联盟提交了一份有关北极区域航运污染物清单的报告，其中涉及到黑炭问题。2013年5月召开的海洋环境保护委员会65次会议专项讨论了北极黑炭排放问题，但未对黑炭具体定义达成一致。2015年1月，国际海事组织继续讨论了北极黑炭问题，初步就黑炭定义和特性达成了统一认识，后续将考虑收集数据进行评估，确定测量方法后，再考虑可能的控制措施。就目前来看，换油是控制黑炭的有效措施之一。未来，对于船舶大气污染物排放，除关注常规硫氧化物和氮氧化物等传统污染物外，还需要针对黑炭排放控制措施开展研究。

（三）技术发展趋势分析

1. 换用高质量船用燃油

换用高质量船用燃油是实现船舶大气污染物减排，特别是硫氧化物减排的有效手段之一，具有操作相对简单、成本相对较低、减排效果明显等优势，是当前快速实现船舶污染控制的有效手段，也是未来控制船舶污染的重要手段。因此，在逐步实施船舶使用低硫油改造，且有效保障船用燃油质量和供应量的情况下，不论在我国水域还是国际水域，在近期还是中期，船舶换用高质量燃油都将是控制船舶大气污染的重要技术方法。但由于换用高质量船用燃油对于氮氧化物的减排效果不明显，因此在多污染物一体化减排技术发展成熟时，或污染控制要求日益严格的远期，换用低硫油的减排手段可能会被逐步淘汰。

2. 船舶发动机技术改进与排气污染物后处理技术

船舶发动机技术改进与排气污染物后处理技术是换用更加清洁的船舶燃料、使用岸电以外的重要污染控制技术。目前使用SCR等脱氮或脱硫技术的船舶较少，但随着国际和国内对于船舶氮氧化物、硫氧化物和颗粒物排放要求的提升，污染物减排效率较高的脱氮系统和脱硫系统将逐步成为船舶污染控制技术的主流。例如，在IMO要求实施Tier Ⅲ的氮氧化物排放要求后，船舶在航行过程中只有使用SCR技术才能够满足要求。

3. 靠港船舶使用岸电

靠港船舶使用岸电是船舶靠港期间大气污染防治的重要技术方法之一，岸电技术未来将会朝模块化、安全化、自动化、大容量化和标准规范体系完善化的方向发展，具体如下：①岸电设备模块化。针对到港船型多样化电制需求，需要开展模块化多电制适应技术研发；针对岸电设备供电高可靠性要求，重点突破故障隔离技术，提升系统维护效率。②技术标准体系完善化。加快《码头船舶岸电设施工程技术规范》的制定，结合相关国际标准，尽快出台船岸一体化建模、岸船接口、接线方式、船岸信息通信等方面的技术标准规范。③船岸一体化监控保护。针对岸船保护设备缺乏整体性的不足，需要开展故障模拟技术、一体化模型短路电流分析技术研究，开展岸船集成通信、信息交互、系统检测及协调控制技术研发，实现系统全方位监控。④岸船连接操作自动化。针对目前船岸连接过程中自动化程度不高，安全性稳定性低的问题，需要研究岸船连接操作自动化技术，避免带载转移过程中的人为干扰，提高连接过程中安全性保障。⑤大容量岸基供电技术。针对目前大型邮轮靠港使用岸电的需求，需要开展大容量岸基供电技术研究，并总结提出相关技术规范。⑥加快大水位差码头及锚地岸电建设和应用等关键技术研发。

4. 船舶多污染物协同处理技术

船舶多污染物协同处理技术有待进一步研发。面对未来污染物排放法律法规对多种污染物的控制要求，船舶多污染物协同处理技术是高效解决该问题的方法之一，例如可同时解决氮氧化物、硫氧化物和颗粒物的排放污染物一体化治理问题。目前国内外众多研究机构已纷纷开展了船舶多污染物一体化治理技术与装置的研究，未来一段时间内将重点解决排气污染物后处理中多种处理装置叠加、初期投资高、占用空间大等问题，并将逐步进行实船验证。船舶多污染物协同处理技术还处于初步研发阶段，结合该技术的特征与行业发展趋势，在该技术与装置成熟后，将会是未来中远期实施船舶污染控制的重要技术。

5. 清洁能源动力船舶

柴油 -LNG 双燃料混合动力船提供天然气的气源可以是压缩天然气（CNG）和液化天然气（LNG）。目前国内 CNG 技术已经成熟，并得到了广泛认同和推广，中小型柴油 -LNG 双燃料混合动力船可采用 CNG 作替代燃料。而随着国内 LNG 技术的发展，LNG 供应量能满足需要时，大中型柴油 -LNG 双燃料混合动力船可尽量采用 LNG 作为替代燃料。目前我国的柴油 -LNG 双燃料混合动力船舶的研究已经取得了初步成果。近 5 年来，LNG 动力船由少数国家的完成了探索试用并逐步进行了全球推广，IMO 不断推行相关指导政策与规范文件，全球主要船东、

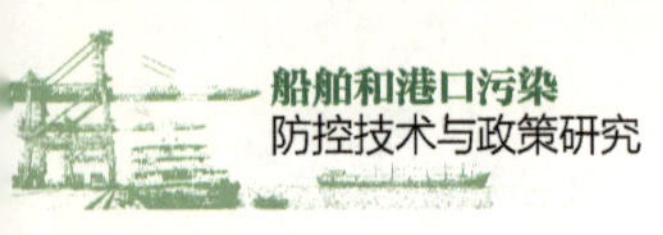

船级社组成了“SEA/LNG”联盟并将LNG视为“救命稻草”，合力推进LNG动力船的替代进程。世界上LNG动力船的技术已相对成熟，但由于缺少相关的法律法规和配套设施，LNG动力船的使用推广尚处于起步阶段，实际应用主要集中在北欧几个国家。我国LNG动力船正处于研究试验阶段，得到使用的LNG动力船舶主要是通过对现有的柴油机船舶进行改造后完成的，专门设计建造的以LNG作为燃料的运输船舶较为稀缺。交通运输部在《港口污染防治专项行动实施方案（2015—2020年）》和《交通运输节能环保“十三五”发展规划》中已将LNG燃料应用列入交通运输污染防治重点工作。目前我国推广使用内河LNG动力船的产业环境已经逐步成熟，内河LNG动力船也逐渐从长江流域向其他流域扩散。据悉，短期内长江水系将建造约100艘内河LNG动力示范船。下一步我国要加快LNG加注点的规划布局和建设步伐，为内河LNG动力船的全面推广打下基础。我国内河LNG动力船和加注站的建设取得了较大发展，但沿海LNG动力船的发展则相对较慢。

关于电动船舶，目前上海、浙江、广东等地区已经开展纯电动船舶的建造运营，包括2013年投入使用的苏州河3号、2014年投入使用的苏州河21号等观光客船，2015年投入使用的浙“港航巡0302”、浙江内河500吨级散货船等。湖北、湖南、广东、广西等地也正在开展纯电动船舶应用的前期研究和建造工作。目前电动船舶的动力蓄电池以锂蓄电池（磷酸铁锂蓄电池）为主，其他蓄电池类型由于标准规范尚未发布，研发和使用的较少。从技术和实用性上看，电动船舶主要受制于蓄电池续航能力和充电速度，目前在中短途运输、中小量运输的内河航运（2000总吨以内、航线距离100km以内）可以满足需求，但对长距离航行、大批量运送货物的沿海及远洋航运而言，船舶电动化仍难以满足现实需求，技术上还需要进一步获得突破。在蓄电池方面，近期以磷酸铁锂蓄电池、燃料电池、超级电容器等为主要发展方向。

三、技术框架体系及分类

船舶大气污染控制措施主要包括换用更清洁的船用燃油、靠港使用岸电技术、清洁能源动力船舶技术、船舶发动机技术改进与后处理技术、污染物一体化处理技术等。

其中，换用更清洁的船用燃油、靠港使用岸电技术、清洁能源动力船舶技术是从船用燃料入手，减少污染物的产生；船舶发动机技术改进与后处理技术、污染物一体化处理技术是从污染排放物控制的角度减少污染物排放。

目前，换用更清洁的船用燃油技术已十分成熟；靠港使用岸电技术、船舶发动机技术改进与后处理技术已具有一定的基础，但仍需进一步完善；清洁能源动力船舶技术、污染物一体化处理技术目前尚不成熟，是需要进一步研发的前沿技术。船舶大气污染控制技术框架体系分类及技术分类见表 2–12。

船舶大气污染控制技术框架体系分类及技术分类 表 2–12

技术类别	主要技术	主要问题
先进成熟技术	换用更清洁的船用燃油	已全面推广应用
需要继续改进完善的技术	靠港使用岸电技术	部分试点应用存在技术问题，有待进一步改善
	船舶发动机技术改进与后处理技术	已研发成功，但技术水平有待进一步发展完善
前沿技术	清洁能源动力船舶技术	有待在现有技术水平基础上进一步研发
	污染物一体化处理技术	有待研发

船舶大气污染控制技术框架如图 2–10 所示。

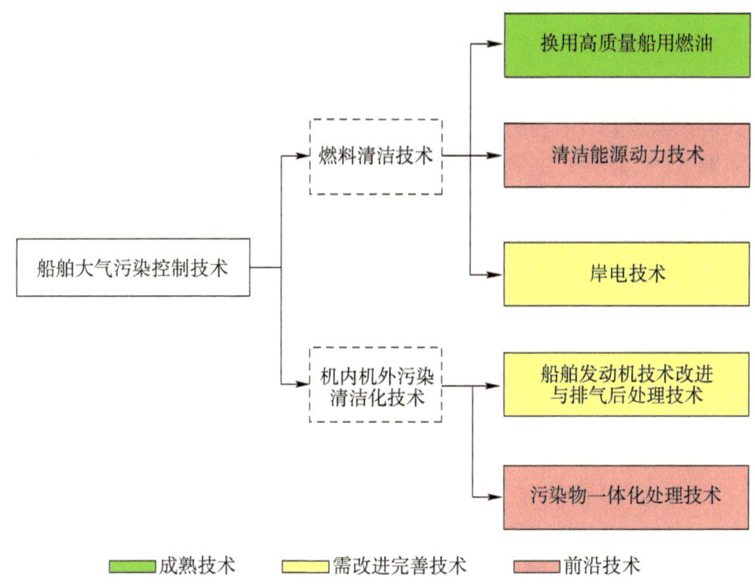

图 2–10 船舶大气污染控制技术框架

四、前沿技术的科研攻关方向

（1）脱硝系统与大功率柴油机匹配关键技术。具体包括：①脱硝系统参数优化技术研究，形成多模式、可切换的脱硝系统参数设计技术；②大功率柴油机匹配技术研究，针对综合运行经济性及减排效果开展柴油机供油、增压系统等参数优化与脱硝系统匹配研究，建立并优化匹配标定体系；③脱硝系统长期运行自适应匹配技术研究，研发柴油机长期运行排放特性、排放参数精确获取技术及脱硝系统自适应匹配技术。

（2）脱硫系统与大功率柴油机匹配关键技术。具体包括：①脱硫系统参数优化技术，形成多因素船舶柴油机脱硫系统参数设计技术；②匹配柴油机的自适应控制技术，形成准确、有效、稳定的脱硫系统自适应控制技术；③船舶脱硫系统与柴油机综合优化技术，开展洗涤塔和废液处理装置结构优化研究，形成脱硫系统与柴油机最优匹配方案。

（3）岸电系统匹配优化技术。具体包括：①岸船一体化建模技术，构建包含船端、岸端设备以及网架结构的一体化仿真模型，提高系统建模的完整性，科学指导岸电系统一体化设计方案的制定；②多系统多电质兼容技术，研究岸电系统的变频变压技术，使岸电系统的供电电压和频率可灵活进行调节，解决目前岸－船供受电制匹配难度大的问题，满足不同电质的需求；③大容量岸电系统技术，主要研究大功率并联扩容技术，满足大型邮轮等大容量船舶靠港使用岸电的需求。

（4）船岸连接技术。具体包括：①船岸自动并网技术，研究岸电系统船电并网控制策略，实现岸上供电设施与船上受电设施的信息自动交互，进一步提升负载转移过程的安全性与平稳性；②船岸连接系统标准化主要应根据国内外相关标准研究提出我国的船岸连接接口标准，使岸上供电设备满足不同类型船舶用电需要；③船岸信息交互技术，解决带载转移过程当中船岸信息交互不畅和带载转移过程中造成设备损坏的问题，实现岸上供电设备与船上受电设备核心参数的自动读取与信息交互，提升负载转移的安全性与平稳性；④大水位差码头和锚地岸电技术，解决因水位落差较大难以合理布设充电桩和电缆的问题，实现待闸锚地多船平行停靠同时使用岸电。

（5）岸电系统保护技术。具体包括：①故障工况模拟技术，开发船岸一体化系统数值仿真模型，模拟故障工况下岸电系统设备的故障特性，为安全保护系统配置方案的设计提供技术支撑；②运行安全保护技术应研究提出岸电系统的标准化系统安全保护策略，通过连锁、跳闸等一系列保护措施，实现故障设备的隔离，保护船岸供受电设备安全。

（6）船舶大功率柴油机排放污染一体化治理关键技术。具体包括：船用超重力旋流吸收技术、紧凑型高效强氧化技术、一体化治理装置集成技术、一体化治理装置匹配技术等。

（7）LNG 动力系统防泄漏技术。该技术是要解决泄漏检测的安全性和敏感性问题。从交通安全方面来说,LNG 虽然是一种经济、绿色的能源,但其自身特性决定了 LNG 动力船在使用过程中存在安全风险。我国在 LNG 动力船的使用和安全分析方面的研究还处于起步阶段，尚有许多技术问题需要解决。开展对 LNG 动力船泄漏问题的研究，是实现 LNG 动力船安全使用的必要课题。

（8）全船 LNG 检测监测安全报警控制技术。LNG 运输船舶为处理日常蒸发的天然气，大多使用双燃料发动机推进装置。此类发动机基本上是一台普通的四冲程柴油机，它可利用天然气作为燃料。这就要求在机舱中布设有天然气管线，而一旦发生管线破裂而导致天然气泄漏，将会有机舱火灾与爆炸的危险。因此，应将天然气管线做成双层管结构，在两层管壁之间通入压缩空气，并布置有天然气检测装置，在发生管路破裂事故时，一方面可以通过压缩空气流将泄漏出的天然气带到与管线相连的烟囱处进行排放，另一方面通过天然气检测装置检测并报警，可切断天然气供给，保证机舱和全船安全。可燃性气体浓度监测是防止 LNG 动力船舶事故发生的一种有效的措施。当探头所在区域的天然气浓度超过设定范围时能迅速发出声光报警并准确显示漏泄区域，便于查找和维修。根据船级社相关规定，用于可燃性气体探测的探头均应为独立管线、独立电源和独立信号，探头、相互支持相互备份，且能够连续性工作，确保可燃气体探测的可靠性。

（9）LNG 船舶供应船舶电力技术。LNG 船普遍使用汽轮机或二冲程发动机技术，若将 LNG 发动机或双燃料电力推进系统用于新型 LNG 船，则电力推进技术效率更高，燃油消耗更低，更加节能环保。

（10）纯电动动力系统驱动技术。具体包括：进一步发展磷酸铁锂蓄电池、燃料电池、超级电容器的电动船舶技术，提升蓄电池续航能力和充电速度；突破长距离、大运量的沿海和远洋船舶电动动力系统驱动技术。

五、适用技术的推广和鼓励应用政策

目前，我国的船舶大气污染控制技术市场化程度不高，岸电、LNG 动力船舶和船舶尾气处理的应用环境尚未完全成熟，仅船舶换用更清洁的船用燃油措施应

用较为广泛。依据《中华人民共和国大气污染防治法》《船舶与港口污染防治专项行动实施方案（2015—2020年）》（交水发〔2015〕133号）和《珠三角、长三角、环渤海（京津冀）水域船舶排放控制区实施方案》（交海发〔2015〕177号）等相关政策，结合当前各项技术装备的研发及应用现状，本书提出船舶大气污染控制技术推广和鼓励应用政策如下。

（1）推广低硫燃油换用措施。根据我国船舶排放控制区方案，控制水域内航行和停泊的船舶应换用更加清洁的燃油。目前交通运输部海事局已发布《中华人民共和国海事局关于加强船舶排放控制区监督管理工作的通知》（海船检〔2016〕48号）（附《船舶排放控制区监督管理指南》），对船舶进行换用高标准燃油等措施的操作、检查提出了要求。下一步应针对不具备换用高标准燃油条件的在用船舶改造出台相应的改造技术规范，进一步完善相关操作指南和检查要求，严格落实《交通运输部等十三个部门关于加强船用低硫燃油供应保障和联合监管的指导意见》（交海发〔2017〕163号）。

（2）完善岸电系统推广相关配套制度。一是建立岸电供售电机制。通过与电力部门、定价部门协商，出台文件规定，使岸基供电行为合法化、收费合法化，并在此基础上明确岸基供电收费的程序、定价的原则以及发票的开具等一系列与岸电供电服务和收费相关的统一规定。二是建立合理的岸电运营模式。码头公司对岸电的运营管理包括岸电设备日常维护管理、岸电接插过程中操作等方面，建议规范码头岸电的运营模式，确保岸电接插过程中的安全性、稳定性，明确港航双方责任。三是对岸电电力增容给予政策支持。通过与电力部门协商，增加岸电电力增容的供电能力，减少岸电增容申请手续和审批时间。

（3）加强船舶大气污染控制监管力度。我国在船舶大气污染监测方面的工作刚刚起步，近期国家为部分一线执法人员统一配备了船舶燃油快速检测设备，但数量有限。目前各地区仍主要采用船舶文书检查与船舶燃油取样抽检相结合的手段。该方式的问题在于：一是可覆盖的船舶数量有限；二是船舶和燃油的相关书面材料与实际情况可能存在出入；三是样品的检测时间长；四是人力需求较大，行政成本较高。建议积极开展无人机、遥感、在线监测和普通柴油快速检测等可应用于排放控制区监管领域的技术研究工作，制定全面提升船舶监管能力的工作计划和试点方案，保障船舶大气污染控制技术的推广应用。

（4）建立健全电动船舶相关标准规范与配套政策。一是完善相关标准规范，包括锂蓄电池、燃料电池及超级电容器在船舶上的应用标准，船用充电桩（充电站）建设标准等。二是对电动船舶建造、船用充电桩建设运营给予一定的补贴政策，提供优先过闸及过闸费优惠等政策。

六、标准规范体系制修订方案

在柴油机尾气后处理技术方面，制定《船用柴油机 SCR 脱硝产品装船技术规范》《船用柴油机排放污染物一体化治理装置（产品）认证流程》。

在岸电方面，根据 ISO、IEEE 和国际海事组织的相关标准，制定《靠港船舶岸电系统技术条件》《码头船舶岸电设施工程技术规范》《岸电系统船岸连接接口标准》等岸电系统相关标准，根据我国实际情况，修订《码头船舶岸电设施建设技术规范》（JTS 155—2012）。

在 LNG 动力船应用方面，制定《LNG 动力船舶挥发性有机物浓度控制指标及测试方法》《液化天然气燃料岸基式加注站安全管理规范》《液化天然气燃料加注船舶安全管理规范》《内河港口液化天然气船舶槽车加注技术要求》和《水上 LNG 加注站甲烷排放监测技术要求》等。

第四节 小 结

一、主要技术研发方向

本书提出了 14 项重点研发和推广应用的技术（表 2-13），其中近 5 年需要重点研发的技术 8 项，包括船舶生活污水脱氮除磷技术、船舶压载水快速检测技术、岸电配置优化技术等关键技术。上述技术的研发能够缓解绿色船舶发展瓶颈，妥善应对甚至引领船舶防污染相关国际公约要求，显著提升我国船舶污染防治技术水平。

船舶污染防控主要技术研发方向建议　　表 2-13

序号	技术名称	主要技术内容	适用领域	备　注
1	船舶水污染防控技术			
1.1	船舶油污水低浓度出水控制技术	通过相关油水分离技术，将处理后的船舶含油污水石油类物质浓度降低至 5×10^{-6}，该技术包含细油微粒的去除、特性材料制备以及设备结构性能优化等内容	适用于船舶含油污水排放要求低至 5×10^{-6} 情况下含油污水的处理	重点研发技术，国外相关公司已完成研发，应用前景广阔

续上表

序号	技术名称	主要技术内容	适用领域	备注
1.2*	船舶生活污水脱氮除磷技术	通过生化工艺，使船舶生活污水的氨氮、总氮、总磷等出水指标达到相关排放要求	适用于对氮磷排放有控制要求的船舶生活污水的处理	重点研发技术，该项技术在城市生活污水的处理中应用非常成熟，目前研发技术方向为船用设备的设计和研发
1.3*	船舶压载水处理技术	包括极端温度、高浊度、低盐度压载水的灭活技术，以及微生物适应性的相关研究	适用于对船舶压载水处理设备的设计和安装	重点研发技术，为应对已生效《压载水公约》，建议将该项技术作为重点研发方向
2	船舶垃圾处理处置技术			
2.1*	船舶垃圾处理配套技术	包括船舶废弃物焚烧炉废热回收技术	适用于船舶废弃物焚烧设备的废热回收	重点研发技术，目前国内无相关成熟设备，可作为今后重点研发方向
3	船舶大气污染控制技术			
3.1	脱硝系统与大功率柴油机匹配技术	包括：①多模式可切换的脱硝系统参数设计技术；②大功率柴油机匹配技术；③脱硝系统自适应匹配技术	适用于船舶大功率柴油机配置下脱硝设备的设计	尚处研发阶段，应作为重点方向加大研发力度
3.2	脱硫系统与大功率柴油机匹配技术	包括：①脱硫系统参数优化技术；②匹配柴油机的自适应控制技术；③船舶脱硫系统与柴油机综合优化技术	适用于船舶大功率柴油机配置下脱硫设备的设计	尚处研发阶段，应作为重点方向加大研发力度
3.3*	岸电配置优化技术	包括：①岸船一体化建模技术；②多系统多电质兼容技术；③大容量岸电系统技术	适用于船舶岸电系统的设计与建设	尚处研发阶段，应作为重点方向加大研发力度
3.4*	船岸连接技术	包括：①船岸自动并网技术，实现岸上供电设施与船上受电设施的信息自动交互；②船岸连接系统标准化；③船岸信息交互技术，实现岸上供电设备与船上受电设备核心参数的自动读取与信息交互	适用于船舶岸电系统的设计与建设	尚处研发阶段，应作为重点方向加大研发力度

续上表

序号	技术名称	主要技术内容	适用领域	备注
3.5*	岸电系统安全保护技术	包括：①故障工况模拟技术，开发船岸一体化系统数值仿真模型，模拟故障工况下岸电系统设备的故障特性；②提出岸电系统的标准化系统安全保护策略，通过连锁、跳闸等一系列保护措施，实现故障设备的隔离	适用于船舶岸电系统的设计与建设	尚处研发阶段，应作为重点方向加大研发力度
3.6*	大功率柴油机船舶排放污染一体化治理技术	包括船用超重力旋流吸收技术、紧凑型高效强氧化技术、一体化治理装置集成技术、一体化治理装置匹配技术等的研发	大功率柴油机船舶排放污染一体化治理	尚处研发阶段，应作为重点方向加大研发力度
3.7	柴油-LNG混合燃料动力优化技术	包括：①缸内直喷技术；②增压器前燃气预混技术；③进气道多点喷射技术	适用于船舶双燃料系统的设计和改造	尚处研发阶段，应作为重点方向加大研发力度
3.8	LNG动力系统防泄漏技术	包括LNG动力船舶的泄漏检测和安全性评估	适用于LNG动力船的日常检测与安全评价	该项技术在我国尚处于起步阶段，今后应作为重点技术研发方向
3.9	LNG检测监测安全报警控制技术	包括LNG动力船舶上的发动机系统的报警装置设计与研发	适用于LNG动力船的设计与建造	尚处研发阶段，应作为重点方向加大研发力度
3.10*	LNG船舶供应船舶电力技术	包括将LNG发动机或双燃料电力推进系统用于新型LNG船的技术研发和设备改造	适用于LNG动力船的设计与建造	重点推广技术，应用前景广阔，建议大范围推广

注：标“*”为近5年需重点研发和推广的技术。

二、主要技术政策建议

本书提出了6项船舶污染防治技术政策建议，其中船舶水污染防治方面2项，主要为延续老旧船舶改造补贴制度、实施船舶污染物接收转运处置联单制度等；船舶大气污染控制方面4项，主要为细化船舶排放控制区监督管理要求、实施资金补贴、建立健全岸电使用相关政策法规、编制港口岸电布局建设方案等。

（一）船舶水污染控制

1. 延续老旧船舶改造补贴制度

建议延长船舶标准化政策的时间，发布新一轮的《内河船型标准化补贴资金管理办法》。建议继续实施内河老旧船舶改造补贴，加快推进内河船舶标准化进程，提升船舶环境保护水平。

2. 实施船舶污染物接收转运处置联单制度

建议港航联合海事、环保、住建、工信等部门建立联合监管机制，联单制度包括资质管理、年度转移计划管理、接收作业监管、联单流转和联动管理。联单制度主要是要将船舶污染物接收、转运、处置各个环节中所涉及的监管部门联动起来，实现闭环无缝监管。

（二）船舶大气污染控制

1. 细化船舶排放控制区监督管理要求

建议根据船舶排放监测技术和装备的相关研究成果，建立船舶排放控制区的监管制度，在已发布的《船舶排放控制区监督管理指南》基础上提出监管原则、技术方法等详细要求。

2. 实施资金补贴

建议争取中央和地方资金支持，鼓励船舶使用高于标准要求的燃油，鼓励各地使用岸电、LNG 动力船舶和船舶尾气处理等船舶大气污染控制措施，进一步鼓励船舶降低污染排放。

3. 建立健全岸电使用相关政策法规

建议通过与电力部门、定价部门协商，出台供售电管理办法，使岸基供电行为合法化、收费合法化，并在此基础上明确岸基供电收费的程序和定价原则等；通过与电力部门协商，设计岸电增容申请的管理规定，减少岸电增容申请手续和审批时间。

4. 编制港口岸电布局建设方案

建议明确后续岸电技术推广工作的目标与重点，科学展望中长期的推广目标，合理安排重大项目的布局、建设内容和时序，科学指导靠港船舶使用岸电技术的推广工作，确保港口船舶岸电项目推广目标的顺利实现。2017 年，交通运输部已发布《港口岸电布局方案》。

三、主要技术标准规范制修订建议

本书提出了 14 项船舶污染防治技术标准制修订建议（表 2–14），其中船舶水污染防控方面 3 项，主要为船舶压载水排放标准，船舶压载水处理技术要求和船舶机舱舱底水、生活污水采样方法等；船舶大气污染防控方面，提出 11 项标准制修订建议。

船舶污染防控技术标准制修订建议 表 2-14

序号	标准名称	标准类型 / 标准编号	制修订建议		备注
			制定	修订	
1	船舶水污染防控				
1.1	船舶压载水排放标准	行业标准	√		亟需制订
1.2	船舶压载水处理技术要求	行业标准	√		
1.3	船舶机舱舱底水、生活污水采样方法	JT/T 409—1999		√	亟需修订
2	船舶大气污染防控				
2.1	船用柴油机 SCR 脱硝产品装船技术规范	行业标准	√		
2.2	船用柴油机排放污染一体化治理装置（产品）认证流程	行业标准	√		
2.3	靠港船舶岸电系统技术条件	行业标准	√		亟需制定
2.4	岸电系统船岸连接接口标准	行业标准	√		亟需制定
2.5	码头船舶岸电设施建设技术规范	JTS 155—2012		√	亟需修定
2.6	码头船舶岸电设施工程技术规范	行业标准	√		亟需制定
2.7	LNG 动力船舶挥发性有机物浓度控制指标及测试方法	行业标准	√		
2.8	液化天然气燃料岸基式加注站安全管理规范	行业标准	√		
2.9	液化天然气燃料加注船舶安全管理规范	行业标准	√		
2.10	内河港口液化天然气船舶槽车加注技术要求	行业标准	√		
2.11	水上 LNG 加注站甲烷排放监测技术要求	行业标准	√		

CHAPTER ③ 第三章

港口污染防控技术

随着我国港口的快速发展，全社会对大型散货码头粉尘污染、水污染以及石油化工码头废气污染的关注度越来越高。港口污染防控技术主要包括码头污水收集处理技术、港口粉尘防控技术、港口挥发性有机物防控技术和港口生态保护修复技术等。

第一节　码头污水收集处理技术

一、国内外现状及问题

（一）码头水污染来源及处理技术现状

港口码头陆域产生的污水可分为生产废水和生活污水。生产废水包括含油污水、散装有毒液体废水、含煤污水、含矿污水和集装箱洗箱污水等；生活污水主要是港口陆域作业的职工产生的污水，主要污染因子为 COD、BOD_5、NH_4^+-N 和 SS。大多数港口距离城市有一定距离，利用市政污水处理设施存在一定困难，目前大多数港口需要自建污水处理厂。

1. 生活污水

生活污水中污染物种类相对简单，基本无毒性，可生化性好，处理工艺较成熟。一般采用二级生化处理即可达到排放要求。港区的生活污水量不大，日处理量多为几百 m^3，很少超过 $1000m^3$，污水处理规模属于小型。二级生化处理可采用氧化沟、SBR、接触氧化、A/O 法和 A/O^2 法等。

如青岛港和天津港的生活污水处理设施设计处理量均为 $1000m^3$/ 天，实际处理量分别为 $1000m^3$/ 天和 400 ~ $600m^3$/ 天。港口大部分污废水处理后回用，天津港主要用于绿化、冲洗等，青岛前湾港主要用于干散货除尘用水，具有较好的经济效益。

2. 含油污水

港口码头陆域产生的含油污水主要来自机修车间、流动机械冲洗、储油罐清洗等。含油污水的水量相对较少，通常采用油水分离后排入生活污水处理站的方式进行处理。

3. 散装有毒液体废水

港口码头陆域的散装有毒液体废水主要来自罐区的洗罐水、码头及装卸平台冲洗水、有毒液体管道冲洗水等。散装有毒液体废水一般采用如下处理工艺：调节—气浮—生化处理、过滤或吸附—处理出水排放，当含有油类物质时增加除油工艺。

4. 含煤污水和含矿污水

含煤污水和含矿污水主要来源为散货堆场的径流雨污水和径流的除尘喷洒水，主要污染物是悬浮物 SS 和色度。目前，港区对于此类污水的常用处理方法是混凝沉淀法，根据实际情况确定一次沉淀或二次沉淀。

含煤污水主要来源于煤码头堆场的径流雨水、码头面初期雨水、码头面和带式输送机廊道及转运站冲洗水、翻车机房地下室和坑道集水等。含矿污水主要来源于矿石码头堆场的径流雨水、码头面初期雨水、码头面和带式输送机廊道及转运站冲洗水、坑道集水等。含煤或含矿污水处理工艺较为简单，一般采用调节沉淀—投加混凝剂混凝沉淀—煤泥或矿泥回收—处理出水排放或回用的方式。

5. 集装箱洗箱污水

集装箱洗箱污水处理站的设置需要根据冲洗的箱量、货种等因素确定。洗箱污水一般采用以下处理工艺：隔油—投加混凝剂混凝沉淀—气浮—过滤—回用或排放。当洗箱污水不含有毒有害物质时，处理工艺中可不设气浮和过滤。

通过对天津港、青岛港、上海洋山港等地调研，目前港口洗箱量呈锐减趋势，甚至出现洗箱量为零的状态。一方面是由于港口体制和运营方式的变化，另一方面是社会洗箱力量的逐渐发展。天津港某洗箱站业务量最多时每天清洗几十箱，现在每天洗箱量不到十箱，并且通常在堆场就地冲洗，截至目前洗箱污水处理设施尚未使用过。上海深水港国际物流有限公司某辅助作业区有一套集装箱洗箱污水处理设施和一套危险品箱洗箱污水处理设施，处理能力均为 5t/h，气浮池、砂滤池和活性炭吸附等装置出水口处均装有“在线监测”仪器，对 COD、SS、pH 值进行监控，并可根据单体出水情况调整流程。但该洗箱污水处理设施因为负荷过低，安装一年多未能正常开展业务。

（二）水污染防治设施建设和运营情况

“十二五”期间，交通运输行业的基础设施营运规模和运输周转量大幅增长，但污染物排放总量没有随之大量增加，港口码头水污染治理成效初显。

1. 设施建设情况

2016 年全国水路环境保护投入 55 亿元，其中，污染防治设施投入 37.73 亿元，占当年水路运输环境保护总投入的 68.6%。环保“三同时”制度得到全面贯彻。港口码头工程建设过程中同步设计和建设了相应的环保设施，行业污染治理能力得到明显提升。截至 2013 年底，全国规模以上港口拥有污水治理设施 889 套，

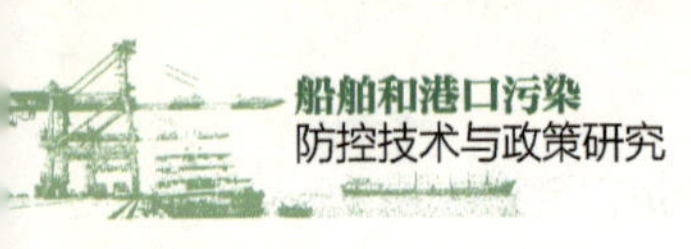

总设计处理能力 2.59 亿 t。正常运行的污水治理设施占总套数的 95.4%，达标排放的污水治理设施占总套数的 92.6%。

2. 设施使用情况

2013 年，水路运输污水生产总量为 5238.69 万 t、污水处理总量为 5115.06 万 t、污水达标排放总量为 3591.64 万 t、污水回用总量为 2080.38 万 t。水路污水处理率达到 97.64%，高于《水污染防治行动计划》中规定的城市污水处理率（95%）；污水达标排放率达到 68.56%、污水回用率达到 39.71%，达到甚至优于《水污染防治行动计划》和《公路水路交通运输环境保护十二五发展规划》中的相关要求。行业污染贡献率依然维持在较低水平。港口码头水污染防治能力已基本满足甚至超前实现国家现行各项相关文件中的要求。

（三）主要问题

1. 港口污水处理技术水平有待提升

生活污水处理工艺规模属小型，二级生化处理可采用氧化沟、SBR、接触氧化、A/O、A/O^2 法等，目前各工艺普遍能耗高，且占地面积较大；池容和设备利用率低，运行管理复杂，自控水平要求高；处理后剩余污泥不易排走，滞留在滤料之间易引起水质恶化，影响处理效果。港口含油污水后处理工艺运行成本较高，需要投加药剂，不利于分离后的油类的回收利用，部分絮凝剂存在二次污染。码头含化学品污水主要成分种类繁多，部分码头污水中含化学品种类多达 15 ~ 20 种，主要包括烯烃类、芳香烃类、脂类、醇类、油类等，采用一般的物理化学方法很难有较好的处理效果。含尘污水的主要污染物是悬浮物和色度，一般采用调节沉淀—投加混凝剂混凝沉淀—煤泥或矿泥回收—处理出水排放或回用的工艺，但该工艺存在占地面积大、基建投资高、处理效率低、粉尘回收利用困难等问题。

2. 缺乏统筹规划，大量污水处理设施呈小型化、分散化特征

港口码头一般与城市距离较远，城市的综合污水管网通常未覆盖港区，因此港区需要自行建设污水处理设施。但港区配套的集中式污水处理设施及港区的污水管网的建设进度和处理能力往往无法满足各个码头工程建设的需要，导致大多数码头工程需要自建小型污水处理设施，从而造成大量污水处理设施呈小型化、分散化特征，港区集中式污水处理设施的建设缺乏统筹规划。

3. 缺少船舶污染物的接收处理设施

目前，港口码头建设的污水处理设施主要用于处理港口码头陆域港区产生的生活污水和生产污水，基本没有考虑船舶污染物的接收处理。船舶生活污水、油污水的接收主要依靠船舶接收设施，接收以后的污水处置去向不明确，未能形成

闭环管理。国际航行船舶压载水可通过置换或码头接收处理，而码头区的污水处理设施很少考虑压载水处理的问题。对于载运 X、Y 类物质的散装液体船，在离开卸货港前对有毒有害物质货舱进行预洗的废水，以及部分含有有毒有害物质的舱底水和压载水都需要码头接收，但我国码头尚不能完全接收处理此类散装有毒液体物质。

4. 港口污水的集约化综合利用水平有待提高

目前，国内大型港区的污水回用率达 39.71%，高于全国平均水平，主要是由于用水量大的专业码头散货堆场污水回用率较高。然而，考虑到港区位置及港口用水的特征，港区的污水回用水平仍有提高的空间，从港区整体考虑的集约化综合利用设施还并不多见。

5. 港口污水公用污染治理设施的运行机制有待完善

对于港口工程自建的污水处理设施而言，仅处理自行产生的污废水，不接收外来污水，不存在运行机制问题。对于港口公用的污水处理设施而言，目前的运行机制尚不完善，需要落实新改扩建项目污水入网费、不同种类污水处理费、污水回用价格等收费标准和规则，以保障其运行成本及港区污水管网建设维护费用。

6. 含油废水深度处理技术的研究有待加强

近年来，随着排放标准的日益严格，尤其是现有工艺对于 COD 等有机污染物的去除远不能满足排放标准的要求，对于含油废水深度处理技术的研究以及工程化应用将成为今后工作的重点，如开发新型高效吸油材料等。

7. 港区中水回用的污水处理工艺有待提升

行业对于中水回用的重视程度日益增加，尤其对于长江经济带、环渤海湾地区的港口，将逐步减少污水排放量直至不外排一滴污水，适时开发出处理效率高、抗冲击能力强、经济高效、能够满足中水回用的处理工艺将成为该领域的一个新的发展方向。

二、技术发展需求分析

1. 推广应用生化处理工艺技术

目前港口含油污水的处理工艺中多采用隔油、气浮、过滤等技术，生化处理工艺很少，今后应推广应用生化处理工艺技术。

2. 研发含化学品污水的处理工艺及设备

含化学品污水的处理工艺及设备，目前都处于研究开发阶段，尚未形成标准化、系列化，水质的控制及处理方法、化学品的回收技术都有待进一步的研究和开发。

3. 推广港口污水的深海排放

一般大中型港口（内河港口除外）都建在沿海城市，能否将一级处理后的生活污水进行深海排放，还有待于进一步探讨研究。在国外尤其是美国，这种处理方式较普遍，国内目前只有少数几个城市如大连、宁波等港口城市已经开展了深海排放处理生活污水的实践，既节约了污水处理的投资又改善了环境，效果比较显著。

4. 港口污水处理中抗腐蚀材料研发

材料的腐蚀是港口污水处理应考虑的一个问题。许多大中型港口都分布在沿海地区，海水及海风都会对材料产生腐蚀。应进一步推广使用港口污水处理中抗腐蚀材料。

三、技术框架体系及分类

（一）收集处理技术体系

港口码头污水污染防控技术包括生产废水及生活污水的收集处理技术。其中生活污水中污染物相对简单，基本无毒性，可生化性好，收集处理技术较成熟。生产废水收集处理技术包括含油污水、散装有毒液体废水、含煤污水、含矿污水、集装箱洗箱污水等收集处理技术。对于港口含油污水和化工品污水，其污染物浓度较高，一般处理技术路线为接收系统、预处理系统、生物处理系统和深度处理系统。散货堆场污水一般常用的处理方法是采用混凝沉淀法去除悬浮物和色度后回用。

预处理系统处理技术包括重力分离法、气浮法、絮凝法。生物处理系统一般作为二级处理系统，分为好氧、厌氧及厌氧好氧结合技术。深度处理技术包括吸附法、焚烧法等工艺。目前，国内大多数港口生产废水处理系统主要采用物理法和物理化学法相结合的处理工艺，很少采用生化处理工艺和深度处理工艺。

1. 含油废水的处理及其工艺特点

港口的含油污水一般均采用物理方法进行处理，其操作简单，处理费用低，对产生的废渣也易处理。含油废水处理工艺特点见表 3–1。

2. 高浓度含尘污水的处理

煤或矿石污水量主要由初期雨水量确定，同时，分离出来的煤粉可作为物料回收利用。但污泥的脱水和运输不易解决。含尘污水处理工艺特点见表 3–2。

含油废水处理工艺特点　表 3-1

污水类型	工艺类型	优　点	缺　点
含油废水	气浮法	有效去除水中分散油和乳化油，能够达到 10 mg/L 以下	运行成本高，需要投加药剂，不利于油类的再生利用
	絮凝法	基建投资小，处理效率高，有效去除水中油	部分絮凝剂存在二次污染

含尘污水处理工艺特点　表 3-2

污水类型	工艺类型	优　点	缺　点
含尘污水	平流式重力分离法	不需投加药剂、利于油类的再生利用、运行成本低	基建投资大、处理效率低、占地面积大、处理效果受水流均匀性影响
	斜板式重力分离法	去除率高、停留时间短、占地面积小	污染物容易粘附在斜板上、影响沉淀效果甚至堵塞斜板、不宜作为二沉池

3. 生活污水

港口生活污水处理工艺与城镇居民区的生活污水处理工艺大致相同，只不过港区内的污水处理规模及设备更小型化，有的港区还多采用一体化污水处理设备，以节约用地，缩短建设周期。生活污水处理工艺特点见表 3-3。

生活污水处理工艺特点　表 3-3

污水类型	工艺类型	优　点	缺　点
生活污水	氧化沟法	构造型式多、BOD 负荷低、处理水质良好、污泥产率低、排泥量少	能耗高、占地面积较大
	SBR 法	出水水质较好、不产生污泥膨胀、除磷脱氮效果好	池容和设备利用率低、占地面积较大、运行管理复杂、自控水平要求高
	接触氧化法	处理时间短、体积小、净化效果好、出水水质好而稳定、污泥不需回流也不膨胀、耗电小	填料上的生物膜储量小；剩余污泥不易排走，滞留在滤料之间易引起水质恶化，影响处理效果
	A/O 法	体积负荷高，停留时间短，节约占地面积；生物活性高；有较高的微生物浓度；污泥产量低；出水水质好且稳定；动力消耗低；不产生污泥膨胀；挂膜方便，可间歇运行；工艺运行简单，操作方便，抗冲击负荷能力强	池内填料间的生物膜易堵塞

4. 含化学品污水的处理

码头含化学品污水主要成分种类繁多，主要为烯烃类、芳香烃类、脂类、醇类、油类等，这些污水采用一般的物理化学方法很难取得较好的处理效果。含化学品污水处理工艺特点见表 3–4。

含化学品污水处理工艺特点 表 3–4

污水类型	工艺类型	优　点	缺　点
含化学品污水	絮凝法	基建投资小、处理效率高、能有效去除水中油	部分絮凝剂存在二次污染
	SBR 反应池	池内厌氧、好氧处于交替状态，净化效果好运行效果稳定，污水在理想的静止状态下沉淀，需要时间短、效率高，出水水质好	无法达到大型污水处理项目连续进水、出水的要求；设备的闲置率较高；污水提升水头损失较大，如果需要后处理，则需要较大容积的调节池
	焚烧法	适用于高浓度化学污水、经济性好、效率高	烟气处理焚烧装置设计必须考虑二次污染问题；为达到环保要求，焚烧炉必须配备大气污染控制设备 (APCE)

（二）技术路线比选技术论证

港口多位于城市边缘，港口生产污水的性质也不同于城市生活污水，因此港口需自行建设污水处理设施对生产污水进行处理。为节约港口污水处理设施的用地规模，港口生产污水处理宜选用占地面积小的工艺方案。港口生产污水具有水量、水质波动大的特点，其处理设备应具备一定的耐冲击负荷的能力。对于港口生产性污水均应设置污水的接收系统，接收系统应能满足污水一次性最大产生量的接收需要。同时，污水被接收后，在接收设施内应均质均量，以减少对后续处理设施的冲击负荷。

在港口生产污水的预处理技术上，可选择“斜板式处理技术 + 气浮处理技术”，以减少占地面积。在港口的二级生物处理技术上，宜选择厌氧生物处理技术或厌氧、好氧结合处理技术。在港口污水的深度处理工艺上，可视污水的产生量、浓度及中水回用的需要选择吸附法、超焚烧法等。码头污水收集处理技术框架图如图 3–1 所示。码头污水处理技术分类见表 3–5。

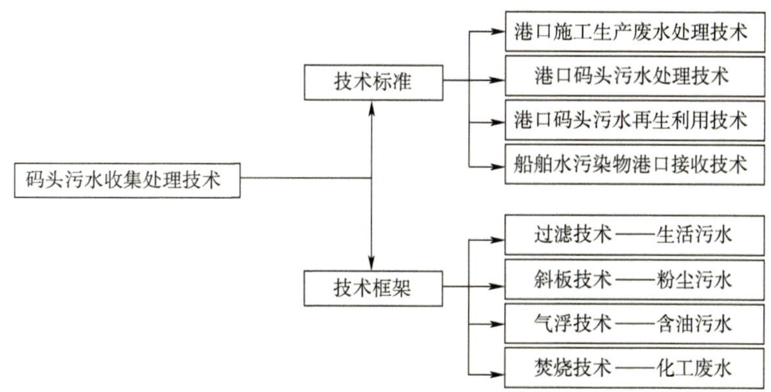

图 3-1 码头污水收集处理技术框架图

码头污水处理技术分类 表 3-5

技术类别	污水类型	主要技术	主要问题
前沿技术	—	—	—
先进成熟技术	含尘污水	平流式重力分离法	基建投资大、处理效率低、占地面积大、处理效果受水流均匀性影响
		斜板式重力分离法 + 气浮处理技术	污染物容易粘附在斜板上，影响沉淀效果甚至堵塞斜板；不宜作为二沉池
需要继续改进完善的技术	含油污水	隔油、气浮、过滤	运行成本高、絮凝剂的二次污染

四、先进技术的推广和鼓励应用政策

1. 统筹建设含油污水及化工品污水集中式公用处理设施

在油品及化工品储运设施集中的港区建设含油污水及化工品污水的港区集中式公用处理设施，并与船舶污水接收处理设施统筹考虑。资金需求纳入船舶污染物接收处理设施建设的费用估算。

2. 扩建和改造现有的集中式污水接收和处理设施

提高出水水质，鼓励污水回用系统建设。现有的集中式污水接收和处理设施的扩建和改造费用，由原建设单位筹集，在公用污染治理设施运行机制的完善后，逐步收回建设成本。

3. 完善港口污水公用污染治理设施的运行机制

集中式公用污染治理设施的建设和运行机制的完善后，可降低港口船舶污水接收处理的综合成本，提高处理深度和污水回用率，减少港口船舶污染物排放总量。

4. 发展污水的预处理技术

通过开发高效环保的污水预处理混凝剂，可提高污水预处理工艺效率及环境友好性。同时着重开发耐腐蚀污水处理材料，可提高污水预处理设备使用寿命，同时显著降低设备成本。

5. 开发高效、低耗的废水治理新技术

加大对适合我国国情、高效、低耗和低成本的污水处理技术的研发支持力度。鼓励各类效率高、投入低、可达到一定治理深度的港口污水处理新技术的推广应用。

6. 提高废水治理过程的在线监控自动化水平

支持充分利用自动化、信息化及智能化等先进技术建立港口污水自动化在线监控系统，以实现对污水处理过程数据和运行状况的监控和分析。鼓励设计精密、结构紧凑、精确度高的国产废水在线自动检测设备的研发。

五、标准规范体系制修订方案

船舶与港口的污染防治地域范围包括沿海、内河等水域，而我国现有相关法律法规主要以海洋环境保护为主，涉及内河污染防治的法律法规则相对较少。此外，内河水域应急防备和应急处置、内河危险货物运输管理等方面都缺少相应的法律法规，制约了我国内河船舶与港口污染防治工作的开展，因此应加强内河污染防治技术标准体系建设。港口码头污染防控技术标准体系制修订方案建议见表 3-6。

港口码头污染防控技术标准体系制修订方案建议　　表 3-6

标准名称	宜定级别	类　别
港口码头污水处理技术要求	行业标准	制定
港口码头污水再生利用技术要求	行业标准	制定
港口码头船舶污水接收设施技术条件	行业标准	制定

第二节　港口粉尘污染防控技术

一、国内外现状及问题

（一）干散货码头与堆场综合除尘技术现状

1. 干散货粉尘处理设备建设情况

粉尘防治技术可分为抑尘技术和除尘技术两大类。国内外对于粉尘的控制倾向于“以防为主，以除为辅”，力求从根本上抑制尘源的产生和扩散。

根据统计数据（表 3–7），全国现有港口码头作业粉尘处理设备 3623 套，设备总资产原值 729.7 亿元。国内港口已建防风网总长度约 57.5km。国内主要港口干散货码头堆场防风网建设情况示例表见表 3–8。

干散货码头作业粉尘处理设备情况表　　表 3–7

项　　目	计量单位	全国合计
港口码头作业粉尘处理设备总数	台（套）	3623
港口已建防风网总长度	km	57.5
港口码头作业粉尘处理设备总资产原值	亿元	729.7

国内主要港口干散货码头堆场防风网建设情况示例表　　表 3–8

工程名称	高度（m）	长度（m）
秦皇岛港防风网 1—3 期工程	23	6000
黄骅港防风网工程	23	3000
宁波港防风网 1—3 期工程	17	1960
福州港防风网工程	14	1025
锦州港防风网 1—2 期工程	15	3000
南通通沙港务有限公司防风网工程	12	400
张家港港务集团防风网工程	17	250
宁波港北仑港区中宅煤炭堆场防风网	15	500
大秦铁路秦皇岛柳村防风网工程	17、12、8	4000
丹东港 20 万吨码头防风网工程	20	3000
福州罗源湾碧里港区防风网	15	3000

续上表

工程名称	高度（m）	长度（m）
南通江海防风网工程	10	450
徐州万寨港防风网工程	13	3200
广西防城港 20# 泊位防风网工程	18	1500
营口港新煤炭堆场防风网工程	23	3000

2. 干散货粉尘处理设备建设情况

目前国内外专业化港口散货粉尘污染防治措施不下数十种，基本可归纳为湿法、干法、干湿结合和其他机械物理方法等 4 种形式。从具体形式上分析，主要是：设置各类风障，降低作业区的风速；洒水增湿，增加粉尘颗粒间的黏滞性和颗粒重量；起尘部位密封、半密封或者降低装卸作业落差高度来消除或缓解外界起尘因素。

1）湿式除尘

湿式除尘主要是对尘源喷雾洒水或喷洒化学药剂以增加粉尘颗粒的黏滞性和重量，来消除或防止起尘（图 3–2）。湿法除尘主要有喷水、喷试剂两种方法。湿式除尘在煤、矿石粉尘控制方面是国内外普遍采用的技术方法。其中喷水法最为常用，主要设施包括：固定式喷淋器（喷嘴）、移动式喷枪、洒水车等。除了在堆场设置喷淋装置之外，在装卸、传送、运输过程中也要适当对货物进行加湿处理，在煤车上加装注水机，可以使运输过程中煤炭的含水率保持在 6% ~ 8%。近年来，国内、外还开发出了磁化水除尘、泡沫除尘等方法，日本还开发出煤的浆化转运方法，该方法是将煤或矿物稀释成浆状，利用泵和管道进行无尘输运。

洒水喷淋

干雾抑尘

图 3–2　湿式除尘技术防治粉尘

湿式除尘从形式上可以分为定点自动喷洒和机械（或人工）流动喷洒两种方式，前者自动化程度很高，可根据堆场面积、堆垛高度、堆取料机轨道高度等确定喷洒设施的安装位置、高度间距及仰角，根据最大射程的要求选择供水压力，在一些自动化程度很高的大型堆场使用时，具备很好的防尘效果和使用效率，但其初始建造费用较高，冬季寒冷时管路使用可能受到限制。机械（或人工）流动喷洒方式使用灵活，不受自然条件的限制，局部防尘效率优于定点喷洒，投资较少，适用于一些中小型港口堆场的防尘，但其整体防尘效率远低于定点自动喷洒，操作人员劳动强度大，自动化程度低，对大面积堆场的喷洒防尘显得力不从心。

湿式除尘的效率在很大程度上取决于洒水量和喷洒装置，经验表明，较好的喷洒装置，可减少呼吸性粉尘约30%。湿式除尘是行之有效的防尘措施之一，但对于我国淡水资源枯竭和冬季寒冷结冰的北方沿海港口，其使用受到限制。针对湿法除尘冬季防冻问题，秦皇岛港开展研究，采用加温装置解决了这个问题。此外，湿式除尘还存在二次污染问题，其煤污水需经处理才能排放或循环使用。水作为防尘黏结剂只有暂时的效力，间隔一定的时间必须重复洒水。自然气象条件如大风等，往往影响洒水效果。尽管如此，湿式除尘由于其成本低、简单经济、防尘效果显著，成为我国港口煤炭中转作业防尘处理的主要技术手段。

针对湿式除尘浪费水资源的问题，湿法除尘技术又有进一步的发展：一种技术是人工造雪技术；另一种是在水中添加抑尘剂。湿式除尘高压喷枪喷出的水往往呈柱状分布，很不均匀，水会顺着煤垛下渗，每到冬季，水便会与底层煤块凝结在一起。装卸取料时，这些结了冰的煤块经常把传送带的进料口堵塞，造成货料溢出，只有把冰凿开才能继续作业，不但大大增加了劳动强度，而且对设备的损害极大，采用人工造雪覆盖技术可以有效地解决此类问题。抑尘剂是一种外硬壳形成剂，属于非离子洗涤剂，它可以降低水的表面张力，减少粉尘粒子聚合所需的水量，从而改善水对粉尘的湿润作用。使用抑尘剂时，用淡水稀释抑尘剂至需要浓度，然后立即喷洒于货堆表面。在水分蒸发后，抑尘剂可形成一层防水不溶解的薄膜，黏合货物灰尘于其外皮。干燥外皮不受雾气影响并可长时间抵御雨淋，从而起到良好的防尘降尘效果，这样既可省水，也不会产生煤污水二次污染，且降低了堆场洒水抑尘的成本。抑尘剂覆盖法一般用于煤垛比较高、堆存时间相对稳定的散货堆垛。湿式除尘技术防治粉尘如图3-2所示。

2）干式除尘

干法除尘是将重点产尘部位尽可能封闭起来，同时辅助以一些集尘机械装置，该方法在我国港口煤炭的中转作业防尘措施中占据了一定的位置。我国煤炭港口装卸作业常见的干法除尘措施有封闭构造、集尘装置、覆盖与压实几种。相对于湿法除尘，干法除尘一般对设备的要求比较高，初期的成本也很高，一般适用于小范围的、结构特殊的场所。

干法除尘设施主要有：布袋式除尘器、静电除尘器、防风网（图 3-3）、苫盖（图 3-4）、筒仓（图 3-5）、绿化林隔离带等。

图 3-3 防风网

图 3-4 堆场料堆苫盖

图 3-5 储煤筒仓工艺

目前散货码头常用的除尘器为布袋除尘器，神华天津煤炭码头等采用了高压静电除尘器，两种除尘器的除尘效率相当，对于 1μm 以上粉尘，除尘效率 >98%，均属于高效除尘器。电除尘器的优点是本体阻力低，所以能耗低，其缺点是一次投资高。

防风网抑尘技术在我国港口尤其是北方大型港口的堆场应用比较广泛。该技术主要是在煤堆场的上风向设立防风网减小风速及气流特性从而减少起尘。防风网属于风障的一种，大的建筑、防风林、绿化带及人工特定设置的防风网等都是风障。风障是风速流场中的障碍物，它能在其背风面形成一个低风速区，流场的紊流结构也因此发生了改变。防风网的总体设计主要是确定防风网的位置、高度及与堆垛的相对距离。防风网的位置及高度是否合理对能否达到理想的防尘效果非常关键，采用何种方式主要取决于堆场范围的大小、堆场形状、堆场地区的风频分布等因素。一般情况下，防风网处于上风向，防风网应比尘源最高点要高。如果要求防风网保护堆场免受各个方向来风的影响，防风网需要将尘源包围起来。为了加大防风网下风向的防尘效果，可以用多排防风网代替单排防风网，同时，由于单排防风网基础费用会随着单排防风网高度的增长急剧增长，因此，多层防风网设网方式可以降低费用。防风网的支撑系统主要考虑风速、地震状况及土壤稳定性的状况，计算并确定支柱的使用强度。考虑港口堆场防风网工程处在海边，所选防风网的材质应对潮湿的盐雾气的腐蚀作用有较强的抵抗能力。

目前，一些北方港口如唐山港曹妃甸港区、京唐港区、青岛港前湾港区、日照港石臼港区等一些煤炭和矿石码头工程在堆场建设了防风网工程，防尘效果很好，唐山港京唐港区煤炭码头防风网内外对比图如图 3-6 所示。

外侧防尘效果

内侧煤堆场

图 3-6　唐山港京唐港区煤炭码头防风网内外对比图

筒仓是一种密闭抑尘方法，即把煤密闭存放，从而使煤粉尘无法散逸，杜绝煤尘污染，具有使用方便、保护环境和减少占地等优点。

筒仓防尘技术存在如下安全隐患：①自燃危险性。自燃现象在室内堆场同样经常发生，并对堆场的混凝土构件造成一定程度的影响。自燃的持续高温将使混凝土构件产生一系列缓慢的物理化学变化，造成这些构件的持续损伤、寿命缩短、抗灾害能力减弱。②爆炸危险性。储存在室内的煤炭通风条件比室外堆场弱，因而热量更容易积聚，煤尘中含有在碳化过程中产生的甲烷、微量的乙烷及丙烷等可燃性气体，由于装卸、运输、受热、煤被粉碎等原因而被散发到储煤仓中，当煤尘之中有这些可燃气体时，其爆炸的下限浓度会显著下降。同时，煤炭入仓时会使煤尘飞扬，严重时会达到或超过煤尘爆炸的浓度下限。运煤设备因摩擦、电气等原因产生火花且火花的能量超过最小点火能量时就可能导致爆炸的发生。煤尘一旦发生爆炸就可能造成二次扬尘和二次爆炸，对建筑物和人员生命的危害性极大。

与可燃气体燃烧爆炸的三要素相同，粉尘燃烧也需要具备三要素，包括：具有燃烧性的粉尘、点火能和氧气。对于粉尘爆炸，除这三要素之外，还需要具备另外两个条件，即粉尘处于悬浮状态和相对封闭空间，即粉尘爆炸需要具备五要素。而煤粉尘燃烧爆炸特性的因素又包括煤的挥发份、粉尘粒度、粉尘浓度等。①挥发份：研究确定挥发份超过 0.12 的煤粉尘具有爆炸危险性，所有的烟煤都属于此类；而无烟煤，因其挥发份不大于 0.12，不具有爆炸危险性。但是无论烟煤还是无烟煤都具有燃烧性，都会发生火灾。煤的挥发份含量越高，所产生的煤尘爆炸性就越强。②煤尘粒度：煤尘爆炸危险性的另一个重要因素是煤尘粒度。实验表明，能够参与煤尘爆炸的烟煤煤尘的最大粒度为 841μm。随着煤尘粒度降低，煤尘爆炸的风险增大。③煤尘最小爆炸浓度：即能够使煤尘发生爆炸的最低煤尘浓度，烟煤的煤尘最小爆炸浓度大约为 100 g/m^3。④点火能：促成煤尘燃烧或爆炸的点火能表现为温度或能量。煤挥发份含量增大时，粉尘云的燃烧或爆炸的点火能降低；此外点火能还与粉尘粒度、粉尘水分含量及环境中的氧含量相关。⑤氧气：氧气是煤尘燃烧爆炸的必备要素之一。随着氧浓度降低，最小点火能增大，而粉尘的最大爆炸压力和压力升高的最大速度通常会降低，而在富氧系统中的情况则反之。煤粉尘也有火灾爆炸限制氧浓度，煤尘环境氧含量低于此浓度时，煤尘不会发生燃烧和爆炸。实验表明，烟煤粉尘的限制氧浓度为 14%，褐煤粉尘的限制氧浓度为 12%。悬浮状态和相对封闭空间也是煤尘爆炸的要素。筒仓技术在使用时必须严格监测上述技术指标，做到安全生产。

3）粉尘综合处理技术

目前，我国散货码头通常采用干湿结合的综合粉尘防治技术。我国港口一般根据不同区域、不同作业环节来采取干法湿法相结合的方式进行抑尘治理。

我国常见的综合防尘形式有：装卸场地以喷洒水降尘为主、沿堆场周围设置防风网或绿化防风林带、特殊装卸起尘部位采用机械除尘或密封 / 半密封结合喷雾洒水等。

3. 典型工艺应用案例

1）唐山港曹妃甸港区煤炭工程

该工程环境保护工程建设投资 3.5 亿元，与码头主体工程同期建设完成。起步工程堆场面积 69 万 m^2，在堆场南、北、东侧建设防风网 2400m，高度 23m，投入资金 1.5 亿元。同时，应用防尘水分自动管理系统，实现喷洒系统科学合理应用。

2）神华集团在黄骅港三期工程

神华集团在黄骅港三期工程中堆存系统均采用储煤筒仓工艺，煤炭储存采用直径 40m 圆形筒仓，单个仓容 3 万 t 筒仓采用全地上式，筒仓高度 43m。采用筒仓堆存方式，使环境空气污染物从大量的无组织排放源转变为多个有组织排放源；并且在各个排放节点均配备先进的干雾除尘器，彻底治理了煤尘飞扬，极大地改善了地面生产作业环境和生活环境。

3）秦皇岛煤四期工程

秦皇岛煤四期工程为煤炭中转码头，其工艺流程包括：卸车→堆存、取料→装船、卸车→装船 3 个流程。

翻车机房、皮带输送机转接机房等处设置布袋除尘器，共 15 台。设计处理量为 19440 万 m^3、除尘效率为 99%。翻车机房地下室设置有机械通风除尘装置和通风过滤送风机。所有皮带机都配备密闭的玻璃钢皮带机罩或装设挡风板防尘。

湿式除尘分以下几部分：2 座 2000m^3 水池，泵房 1 座，布设 432 套喷头，负责堆煤场自动喷洒，系统压力为 1.12MPa；108 套冲洗转盘箱用于翻车机房、皮带转换塔、斜廊道及码头冲洗，系统压力为 0.16MPa；8 条供水槽总长为 8400m，供堆料、取料、装船随机淋洒。3 套污水泵收集翻车机房地下室和码头区域冲洗污水至污水处理厂。煤四期码头工程还购置了 1 台洒水车，定期在场区内洒水，以抑制路面二次扬尘。生产、生活用锅炉全部配备了除尘器，并在港区周围设置了防护林带，防止煤尘扩散。

4）珠海港高栏港区 10 万 t 级干散货码头工程

珠海港高栏港区 10 万 t 级干散货码头主要装卸货种为散装煤，堆场区总面积 24.4 万 m^2。装卸工艺主要由装卸船作业、堆场作业、水平运输等组成。卸船采用桥式抓斗卸船机；装船采用装船机，水平运输采用固定式皮带机，堆场装卸作业采用 4 台斗轮堆取料机。

①在桥式抓斗卸船机料斗上方设挡风板，斗内安装洒水喷淋装置，抑制卸船过程中起尘。

②皮带机输送系统采用密闭形式：在皮带机加防火型密封罩，对于不能设罩的皮带机，在皮带机侧设一定高度的挡风板，减少作业中物料因风扬起粉尘。在皮带机转接处设密封机房，头部设密闭头罩和溜料管，尽量降低落差；下皮带设密闭导料槽，在导料槽设置吸尘罩和通风除尘装置。

③在堆取料机斗轮上方两侧及头部导向罩下沿四周设洒水喷嘴，作业时喷水形成水幕，抑制堆、取料时所产生的粉尘。

④沿堆场主轴方向两侧设置固定喷洒水装置，根据风力及天气和煤堆场表面含水率的情况进行自动喷水。堆、取料机作业时，沿作业线分组进行自动洒水除尘。洒水器的布置间距应按能覆盖整个散货堆场考虑，洒水器的额定射程为 40m，喷射仰角为 40° ，旋转角度为 0~360° 。

⑤在码头面、皮带机房、栈桥等处设置固定或人工清洗装置。

⑥配备 1 辆洒水车，根据天气状况对道路洒水，减少车辆引起的二次扬尘。

⑦皮带机转接机房采用湿式脉冲式除尘，在各尘源点设置吸尘罩。

⑧在港区的周边（码头前沿除外）设置高 18.2m 的挡风抑尘墙。挡风抑尘墙地下基础由预制混凝土或现场浇筑建成；支架主体选用圆形钢管；挡风抑尘板采用无机非金属材料经模压一次成型，与支架的联接方式采用螺钉和压片固定。

（二）主要问题

1. 防尘设施缺乏、安装难度较大

（1）堆场防风抑尘设施缺乏。沿海新建大型专业干散货码头堆场基本实现了防风抑尘网的覆盖，但仍有部分老码头堆场尚未完成改造，尤其是内河中小港口干散货堆场防风抑尘设施相对缺少。大致估算，沿海干散货码头堆场防风抑尘网缺口总长约 13km；内河中小港口干散货堆场防风抑尘网缺口总长约 22km。

（2）非专业干散货码头安装防尘设施难度大。非专业干散货码头由于装卸工艺落后，更容易造成粉尘污染。但由于这些码头往往只是阶段性地从事煤炭、矿石等装卸储存，规划和前期设备设施投入不足，投产后不愿投入资金对堆场进行永久性的防风抑尘措施改造。

2. 除尘技术有待进一步优化

（1）洒水抑尘技术。在干散货港口码头，由于所输运的物料多为散装物，需要进行洒水抑尘。如果仅靠人工进行洒水作业，工作量很大，同时产生的废水也带来污染问题，故需要设计一个集堆场洒水除尘和污水处理于一体的自动控制

系统。

（2）化学抑尘技术。现有高效化学抑尘剂均以专利的形式被欧美等发达国家掌握，我国在此方面的技术较为缺乏。此外，由于高效化学抑尘剂往往需要配备专用喷洒设备，我国在此类设备研发和应用方面面临较为突出的技术问题。

（3）生态抑尘技术。生态抑尘主要通过防风林带的建设达到防风效果。其带来的相关问题主要有：一是防风林带滞留粉尘的二次污染；二是生态抑尘占地范围大。

（4）防风网技术。防风网在费效比上需要进一步提高。普通防风网的防治效果一般，而且初期投资很高，在布设上需要进行数值模拟等试验，提高了布设难度。

（5）筒仓系统技术。筒仓所面临的问题主要是安全运营和安全监管。筒仓储存面粉、矿粉、煤炭等物质时，易发生火灾爆炸事故，这就需要提高改进现有的筒仓粉尘监测监控技术。

二、技术发展需求分析

煤炭作为我国的主要能源，已占我国整个能源生产和消费的70%以上。从我国的资源构成和产业政策来看，在今后几十年内，国内的能源消耗仍以煤炭为主。此外，我国还是世界上铁矿石消费量最大的国家。进口铁矿石是我国外贸吞吐量中最大的货种，也是煤炭之后的第二大货种。煤炭、矿石等大宗散货在装卸、运输过程中的尘源扩散往往是构成港口粉尘污染的主要原因，如果不采取科学、先进的污染防治措施，港口粉尘污染对港区周围的居民生活环境、港口工作环境及周围生态环境将构成严重的污染威胁。

因此，针对港口粉尘污染防治问题展开深入的研究，提出科学、合理的港口粉尘污染防治措施，最大限度地避免和减缓港口大宗散货运输产生的扬尘污染，是社会经济发展的重要保障，是倡导生态文明，构建和谐社会的必然要求。

三、技术框架体系及分类

结合前述章节的关键问题和需求分析，本节对技术体系进行了梳理，分析得出有利于行业绿色发展的先进、成熟和适用的技术，以及有一定基础，但仍需要进一步改进完善的技术。港口粉尘污染防控技术分类见表3-9。防尘技术框架图如图3-7所示。

港口粉尘污染防控技术分类　　表 3-9

技术类别	技术方法	关键技术和设备	主要问题
前沿技术	筒仓系统技术	结构体系类型选用	粉尘监测监控技术缺乏
成熟技术	洒水抑尘技术	洒水抑尘自动管理系统、干雾产生技术、干雾喷头	喷洒水系统的自动化、老化洒水系统的改造
	防风网技术	防风网形状和开孔率优化方法；耐腐蚀、耐湿热防风网材质制备	防治效率一般、初投资高
需要完善的技术	化学抑尘技术	高效化学抑尘剂配方和制备、化学抑尘剂水溶液专用喷洒设备	高效化学抑尘剂的缺乏、专用喷洒设备制造缺乏
	生态抑尘技术	高效滞尘能力植物筛选、防风林带动力效应优化	防风林带二次污染、占地范围大

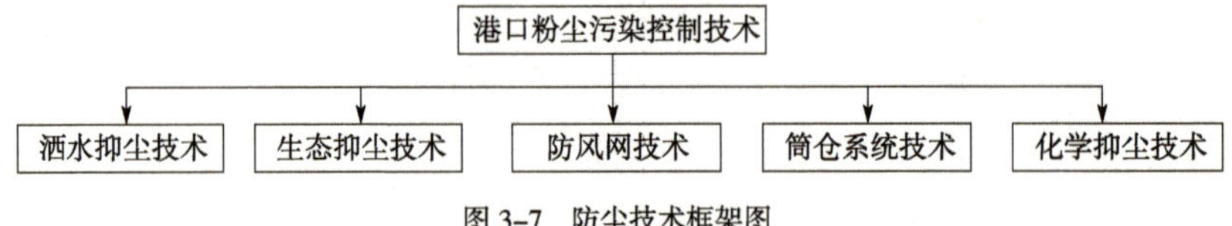

图 3-7　防尘技术框架图

图 3-7 中，洒水抑尘、生态抑尘、防风网、筒仓系统技术属于推荐技术；而化学抑尘技术为不推荐技术。

四、前沿技术的科研攻关方向

目前国内外采用的主要粉尘防治措施可归纳为洒水抑尘技术、化学抑尘技术、生态抑尘技术、防风网技术和筒仓系统技术方法等形式。喷洒水和抑尘剂、喷雾等技术方法具有除尘效率高、运转费用低、操作简单、应用广泛等特点。防风网技术和筒仓系统技术等除尘措施主要有依靠封闭或密闭构造、拦挡等，相对喷洒方法技术而言，其设备较复杂，一次性投资也高，但局部除尘效果较好，且不受水源和季节气温限制。

现阶段我国港口堆场喷洒方法除尘存在的问题主要表现在：①洒水时间控制不能合理化；②洒水强度没有标准的尺度衡量。而先进的喷洒系统是借助先进的技术手段，并综合风速（风向）、温度、湿度等气象参数及煤堆表面含水率测定方法，完成了喷洒水系统的自动化。

抑尘剂研究方面，欧美国家精细化工产品发展迅猛，其已开发大量配方并制备了工艺复杂的抑尘剂专利产品。筒仓技术直接将煤炭等散货封闭于筒仓空间内，仅通过卸料和出料口与外界接触，直观上有效地控制了粉尘，但由于煤炭等货物的自身特点（如流动性较差、易产生粉尘、易自燃等），筒仓的出料、防粉尘爆炸、筒仓内除尘、煤炭自燃等问题是筒仓使用中必须解决的难题。国际上先进经验显示，筒仓安全监测技术的开发是确保筒仓技术实施的重中之重。筒仓安全系统一般包括监测系统、筒仓惰化保护系统、筒仓自动泄爆门。筒仓安全监测系统能够反映出筒仓内堆体温度及可燃可爆气体组份的真实情况，能够输出数据，正确指导惰化、置换系统的启动和停运。

根据使用目的、环境状态不同，防风网的选材也不相同。目前国内外较为广泛使用材质有 4 种：镀铝锌网板、玻璃钢网板、柔性纤维网和拉伸塑料网。

干雾抑尘技术的关键是产生符合一定要求的空气动力学雾化水滴，现阶段我国喷头设备多数采用进口。

结合技术框架体系及分类的分析，对于具有较强发展潜力的前沿技术，本书提出如下进一步的科研主攻方向。

1. 筒仓火灾探测、粉尘监测监控技术开发

筒仓群储煤技术具有环保性能好、占地面积小、自动化程度高、设备维护简单和生产效率高等优点；但同时也带来了火灾和爆炸的风险，火灾爆炸事故一旦发生，将会给企业带来巨大的经济损失。因此，如何有效预防和控制火灾、粉尘爆炸事故的发生，成为筒仓运行的难题和重点。在分析筒仓特点的基础上，设计、安装由火灾探测系统、粉尘监测监控系统和干式消防应急系统组成的完善的筒仓消防系统，可有效降低筒仓的火灾爆炸风险，防止事故的发生，保证生产的安全、平稳运行。

2. 喷洒水系统的自动化技术开发

各港口堆场几乎都建有喷洒水系统，现所面临的主要问题不是喷洒水系统的建设，而是喷洒水系统的自动化和老化洒水系统的自动化改造。喷洒水系统同时需要考虑由喷洒造成的废水问题，故需要开发一个集堆场洒水除尘和废水处理于一体的自动控制系统，提高生产效率和水资源利用率，减少污染。

3. 防风网布设方案的优化技术方法研究

防风网的布设方案对防尘效果影响很大，防风网一经安装，则很难进行修改，故在防风网最初的设计阶段就应形成相对优化的设计；此外港区受到恶劣天气影响的几率较大，设计防风网的高度和布设方式时不仅仅要考虑粉尘污染控制，更应考虑如何降低事故风险的发生几率及对环境的影响。因此，需要对防风网的布设方式及其高度进行数值模拟和实际风洞测试研究。

4. 耐腐蚀、耐湿热防风网材质制备开发

考虑到沿海地区大气环境的高湿度、高温度以及强腐蚀性，防风网的材质应

具有优异的耐腐蚀性和耐湿热性，该方面的研究是沿海地区防风网材质制备的主要攻关方向。

五、先进技术的推广和鼓励应用政策

我国是世界上最大的煤炭生产国和消费国。而且从我国的资源构成和产业政策来看，在今后几十年内，国内的能源消耗仍以煤炭为主。此外，进口铁矿石是我国外贸吞吐量中最大的货种，也是我国港口装卸继煤炭之后的第二大货种。沿海港口的粉尘污染点多面广，考虑国情和行业特点，南、北地区的不同地理特性和气候特点，采取重点与一般、远期与近期、统一规划和分步投资、分期实施的原则，重点抓好北方港口冬季防尘问题和防风网工程的建设，在重点港口设立示范工程，由点带面，推动整个沿海港口粉尘污染宏观治理工作的开展。

针对港口粉尘治理的严峻形势，应始终坚持“既要港口发展，更要碧海蓝天”的环保理念，把粉尘治理作为建设绿色港口、转变发展方式的突破口和重要抓手，齐抓共管，扎实推进，积极营造“文明整洁、生态环保、安全有序、优质高效”的发展氛围。今后一段时期，应本着对人民群众和环境高度负责的精神，按照建设资源节约型、环境友好型社会的要求，将清洁生产、绿色增长发展目标进一步纳入港口经营管理体系，从港口规划、布局到建设、生产，全面落实对环境保护措施的要求，继续探索、完善清洁生产长效机制，坚持港口发展与环境保护协调发展，着力建设绿色生态港口，坚定不移地走资源节约、环境友好、质量效益型发展之路。

粉尘防治工程取得的环境效益是多方面的，包括直接效益和间接效益。直接效益方面，干散货码头粉尘治理使得区域空气质量改善，带来环境直接效益。间接效益方面，区域空气质量的改善，将提高周边群众的生活质量，从而降低医疗支出等。但干散货码头粉尘治理是一项复杂的系统工程，为确保各项工作顺利开展，需要从政策、资金、技术、组织以及机制等方面提供有力保障。

在政策保障方面，各地应因地制宜，加快制定当地港口码头大气污染治理中长期发展规划、专项规划，搞好顶层设计；加快研究干散货码头粉尘治理政策，对研发的单位给予一定扶持，对使用先进粉尘治理设备设施的码头进行补贴。

六、标准规范体系制修订方案

为提高我国港口堆场除尘技术标准与国际相关技术标准规范的衔接水平，根据已具有较好研究基础的技术和发展方向，本书提出如下需要加强制修订的与港口堆场除尘技术有关的技术标准规范（表 3-10）。

标准规范体系制修订方案 表 3-10

序号	标准名称	类别	原标准编号
1	码头防风抑尘网技术条件	制定	—
2	港口矿石粉尘浓度控制指标及测试方法	修订	（JT 464—2001）

第三节　港口挥发性有机物防控技术

一、国内外现状及问题

（一）技术现状

目前，部分发达国家的码头油气回收技术已发展得较为成熟，荷兰和韩国已经强制要求到港船舶进行码头油气回收，美国和欧盟制定了严格的码头油气排放标准和油气回收技术法规，挪威和日本等国家也正在推广码头油气回收技术。在我国，油气回收技术最初侧重于炼油厂、油库及加油站的油气回收处理，方法以费用相对较低的吸收法和吸附法为主，后逐步推广至港口码头。

相比而言，全国的码头油气回收仍处于起步阶段。目前全国各港口码头中已经安装了油气回收系统的仅有 10 个左右，投入实际应用的范例较少，大多数设备因其存在安全、经费等多种问题而停用。如天津港、青岛港、南京港、广州港等均有码头安装了油气回收设备，但因设备设计选型存在问题、多种化工废气混杂、管道运输替代船舶运输以及存在安全隐患等原因，很多设备未使用或停用。安全性问题是油气回收装置使用面临的最大问题，目前国内缺少安全性准入和操作标准。

为逐步解决瓶颈问题，摸索码头油气回收技术应用的路径，2011 年 9 月，交通运输部发布的《“十二五”水运节能减排总体推进实施方案》将油码头油气回收再利用技术作为重点技术试点工作，将中化兴中石油转运（舟山）有限公司岙山原油码头和营口港鲅鱼圈成品油码头确定为码头油气回收的示范工程。2013 年国务院《大气污染防治行动计划重点工作部门分工方案》第（四）条要求“加油站、储油库、油罐车的油气回收治理，在原油成品油码头积极开展油气回收治理”。为此，交通运输部、环境保护部、商务部和质检总局于 2016 年 2 月联合发布《原油成品油码头油气回收行动方案》，为我国的码头油气回收工作提出了总体要求和总体思路。另外，根据交通运输部发布的《原油成品油码头油气回收试点工作实施方案》，目前已确定第一批码头油气回收试点工程，即中化兴中石油转运（舟山）有限公司岙山原油码头油气回收示范工程，近期正在开展第二批码头油气回收试点工程。2017 年 7 月，交通运输部发布《码头油气回收设施建设技术规范》（JTS 196—12—2017），明确了码头油气回收设施的设计、施工、检验验收、运行和维护管理要求。该标准的制定，为设备的安全运行提供了保障。2017 年 9 月 19 日，环境保护部联合交通运输部等 6 个部门共同印发了《“十三五”挥发性有机物污染防治工作方案》，要求 2020 年 1 月 1 日及以后建造的 150 总吨以上中国籍油船具备油气回收条件。

（二）主要问题

1. 相关政策法规缺失，设备监管难度大

针对码头油气回收装置的推广应用，我国目前尚缺少相关的政策法规支撑。首先，我国尚无全面推广应用码头油气回收技术的总体要求和规划，没有对码头、船舶进行油气回收改造的资金支持，导致港航企业和船东安装油气回收装置的积极性不高，推广难度大。其次，我国目前缺少码头油气排放标准，码头油气逸散情况监测与评估方法也未发布，油气回收装置的运行条件、运行时间缺少相关规定，环保主管部门对码头油气回收装置的监管缺乏相关依据，设备运行和使用缺乏有效监管。

2. 缺少统一的技术标准，设备安全性难以保障

码头油气回收装置由于回收的可能为易燃易爆气体，设备存在潜在的安全风险。而我国目前尚未出台油气回收装置的产品质量标准，码头、油船及船岸连接设备设施的设计、制造也缺乏相关的技术规范。设备安全性方面，国内仅对于油气回收装置的关键部件进行防爆认证，而对于整机的防爆效果、安全控制手段则尚无相关的检验检测规范。由于相关标准规范的缺失，导致目前国内市场上的油气回收装置采用的技术工艺多样，设备规格差异较大，产品质量参差不齐。此外，目前国内也缺乏对油气回收设备的有效检验机构和检测手段，设备性能和安全性难以保证。

3. 老旧船舶未形成封闭气路，改造难度较大

目前航行于我国沿海和内河的不足 2 万载重吨且船龄较大的小型成品油船、原油船的货舱透气系统未形成封闭管路，也尚未设置气体回收接岸管道，因此必须改造船舶后才能进行油气回收。据统计，截至 2014 年 6 月，船龄在 10 年以上

且不足2万载重吨的中国籍油船共525艘，其中国际油船132艘，国内油船393艘，船舶改造工作量大。此外，目前内河船舶尚未标准化，因此需要根据船舶不同情况提出改造方案，同时还要考虑船舶运输货种、船体抗压强度等因素，船舶改造工作难度较大。

4. 老旧码头配套设备不完善，场地空间受限

码头油气回收处理装置是近年来在我国港口码头兴起的新设备。对于一些老码头，缺少相应的安全保障设施、带紧急脱离装置的输气臂等油气回收必备的辅助设施。受码头前沿场地空间的限制，通过码头升级改造的方法加装油气回收设备也存在较大困难。此外，通过码头油气回收装置回收的油气需要大量的储存空间，而目前港口码头的空间利用效率较高，可用于回收油气储存的空间十分有限。

二、技术发展需求分析

（一）挥发性污染物控制需求分析

油品在储运和装卸等环节中易挥发逸散油气，造成大气环境污染和能源产品损耗。作为世界航运大国，我国港口拥有万吨级及以上原油和成品油泊位约190余座，石油、天然气及相关制品吞吐量约9.3亿t/年（2016年），码头装船作业每年向大气排放油气约7万t，是交通运输行业的VOCs重要排放源之一。根据国家石化和能源规划，我国沿海及内河港口的油品吞吐量仍将持续增加，如不采取防治措施，每年的油气排放量将进一步增加，并以VOCs或$PM_{2.5}$等形式影响人群健康和生态环境。

（二）有关法规要求

目前，我国已认识到油气排放控制的重要性，逐步将码头油气控制作为重点工作内容纳入国务院及各大部委提出的多项工作计划中。2013年9月国务院颁布《大气污染防治行动计划》（国发〔2013〕37号）（以下简称《行动计划》），明确提出“在原油成品油码头积极开展油气回收治理”；2013年12月国务院下发《国务院办公厅关于印发大气污染防治行动计划重点工作部门分工方案的通知》（国办函〔2013〕118号），对《行动计划》中的任务进行分解细化，明确“加油站、储油库、油罐车的油气回收治理，在原油成品油码头积极开展油气回收治理”任务由环境保护部、商务部和交通运输部负责。2015年8月最新颁布的《中华人民共和国大气污染防治法》中的第四十七条明确要求“储油储气库、加油加气站、原油成品油码头、原油成品油运输船舶和油罐车、气罐车等，应当按照国

家有关规定安装油气回收装置并保持正常使用”。因此，开展码头油气回收是落实国家相关政策要求的必要工作。

（三）技术发展趋势分析

码头油气回收是控制船舶挥发性有机污染物排放的重要手段。在我国，码头油气回收技术仍处于初步发展阶段，技术水平和推广条件仍不成熟，因此在近期以研发和试点为主，大范围推广应用的可能性较小。但码头油气回收技术是一种兼有减排和节能两种效果的污染控制技术，目前在美国、欧洲等发达国家和地区应用得较为广泛，因此在解决我国油船不配套、相关标准规范体系不完善等问题的基础上，码头油气回收技术在中期和远期将成为我国港口码头重要的大气污染控制技术，未来有较好的技术应用空间。

三、技术框架体系及分类

港口挥发性有机物防控技术方向分类见表3-11。

港口挥发性有机物防控技术方向分类 表3-11

技术类别	技术方向	主要问题
前沿技术	原油码头油气回收处理装置中硫成分预处理技术	国外相对成熟，国产化水平不足；目前国内设备无法对硫含量较高的原油进行油气回收
	码头油气回收船岸安全连接技术	国外相对成熟，国产化水平不足；目前国内很多油气回收系统不具备船岸安全连接设备，存在安全隐患
先进成熟技术	—	—
需要继续完善的技术	—	—

四、前沿技术的科研攻关方向

推进码头油气回收技术与装备的国产化与安全化，尤其是重点突破原油码头油气回收处理装置中硫成分预处理技术、突破码头油气回收船岸安全连接技术、研究老旧油船蒸气收集系统改造技术、制定相关技术规范或指南应作为前沿技术的科研攻关方向。

五、先进技术的推广和鼓励应用政策

目前我国在码头油气回收领域处于起步阶段，存在相关政策法规和标准规范体系不完善、到港船舶不配套、投资和收益归属存在争议等问题，推进过程中遇到了诸多困难，总体来看，近期应以试点工作为主，通过试点工程解决主要问题、积累相关经验，据此制定推广应用策略。具体而言，应在近期尽快开展以下推进工作。

1. 继续开展油气回收试点

目前我国已开展 2 个码头油气回收示范工程和 2 批码头油气回收试点，应继续开展试点示范工作，以此为依托尽快探索并解决我国在应用码头油气回收技术中存在的主要问题，健全有关政策法规与标准规范，根据试点结果调整推广应用策略。

2. 尽快完善政策法规与标准规范

应与环境保护部协作，尽快完成码头油气排放相关标准的制修订；制定码头油气回收系统相关技术规范，制定并发布船舶油气收集的技术要求和操作规程；与商务部协作，制定回收油品的处置政策方案，明确回收油品的销售经营许可问题。

3. 鼓励国内技术研发及应用

大力支持国内自主研发码头油气回收系统，突破原油码头油气回收处理装置中硫成分预处理技术、码头油气回收船岸安全连接技术等关键技术，避免国外技术垄断。

4. 利用资金补贴进行市场引导

码头油气回收的前期投资和运营管理费用较高，成本回收周期较长，部分人士认为该技术存在一定的安全隐患，因此船舶和港口的建设积极性不高，建议在试点工作判断出该技术适宜大范围推广的情况下，积极争取中央和地方政府的资金支持，施行码头油气回收技术鼓励性补贴。

六、标准规范体系制修订方案

需要制修订的港口挥发性有机物污染防控技术标准规范（表 3-12）主要有码头油气排放标准和码头油气回收系统船岸接口标准等。

港口挥发性有机物防控技术标准规范制修订方案建议 表 3-12

序号	标 准 名 称	类别
1	码头油气排放标准	制定
2	码头油气回收系统船岸接口标准	制定
3	码头油气回收安全作业规范	制定
4	船舶油气收集的技术要求和操作规程	制定

第四节　港口生态保护与恢复技术

一、国内外现状及问题

（一）港口建设与运营对生态环境的影响

1. 港口陆域植被破坏，生物多样性降低

港口建设通常要征用大片沿岸陆地，出于对工程结构安全性及耐久性的考虑，多采用砌石、混凝土或钢筋混凝土等硬质材料，切断了水、空气、土壤、植物、生物之间的有机连续性，陆域植被破坏，改变了自然岸滩的生态功能和结构，破坏了陆域生态系统的生物多样性。

港口日常运营过程中，固体散货在港口装卸和储存过程产生的粉尘，石油、散装液体化学品在运输和港口转运、储存过程挥发的有机气体，燃油型港口装卸机械和船舶排放的大气污染物，以及港口机械噪声和集输港交通工具噪声等，都会对港口的周边生态环境产生显著影响。

2. 潮间带湿地面积减少，生物多样性降低

潮间带是指陆地与海洋交界的地段，其受潮汐作用的影响，周期性处于干湿交替的过程之中。由于来自陆地和河流的矿物质及有机物等营养成分十分丰富，因此生活在潮间带的生物种类繁多。港口建设有时需要进行围海造陆，将岸边浅滩人工围垦变为陆地，使得潮间带湿地面积减少，生物多样性降低，其相应的生态服务功能因此减弱。

3. 水文条件改变，港口周边水质恶化，水生动植物数量减少

港口的建设将改变水文条件，波浪、潮流等均可能受到影响，防波堤和其他的防护措施将不可避免地改变水土的波浪、潮流特性，引起泥沙冲淤和污染物迁移规律的变化。

港口运营后，对周边水域生态系统最大的威胁是水质恶化。修造船、拆船或打捞船只时，会不同程度地产生油类污染物；承运有毒货物的船舶有时会排放洗舱水和其他废弃物，到港船只可能排放压舱、洗舱等含油污水，船舶失事的石油泄漏、危险货物的散落或溢漏等，均会致使港口周边水域水质恶化，破坏水生动植物生境。此外，港口底泥环境和生物群落会被频繁进出港的船只干扰。

（二）港口生态保护与恢复技术现状

港口生态系统的保护与恢复主要有以下目标：一是要保护港口及周边区域原

有的自然生态系统；二是恢复现有退化或受损的港口生态系统；三是对现有恢复后的港口生态系统进行合理管理，避免其再次退化；四是港口生态系统自身的可持续发展。

基于生态保护与恢复的目标，结合港口建设的特性，港口生态保护与恢复界定为：采用人为措施为指导，在保护原有自然生态环境的基础上，使受损或退化的港口生态环境向原生态进行恢复的过程，最终达到港口生态系统自身的可持续发展。

1. 新建港口生态保护技术

针对港口建设可能引发的各种生态环境问题，在项目的建设设计中应包含对环境保护的设计规划，采用高效的管理方案和措施把对生态环境的破坏程度降到最低。在港口的设计阶段，应加入依附自然生态的理念，避免对自然生态环境的大范围改变，以保持生态环境的平衡，把人与自然和谐相处的理念深入到港口工程项目每一个设计环节，在工程的施工设计上，要充分考虑到施工的第一现场生物群对原本自然环境的依赖程度，找出在生物链中最薄弱的环节，在项目施工前进行模拟仿真，了解破坏这个薄弱点后引起的连锁反应。在港口建设前要做好环境影响评价，提出切实可行的生态环境影响的减缓措施。在港口建设施工过程中，要优化工程施工使用材料，避免有毒物质对港口生态环境的污染，以免造成生物群的大面积死亡，减少对生态环境的破坏。

港口生态保护技术包括生态护岸技术、生态格宾挡墙技术等。

生态护岸是指用植物或植物与人工材料相结合的护岸工程。生态护岸可减轻岸滩侵蚀，增强河床边坡稳定性或抗冲刷能力，同时减少对动植物生存环境影响。按照采用材料不同，生态护岸可划分为植被型生态护岸和综合型生态护岸 2 种类型。植被型生态护岸适用于水域宽阔且气候温暖的河床滩地或缓坡。综合型生态护岸主要用于河道宽度受限或在航道治理中需要人工处理岸坡的工程。

生态格宾挡墙是将符合粒径要求的石料填入具有柔性的格宾网中达到一定的孔隙率、逐层砌筑的一种新型的柔性挡土构筑物，可在网箱砌体石缝中填充土壤，植物会逐渐长出，实现工程措施和植物措施相结合，亦绿化美化景观，形成一个柔性整体护面，恢复自然生态。结构填充料之间的缝隙可保持水土之间的自然交换功能，同时也利于植物的生长，实现水土保持和自然生态环境的统一。该技术适用于受水流冲刷和风浪侵袭，且防护工程基础不易处理或沿河挡土墙、坡脚基础局部冲刷深度过大的沿河路堤坡脚或护岸，用于河道岸坡防护。

2. 已建港口生态恢复技术

生态恢复技术是基于恢复生态学理论，通过一定的生物、生态以及工程的技术与方法，人为地改变和切断生态系统退化的主导因子或过程，调整、配置和优化系统内部及其外界的物质、能量和信息的流动过程和时空次序，使生态系统的结构、功能和生态学潜力尽快成功地恢复到原有乃至更高的水平的技术。

生态恢复技术体系主要包含生物技术和工程技术。生物技术是指以生物为主体对港口环境污染和生态系统破坏的治理技术。生物包括引进港口的原生植物、动物和微生物，以改变港口生物减少或灭绝的状态，使其生态系统逐渐恢复平衡。生物技术还可利用植物、动物和微生物吸收、降解、转化港口土壤和水体及港口周边海域中的污染物，使污染物达到可接受的水平或转化为无害物质，减少其向周边环境的扩散。工程技术是指以工程措施为主体对港口受损生态环境系统进行治理的过程，如修建水工构筑物、疏挖港口及航道底泥等，使环境中污染物部分或彻底去除或转化为无害形式，对港口生态环境进行污染治理。港口生态系统分为陆域生态系统、岸滩及潮间带生态系统、周边海域生态系统，针对 3 类生态系统应采取不同的恢复技术。

1）港口陆域生态系统的恢复技术主要包括植被恢复技术

植被恢复技术：首先控制港口陆域生态系统水土流失、恢复土壤肥力，然后人工引入适生或原生植被；当植被长势良好时，可选择先锋群落进行重建；待先锋群落重建并稳定后，可根据原来未破坏生态系统的状态，模拟其生态演替过程，根据不同阶段的种类组成和结构特点，对重建的先锋群落实施林分改造；最后还需要对恢复的林地进行持续的监测与管理。

2）港口岸滩及潮间带生态系统的恢复技术包括生物底播技术和生境保育技术（生境保育技术包括人工鱼礁技术）

生物底播技术即底播适宜在岸滩、潮间带生长的生物，如珊瑚礁、红树林、附着性海洋贝类，以增加生物沉积，改变部分水文动力条件，促进岸滩、潮间带生态系统的发育。

人工鱼礁生物恢复技术：即人为在海中设置构造物，以改善海域生态环境，营造海洋生物栖息的良好环境，为鱼类等提供繁殖、生长、索饵和庇敌的场所，促进海底生物的生长、繁衍以及存活，保证生态系统的多样性不被破坏。在港口设施施工后，采用建设人工鱼礁的方式，促进建设施工期被破坏的生物种群的恢复，保证原生态的环境不被破坏，提高港口周围生物量。目前国内外已广泛开展人工鱼礁建设，进行近海海洋生物栖息地等生态环境的修复，取得了较好的效果。

3）港口周边水域生态系统的恢复技术包括人工鱼礁生物恢复技术、梯状湿

地技术、人工浮岛技术、大型海藻修复技术等

梯状湿地技术指在浅海区通过修建缓坡状湿地从而使泥沙沉积、减弱海浪的冲击及保护岸滩等的海岸工程技术，通过人造湿地可为海洋中的生物提供栖息地。

人工浮岛技术又称生态浮床、生态浮岛技术，是一种由人工设计建造漂浮在水面上供植物、动物和微生物生长、栖息、繁衍的生物生态设施。它的主要功能包括净化水质、创造生物（鸟类、鱼类）的生息环境、改善景观以及消除水波、保护河岸。

大型海藻修复技术指在高度富营养化的海水水体中种植大型海藻，可吸收、移除水体中的氮、磷营养盐，实现对水环境的修复，通过营养盐竞争实现对赤潮的抑制。人工鱼礁及人工湿地如图 3–8 所示。

图 3–8　人工鱼礁及人工湿地

（三）主要问题

1. 港口生态环境保护与恢复技术标准规范缺失

由于港口经营者缺乏环境保护意识，对港口生态环境的忽视，导致港口开发经营活动引发了一系列生态环境恶化问题，典型脆弱的港口生态系统受损严重，对海岸带的经济发展支撑能力显著下降，资源环境承载力问题凸显。我国对于港口生态恢复技术的研究和应用较少，基本处于起步阶段，缺乏港口生态恢复相关技术标准规范指导港口生态恢复工作的开展。

2. 海岸带的生态恢复技术尚不成熟

海岸带是复杂又不稳定的生态系统，目前对海岸带生态系统各部分之间及其与海洋生态系统和陆地生态系统之间的关系及其相互作用机理了解不够深入。海岸带的生态恢复技术尚不成熟，缺乏对于海岸带生态系统状态功能性指标的研究，使得恢复重建技术在应用上缺乏针对性和确定性。海岸带生态系统修复和试验示

范研究还停留在局部区域范围内或集中于某一单一的生物群落或植被类型，缺乏对海岸带整体系统水平的区域尺度综合研究与示范。

3. 生态恢复技术标准缺乏

鉴于目前我国在生态恢复技术标准的研究上的技术储备、技术应用还不够深入，主要技术水平较低，生态恢复技术在不同地区存在较大差异性（生态恢复技术标准要在考虑差异性的同时兼顾统一性），应对港口生态恢复提出一般性的技术方法和要求，并对典型港口生态系统的修复进行研究。

4. 联合修复技术复杂

联合修复技术方法较为复杂，技术研发和验证周期长、费用高，效果评估难度较大，成效难以量化。

二、技术发展需求分析

1. 生态保护需求

长期以来，由于港口在规划建设时对生态环保问题考虑得不全面、港口经营者的管理理念中环境保护意识不强、港口的生产装卸过程缺乏有效的污染处理设施等诸多因素，导致我国港口生态环境问题较为突出。若不采取港口生态环境生态恢复措施，将导致港口生态环境对于社会经济发展的支撑能力显著下降，成为制约经济发展的因素。

2. 监管需求

随着我国经济的快速发展，国家对于发展资源节约型、环境友好型社会以及建设生态文明社会给予了高度重视，将“着力推进绿色发展、循环发展、低碳发展”列为推进生态文明建设的主要举措，交通运输部一直致力于推动绿色交通发展，发布了《绿色港口等级评价标准》（JTS/T 105—4—2013），鼓励各地建设绿色生态港口，保护港口生态环境，促进经济发展与生态环境保护相协调、人与自然和谐发展。

3. 技术需求

为减少海岸带资源破坏、避免生态进一步恶化，利用生态恢复技术对已受破坏和退化的海岸带进行生态恢复是改善海岸带现状的重要途径之一。生态恢复技术是基于恢复生态学理论，通过一定的生物、生态以及工程的技术与方法，人为地改变和切断生态系统退化的主导因子或过程，调整、配置和优化系统内部及其外界的物质、能量和信息的流动过程和时空次序，使生态系统的结构、功能和生态学潜力尽快成功地恢复到原有乃至更高的水平的技术。该技术恢复生态环境的同时不会产生新的污染，具有较好的生态效益。为促进我国绿色生态港口建设，应积极推进生态修复技术在港口环境保护领域的研究与应用，这也是技术推动进步的必然需求。

三、技术框架体系及分类

目前，理论和技术上可行的修复技术主要有生物修复技术、化学修复技术、物理修复技术和各种联合修复技术等，部分修复技术已经在港口进行了实际应用，并取得了较好的治理效果。

对港口生态保护与恢复技术进行梳理，其技术框架体系及技术分类见表 3-13。

港口生态保护与恢复技术框架体系及技术分类 表 3-13

技术类别	主要技术	主要问题
前沿技术	生物联合修复技术	各要素的最佳组合方式难以找到、有关工艺参数选择复杂
先进成熟技术	港口陆域生态恢复技术	周期较长
	人工鱼礁技术	—
	生态护岸技术	—
需要继续改进完善的技术	人工浮岛技术	筛选耐盐、抗污生物较难
	人工湿地技术	筛选抗盐碱、高效降解污染物的植物资源较难

四、前沿技术的科研攻关方向

生物修复技术与传统的物理修复和化学修复等技术手段相比具有投资和维护成本低、操作方便，不会对水体造成二次污染等优点，具有很好的经济效益和社会效益。因此，生物修复技术更加符合环境保护的要求，正逐渐被人们所重视，成为今后港口生态修复技术发展的主要方向。

我国港口生态环境污染状况较为复杂多样，仅依靠单一的物理、化学或生物方法都无法达到生态环境彻底修复的要求，因此将物理、化学和生物修复技术进行合理组合，形成的新的生态修复技术已成共识。生态修复能否达到最大成功，依赖于是否充分发挥物理修复、化学修复与生物修复经有机结合和技术优化后所产生的优势，这取决于多种因素，在研究试验方面，要进行深入研究的方向包括以下几个。

1. 最优生态条件的选取

最优生态条件的选取包括植物适宜的光照、生长素、盐度、水分、温度、营养物质、适宜种植条件等的选取。

2. 微生物高效接种

生物修复在应用中能否高效，体现在接种后微生物生物量是否增加、生物可降解程度是否改善、微生物群落结构的优化与良好的降解作用的过程的控制是否有效、土著微生物群落活性是否增强，特别是接种微生物是否能显著影响污染物的生态化学行为及归宿。

3. 耐盐、高效降解污染物的微生物筛选

微生物活性强弱是影响微生物修复效果的重要方面，必须筛选获得具有高效活性耐盐的专性微生物，这些微生物必须有能力在合理的速率下将污染物从起始的高浓度降低到规定的标准浓度以下，并且在分解污染物的过程中不应产生毒性代谢物。

将传统的生态修复技术加以创新改进，形成新的生态修复技术是港口生态修复发展的主要方向。如“梯状湿地”技术：在浅海区域修建缓坡状湿地，在上面种植互花米草及其他湿地植物，修建梯状湿地可以减弱海浪冲击、促使泥沙沉积、保护海滩，同时也可以为海洋生物提供栖息地。

五、先进技术的推广和鼓励应用政策

鼓励大专院校、科研院所、公司企业等对生态修复技术进行研发与应用示范，对于投资少、处理效果好的先进技术，进行推广，并给予资金支持，调动全社会对于开展港口生态保护与恢复工作的积极性。

推动成熟的港口生态保护与修复技术产业化应用、规模化发展，如生态护岸技术、港口陆域生态恢复技术等。对于积极响应绿色生态港口建设、应用生态修复技术、推动港口生态环境保护修复工作的港口，给予资金补贴及政策支持，设为生态示范港口。

六、标准规范体系制修订方案

目前我国还未形成体系性的港口生态环境保护相关的标准、规范。港口的生态环境保护政策缺少相应的实施 / 管理条例，没有形成系统的生态港口建设规范。应尽快制定港口生态保护与恢复技术相关标准规范，包括港口及航道疏浚物资源化技术要求、港口陆域生态恢复技术和港口码头溢油事故环境修复技术指南等（表3-14）。

港口生态保护与恢复技术标准规范体系制修订建议　　表 3–14

序号	标准名称	类　别
1	港口及航道疏浚物资源化技术要求	制定
2	港口陆域生态恢复技术	制定
3	港口码头溢油事故环境修复技术指南	制定

第五节　小　结

一、主要技术研发方向

本书提出了 4 项港口污染防控技术（表 3–15），主要包括码头污水收集处理技术、港口粉尘污染防控技术、港口挥发性有机物防控技术以及港口生态环境保护与修复技术。

港口污染防控技术　　表 3–15

序号	技术名称	主要技术内容	适用领域	备　注
1	码头污水收集处理技术			
1.1	码头油污水处理技术	以气浮、絮凝为核心的高效低耗的处理工艺研发与优化	适用于码头油污水的处理	已推广应用
1.2	高浓度粉尘废水处理技术	以为重力分离和物料回收为核心的高效低耗的处理工艺研发与优化	适用于干散货码头的粉尘废水处理	已推广应用
1.3*	多种类化学品废水处理技术	以化学、物理、生物等多种技术相结合，能够适应多种类化学品废水或洗舱水的处理工艺研发	适用于化学品洗舱水和码头化学品废水的处理	重点推广技术，该技术较为成熟，建议在港区化学品废水处理和洗舱水处理中推广
2	港口粉尘污染防控技术			
2.1	筒仓火灾探测与粉尘监测监控技术	研发由火灾探测系统、粉尘监测监控系统和干式消防应急系统组成的完善的筒仓消防系统，降低筒仓的火灾爆炸风险	港口码头粉尘治理	重点推广技术，该技术较为成熟，急需推进设备国产化
2.2*	码头除尘自动喷洒水系统	研发洒水、除尘和废水处理一体化全自动水控制系统，提高生产效率和水资源利用率	港口码头粉尘治理	重点推广技术，该技术较为成熟，急需推进设备国产化

续上表

序号	技术名称	主要技术内容	适用领域	备注
2.3*	防风网布设方式和高度的优化技术	通过对防风网的布设方式及其高度进行数值模拟和实际风洞测试研究，提高防风网的实际效果和安全性	港口码头粉尘治理	重点推广技术，该技术较为成熟，急需推进设备国产化
2.4*	耐腐蚀、耐湿热防风网材质研发与制备	对防风网材料的耐高温性、耐湿热性以及抗强腐蚀性进行研究，研发适应沿海地区的高性能防风网材料	港口码头粉尘治理	重点推广技术，该技术较为成熟，急需推进设备国产化
3	港口挥发性有机物防控技术			
3.1*	码头油气回收技术与装备研发	突破原油码头油气回收处理装置中硫成分预处理技术、突破码头油气回收船岸安全连接技术；研究老旧油船蒸汽收集系统改造技术，推进码头油气回收处理技术与装备的国产化	码头油气回收设备的设计与运行	重点研发技术，我国码头油气回收技术仍处于初步发展阶段，技术水平和推广条件仍不成熟，但未来有较好的技术应用空间
4	港口生态环境保护与修复技术			
4.1*	生物联合修复技术	联合运用多种工艺，并对其各要素的最佳组合方式、有关工艺参数选择进行系统研究	港口生态环境修复	重点研发技术，未来港口生态修复的主要方向，应加大技术研发力度
4.2	人工浮岛技术	由人工设计建造漂浮在水面上供植物、动物和微生物生长、栖息、繁衍的生物生态设施；可净化水质、创造生物生息环境、改善景观以及消除水波、保护河岸的作用	港口生态环境修复	需进一步改进完善
4.3	人工湿地技术	在浅海区域修建缓坡状湿地，种植互花米草及其他湿地植物，修建梯状湿地可以减弱海浪冲击、促使泥沙沉积、保护海滩，同时也可以为海洋生物提供栖息地	港口生态环境修复	需进一步改进完善
4.4	人工鱼礁生物恢复技术	人为在海中设置构造物，营造海洋生物栖息的良好环境，为鱼类等提供繁殖、生长、索饵和庇敌的场所，促进海底生物的生长、繁衍以及存活，保证生态系统的多样性不被破坏	港口生态环境修复	较为成熟，可推广

续上表

序号	技术名称	主要技术内容	适用领域	备　注
4.5	港口陆域生态恢复技术	主要进行植被的恢复，控制港口陆域生态系统水土流失、恢复土壤肥力，然后人工引入适生或原生植被	港口生态环境修复	较为成熟，可推广

注：标“*”为近5年需重点研发和推广的技术。

二、主要技术政策建议

（一）挥发性有机物防控

1. 制定回收油品处置政策方案

制定回收油品的处置政策方案，明确回收油品的销售经营许可问题，包括可许经营的范围、申办销售许可的程序和许可的管理要求等。

2. 出台码头油气回收扶持政策

加快油气回收装置的国产化，降低油气回收成本，近期对施行码头油气回收的港口提供鼓励性补贴，以突破前期投资费用较高、成本回收周期较长的瓶颈。

（二）码头污水收集处置

落实港口污水收集处理设施的建设要求。在油品及化工品储运设施集中的港区，统筹考虑船舶污水接收需求，建设含油污水及化工品污水的集中式公用处理设施。对于能力不足的老码头需依照要求扩建和改造现有的集中式污水接收和处理设施，对所有码头均鼓励污水回用系统建设。

（三）生态保护与恢复

建立生态港口示范及补贴制度。推动成熟的港口生态保护与修复技术产业化应用，规模化发展，对于取得良好效果的给予一定资金奖励。对于积极响应绿色生态港口建设，应用生态修复技术，推动港口生态环境保护修复工作的港口，给予资金补贴，并设为生态示范港口。

三、主要技术标准规范制修订建议

针对我国目前在港口污染防控技术领域中各类技术的成熟度以及研究应用情况，为加快各类技术在港口污染防治领域中的应用，实现相关技术和装备在应用中的序列化、标准化、规模化、成套化，从未来港口环境保护发展需求出发，本

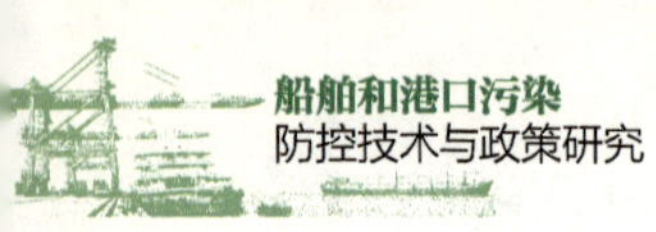

书提出了12项港口污染防控技术标准制修订建议，见表3–16。

港口污染防控技术标准制修订建议 表3–16

序号	标准名称	标准类型 / 标准编号	制修订建议		备注
			制定	修订	
1	港口码头污水处理技术要求	行业标准	√		亟需制定
2	港口码头污水再生利用技术要求	行业标准	√		亟需制定
3	港口码头船舶污水接收设施技术条件	行业标准	√		亟需制定
4	码头防风抑尘网技术条件	行业标准	√		
5	港口矿石粉尘浓度控制指标及测试方法	JT 464—2001		√	亟需修定
6	码头油气排放标准	行业标准	√		亟需制定
7	码头油气回收系统船岸接口标准	行业标准	√		亟需制定
8	码头油气回收安全作业规范	行业标准	√		亟需制定
9	船舶油气收集的技术要求和操作规程	行业标准	√		亟需制定
10	港口及航道疏浚物资源化技术要求	行业标准	√		
11	港口陆域生态恢复技术	行业标准	√		
12	港口码头溢油事故环境修复技术指南	行业标准	√		

CHAPTER ④ 第四章

船舶与港口污染事故应急技术

近年来，我国海上石油、危化品的运量和种类持续增长，运量居世界首位，溢油和危化品泄漏风险不断升高。一旦发生泄漏事故，会对海洋生态环境和相关海洋经济产业造成重大损失，我国曾多次发生此类事故，溢油和危化品泄漏污染已引起政府部门的高度重视，船舶与港口污染事故应急也成为有关主管部门日常监管的重要内容之一。国际海事组织（IMO）是负责全球海运安全、防止船舶污染的专业机构，《国际防止船舶造成污染公约》于1973年发布实施。美国海岸警卫队、材料与试验协会、石油协会等部门自1969年起，每隔两年举办一次“国际溢油应急研讨会”，交流有关溢油污染防治的新标准、新技术和新设备产品等最新成果。我国政府及主管部门于20世纪80年代颁布了《海洋环境保护法》《防治船舶污染海洋环境管理条例》《船舶及其有关作业活动污染海洋环境防治管理规定》《船舶污染海洋环境应急防备和应急处置管理规定》等法律法规。溢油应急技术研究已成为当今世界保护海洋环境的重要课题。由于危化品种类繁多、性质各异，海上危化品泄漏的监测预警和应急处置一直是世界性难题。我国同样存在应急管理标准体系不完善、技术装备水平不高、应急处置能力薄弱等问题，海上交通易发危化品泄漏监测预警与防控技术的有关研究已列入国家重点研发计划。

第一节　船舶污染事故应急技术

船舶污染事故应急技术主要包括海上溢油事故应急技术、沉船存油应急处置技术和船舶危化品运输泄漏应急技术3个方面，本章主要梳理目前应急技术标准、应急技术及设备的现状，并对现有问题进行分析，结合未来技术发展需求，提出技术攻关方向、技术政策及有关标准制修订内容。

一、国内外现状及问题

（一）应急技术标准

1. 技术标准现状

1）国外溢油应急标准

国外关于溢油应急的技术标准中，美国材料与试验协会（ASTM）的标准比较完善。ASTM标准涵盖了溢油应急处置从设备生产、测试到应用的所有技术，是目前溢油应急处置技术领域的主要参考标准。ASTM关于溢油应急产品的技术标准达 62 项，其中包括 4 项溢油应急综合技术标准、8 项溢油监测技术标准、9 项围油栏技术标准、9 项溢油回收技术标准、2 项吸油材料技术标准、14 项化学制剂技术标准、6 项溢油现场燃烧技术标准、4 项溢油修复技术标准，此外还有 HSE 相关标准 6 项。

美国石油学会（API）针对溢油应急也制定了相关标准。其中包括综合技术标准 4 项，提出了溢油应急响应措施及基于生态破坏最小化的应急响应决策；溢油分散剂技术标准 1 项，分析了在潮汐区使用分散剂处理后溢油归宿及对近岸底栖生物的影响；溢油 HSE 标准 1 项，对应急反应行动中溢油、化学品对人类健康的危害进行了评估；溢油修复技术标准 1 项，对治理受溢油污染的自然资源修复可选方案的评价进行了规定。

2）国内溢油应急标准

国内关于溢油应急的标准较少，主要为交通运输部制定的 16 项行业标准，其中包括溢油综合标准 5 项，主要包括相关术语、船舶溢油应急部署、能力评估标准、应急防备能力要求及风险评估技术导则；溢油应急物资配备标准 1 项，主要为港口各类码头的等级划分、溢油应急设备的配备原则、配备数量和种类、配备基本要求以及管理要求等；溢油污染评估标准 1 项，主要是溢油对海洋生态损害的评估程序、评估内容、评估方法和要求；围油栏技术标准 1 项，主要为围油栏的分类、结构、性能要求以及各项指标的试验方法；收油机技术标准 1 项，主要为转盘、转鼓、转刷 3 种类型收油机的性能指标和测试方法；吸油材料技术标准 1 项，主要是船用吸油毡的类型、规格、技术要求及试验方法；分散剂技术标准 3 项，主要为分散剂的分类、性能指标、试验方法，以及分散剂喷洒装置的产品型号、技术要求、试验方法和检验规则等；溢油监测技术标准 4 项，主要为溢油跟踪浮标系统产品的分类、主要用途、技术要求、试验方法，海面溢油样品的采集、储运、保存以及水上溢油的快速鉴别方法。与国外相比，国内溢油应急技术标准相对较少，见表 4–1。

国内溢油应急技术标准 表 4–1

类别	标 准 号	标准名称	主要内容
综合类技术标准	GB/T 21478—2008	船舶与海上技术海上环境保护溢油处理相关术语	主要包括溢油及其控制的相关术语和定义，等同采用 ISO 16165：2011，能提供溢油处理相关的标准术语，确定相关溢油清洗的范围，包括监视和评价、围堵、回收、分散剂的使用、现场燃烧、海岸清理和处置

续上表

类别	标 准 号	标准名称	主要内容
综合类技术标准	GB/T 16559—2010	船舶溢油应急部署表	主要包括当船舶发生溢油时，全体船员应急反应岗位和职责，适用于150总吨及以上的油船和400总吨及以上的非油船
	JT/T 877—2013	船舶溢油应急能力评估导则	主要包括船舶溢油应急能力评估内容和评估方法，首次提出船舶溢油应急能力定量评估方法
	JT/T 451—2017	港口码头水上污染事故应急防备能力要求	主要包括港口各类码头的等级划分、溢油应急设备的配备原则、配备数量和种类、配备基本要求以及管理要求等
	JT/T 1143—2017	水上溢油环境风险评估技术导则	规定了水上溢油环境风险评估程序和方法，包括评估前准备，评估中的风险识别、风险分析和风险评价，以及风险应对等内容；适用于船舶、港区储罐、码头、装卸站等设施发生的水上溢油事故风险评估
溢油监测技术标准	JT/T 910—2014	水面溢油跟踪浮标系统技术要求	主要包括溢油跟踪浮标系统产品的分类、主要用途、技术要求、试验方法和检验规则
	HY 043—1997	海洋溢油鉴别系统规范	主要包括海洋溢油的现场调查、样品采集、储运、保存和多种鉴别方法
	GB/T 21247—2007	海面溢油鉴别系统规范	主要包括海面溢油样品的采集、储运、保存和鉴别的方法
	JT/T 862—2013	水上溢油快速鉴别规程	主要包括沿海、河流、湖泊和库区溢油样品的快速鉴别方法，包括样品采集、样品分析及分析鉴别流程
围油栏技术标准	GB/T 34621—2017	围油栏	该标准包括了围油栏的命名和型号组成、结构、技术要求、试验方法、检验规则，以及标志、包装、运输和储存等内容。标准鼓励新材料、新技术的应用，采用的测试方法简便易行，具有较好的可操作性
溢油回收技术标准	JT/T 863—2013	转盘/转筒/转刷式收油机	主要包括3种形式收油机的性能指标和测试方法
吸油材料技术标准	JT/T 560—2004	船用吸油毡	主要包括船用吸油毡的类型、规格、技术要求及试验方法等
分散剂技术标准	GB 18188.1—2000	溢油分散剂技术条件	主要包括溢油分散剂的分类、性能指标、试验方法、检测规则、标志、标签、使用说明书、包装、储存以及产品处置等
	GB 18188.2—2000	溢油分散剂使用准则	主要包括溢油分散剂应用管理基本原则，提出了分散剂外观、pH值、燃点等性能指标及其测试方法

续上表

类别	标 准 号	标准名称	主要内容
分散剂技术标准	JT/T 865—2013	溢油分散剂喷洒装置	主要包括溢油分散剂喷洒装置的产品型号、技术要求、试验方法、检验规则及标志、包装、运输和储存
溢油 HSE 相关标准	HY/T 095—2007	海洋溢油生态损害评估技术导则	主要包括海洋溢油对海洋生态损害的评估程序、评估内容、评估方法和要求

3）国内外溢油应急技术标准对比分析

（1）溢油综合标准对比分析。国外标准更注重实际应用指导，提供了溢油发生时应急处置、原油清理及场地修复的方法，而国内仅提供了概念性的术语标准和相关岗位职责，对现场溢油应急指导作用有限。不过国内制定了船舶溢油应急能力评估标准和水上溢油环境风险评估技术导则，国外尚未涉及，这一标准可为评估相关单位的船舶溢油应急能力提供有效指导。另外，在应急物资配备方面，国内制定了港口码头水上污染事故应急防备能力要求，对港区的水上污染事故应急工作起到了指导作用，而国外尚没有制定相关标准。

（2）溢油监测技术标准对比分析。国外溢油监测技术标准有 6 项，制定了遥感监测、扩散模拟、样品采样制备、溢油鉴别等标准，能够很好地指导溢油监测工作。国内溢油监测标准有 4 项，与国外标准相比，偏重有所不同，我国主要针对浮标跟踪系统制定了标准，但没有制定遥感监测、扩散模拟的相关标准。另外，我国标准针对溢油鉴别方法也制定了较完善的标准，标准内容包括了样品采集、溢油快速鉴别等内容，能够很好地指导溢油鉴别工作，与国外标准相当。

（3）溢油围油栏标准对比分析。国外围油栏相关标准有 7 项，涉及围油栏的选型、性能指标测试及围油栏的各种连接方式，对溢油现场指导作用较强。我国围油栏标准仅有 1 项，提供了围油栏的分类、性能要求及测试方法，虽然标准内容系统性强，指标设计和测试方法合理，但是仅对实验室测试方面有较好的指导作用，而在现场选型、布设连接应用等方面难以发挥指导作用，需进一步细化和完善技术指标及现场评估性能试验方法。

（4）溢油回收技术标准对比分析。国外溢油回收技术标准共有 6 项，针对现场应用需求，主要对收油机的选择流程、回收性能指标测试进行了规定，另外还提供了整体收油系统的效率评价方法，对回收泵、临时存储设备的性能指标也给出了指导规范。而我国在回收技术方面的标准仅涉及转盘、转鼓和转刷 3 种类型收油机的实验室性能测试，对收油机现场应用的选型、其他溢油回收设备尚无相关标准。

（5）溢油吸油材料技术标准对比分析。国外针对溢油吸油材料分别制定了适合于室内实验室测试和室外测试的标准方法，对吸油材料的选择能够提供有效指导。国内标准《船用吸油毡》仅对船用吸油毡的性能指标和测试进行了相关规定，不能指导其他吸油材料的使用，适用范围较窄。此外，国内标准缺乏吸油毡保油性能等指标，试验方法也需进一步细化。

（6）溢油化学剂技术标准对比分析。国外针对溢油分散剂、清洗剂制定了14 项标准，除了提供分散剂在实验室和室外空地性能指标测定的方法外，还对分散剂在热带环境、沼泽、河流、湖泊等水体中应用时要考虑的因素进行了详细规定：在分散剂喷洒设备方面，规定了设备性能指标的实验方法，对设备校准、飞机轮船的装备、喷洒设备的操作控制以及储存、维护等均进行了规定；在分散剂的使用方面，提供了分散剂用量计算、环境收益测算等标准；对于清洗剂，提供了可渗透地表及不可渗透地表的使用限制原则，为现场使用决策提供了指导。国外分散剂的标准较为全面，而且针对现场应用提供了应用选择、试验及计算方法的标准，能够有效指导现场使用。国内分散剂标准共有 3 项，主要对分散剂的性能指标、测试方法以及使用准则做出了规定，对现场使用具有较好的指导作用，另外对分散剂喷洒装置，也提供了技术要求、试验方法和运输储存要求。但我国分散剂标准在性能指标测试方法上，仅提供了实验室测试的方法，而对于室外应用效果及环境效益并未涉及。在分散剂的使用准则的规定上，国外标准对每种水体均制定了分散剂的使用标准，而我国标准仅对使用原则作出了规定。针对分散剂的喷洒设备，我国标准仅包括设备性能技术要求和试验方法，而国外标准不仅包括性能指标要求，还提供了飞机及船舶的配置、操作方法、储存维护等内容，更加适于现场应用。另外，我国尚未制定清洗剂的标准，还需要进一步开展研究工作。

2. 主要问题

国内在溢油应急技术标准方面，还有很多标准可以借鉴国外，在现场指导应用方面有较大优化空间，具体如下：

（1）国内溢油应急技术标准体系尚不健全。例如现有标准体系尚未涉及遥感监视、设备现场应用选型、溢油健康安全防护标准、生物修复标准、清洗剂标准等。

（2）产品标准研究工作不足，性能指标不完善。围油栏标准需要针对现场应用制定选型和连接等相关标准；吸油毡标准适用范围较窄，试验方法过于粗略；分散剂标准在现场试验及实际操作使用方面指导不足。

因此，应加强溢油应急技术标准的制修订工作，完善标准体系，加强技术研究，促进标准化工作。

（二）海上溢油应急技术

美国墨西哥湾溢油事故发生后，海上溢油应急技术中的应急监视、应急监测和应急清污等技术得到了充分应用，该事故应急方法如图 4-1 所示。

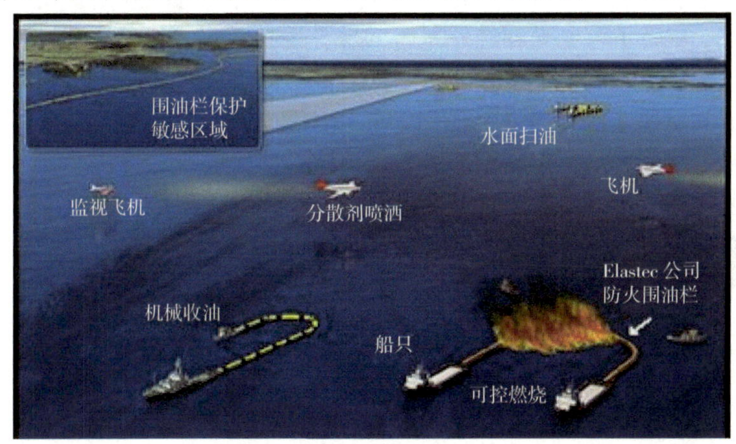

图 4-1　美国墨西哥湾溢油事故应急方法

（1）应急监视：以飞机航空监视为主、卫星遥感监视为辅，在《空间和重大灾害国际宪章》的框架下向欧航局申请获得卫星数据，并利用本国的 MODIS 卫星影像辅助海上清污决策。

基于预报的风场和流场以及航空监视数据和卫星遥感监视数据对“深水地平线”钻井平台泄漏的原油污染情况进行了预测。

（2）应急监测：事故发生后，海洋生态环境的监测工作立即开展，相关政府和研究机构开展了一系列的生态环境监测和评估工作，为研究事故造成的生态影响奠定了良好的基础。

（3）应急清污：主要采用机械回收海面溢油、喷洒溢油分散剂、可控燃烧海面溢油等方法，其中可控燃烧海面溢油、在水下对上涌的溢油浇灌消油剂的方法较为新颖。

1. 溢油应急监视技术

1）技术现状

目前国内外采用的溢油应急监视技术主要有卫星遥感监视、航空监视、船舶监视、岸基雷达监视和港口 CCTV 等，在实际应用中通常是各种手段相结合。卫

星遥感不受天气影响，可以在白天和夜晚进行监视，且监视的范围较船舶、飞机的监视范围大，但存在滞后性；利用飞机监视海上溢油快速灵活，但受天气影响较大；船舶监视也会受到天气影响，且监视范围较小、机动能力弱。

（1）国外情况。自 20 世纪 60 年代以来，航空摄影机、电视摄像机、图像扫描仪以及航空测视雷达和航空合成孔径雷达等机载传感器系统的迅速发展，使航空遥感的记录波段范围从可见光发展到紫外、红外、远红外光，以后又扩展到了微波领域，克服了可见光和红外光遥感易受天气影响的不足，实现了全天候监视，极大地丰富了航空遥感技术在海岸带监视与调查中的应用范围。随着机载遥感集成系统的发展，20 世纪 80 年代以后，这项技术在北欧已形成可实际使用的海上溢油遥感监视技术，包括采用紫外传感器、微光电视等设备。国外目前航空遥感的发展趋势以高空空间分辨率、高光谱分辨率和多波段的遥感器为主。然而由于还没有一种全能的传感器能在各种条件下提供信息，因此，需要将多种传感器配合使用，这种多种传感器组合而成的综合系统是目前较为理想的溢油监视系统。

20 世纪 80 年代中期，雷达卫星（ERS–1,2，RADARSAT，JERS–1 等）的相继发射升空，为溢油灾害事故的监视提供了强有力的手段。20 世纪 90 年代以来，卫星遥感技术得到了较大程度的提高，使用商业卫星图像可实现溢油应急快速反应，利用人工与半自动方法，能够进行 AVHRR 和 LANDSAT TM 图像的复合分析，实现了运用卫星遥感技术对溢油漂移运动的监视。虽然目前全球在轨的遥感卫星数量不断增多，但受卫星重访周期、影像分辨率等因素的限制（而光学卫星容易受到云雾、黑夜的影响），雷达卫星的编程成功率也无法保证，因此，在实际溢油应急监视中，有效可用的卫星数据源仍十分匮乏。尤其是事故初期，很多情况下缺乏数据，造成了应急响应的初始空白期。

目前，世界上许多国家已建立了利用卫星、飞机和船舶监视本国海域的立体监视体系。发达国家拥有比较成熟的溢油遥感监视系统，如美国、加拿大主要是采用航空遥感系统，英国、挪威、荷兰等国家则采用卫星和航空遥感两种手段相结合的方式对溢油进行监视。法国 CLS 公司具备完整的溢油探测和监视空间观测系统，实时接收卫星过境数据，处理分析后将解译报告发给用户。国际上利用卫星遥感等手段监视溢油已被广泛使用，如 2002 年发生在西班牙海域的“威望”号 2.5 万多 t 的溢油事故中，卫星遥感得到了充分应用，获取了大量信息，在掌握污染情况、评估溢油风险及制定应急策略方面发挥了重要作用。

（2）国内情况。国内溢油遥感监测工作起步较晚，国家海洋环境监测中心在“九五”科技攻关和国家海洋局项目的支持下，在溢油卫星遥感监测方面开展了系列研究工作，包括测定不同厚度的原油、柴油和润滑油，不同油品的地物光谱特征研究，并建立了利用美国陆地卫星资料提取船舶泄漏、油井喷发以及油膜登岸等信息的方法，能估算溢油量和污染区的范围。国内海事系统开展卫星遥感监视船舶污染的仅有烟台溢油应急技术中心。2004 年，我国首次对珠江口“12.7”船舶溢油事故进行了卫星遥感监视，此后在 2006 年长岛溢油事故、2007 年“河北精神”号溢油事故、2008 年青岛抗击浒苔以及 2010 年大连“7.16”事故中，卫星遥感监视工作都发挥了重要作用。2009 年起我国开展了对黄渤海海域的卫星遥感监视工作，辅助海事执法，经多年运行，成效显著。2018 年 1 月“桑吉”号事故发生后，国家海洋局调派海监飞机多次对事故现场和油污漂移区域进行大范围巡视并获取了全景影像，并协调多颗卫星对事故周边海域海面溢油情况进行了跟踪监测。目前国家海洋局、交通运输部和中国海洋石油总公司均具有对卫星遥感的解译分析能力，但是我国卫星遥感监视采用的均是国外卫星，对外依赖性较强，导致数据获取的及时性难以保证。

我国相继开展的一些航空遥感监测海面溢油方法的研究，取得了一定成果，例如研制出的机载多传感器集成系统，已用于对溢油和赤潮等海洋环境污染的航空遥感监测。目前国家海洋局、交通运输部和中海油各拥有 8 架、12 架和 8 架可以搭载便携式溢油应急监视设备的载人飞机，搭载的溢油应急监视设备主要以便携式光学溢油监视设备为主，雷达监视设备较少。总体而言，国内航空遥感监视技术水平还不高，对可见光和近红外遥感技术应用于海面溢油研究的很多问题认识不够，需要进一步研究各类油品泄漏后漂移、扩散、溶解、蒸发的各个过程的光谱响应。

目前国家海洋局有 3 艘船舶具有溢油应急监视能力，交通运输部在 4 艘专业溢油应急回收船舶上安装了溢油应急监视雷达，三大石油公司在 15 艘溢油应急回收船上安装了溢油应急监视设备。交通系统船舶监视主要依托海事巡航执法，其监视雷达以引进国外技术和产品为主，国内相关单位正在开展对船舶监视技术的应用研究。

利用岸基雷达监视海上溢油是卫星、航空、船舶等监视海上溢油的重要补充，对提高海上溢油综合监视监测能力具有作用。2014 年，我国自主研发的岸基雷达监视海面溢油系统在烟台市长岛县测试成功，该系统可通过共享 VTS 雷达原始视频信号，实现利用一部雷达来监视船舶和监视溢油两套系统的同步运行，且互不干扰。

2）现存主要问题

（1）溢油遥感监视技术水平有限。目前我国卫星遥感应急监视中，即使有合适的卫星数据，如果数据获取阶段（即从卫星成像到遥感分析人员获取该卫星数据所用的时间）耗时过长，也将导致应急监视的作用大打折扣。而溢油应急监视中常用的合成孔径雷达数据多来自国外，往往易受各种不确定因素的影响而导致数据获取的时效性难以保证。

目前国内对可见光、近红外遥感等光学技术对溢油风化过程的光谱响应原理研究不够深入，利用飞机（固定翼、直升机、无人机）配备红外/紫外扫描仪、机载测视雷达、前视红外成像仪、激光荧光传感器以及船载雷达等对海面溢油进行监视的技术产品缺乏。

（2）沉潜油监视技术近乎空白。沉潜油监测技术在国际上目前属于亟待突破的技术领域，一方面是因为油污处于水下难以被发现，另一方面复杂的海洋环境也对技术和设备提出了更高的要求。目前沉潜油监测技术主要限于实验阶段，仅在墨西哥湾溢油事故中有实际应用，其中声纳技术使用效果较好，其原理是不同物质对声纳波的反射不同，油类物质反射回波较弱，据此来识别溢油。2016—2010 年环渤海海域相继发生多次油污染事故，由于我国沉（半）潜油的监视技术及能力缺乏，水下油污难以发现，给当地旅游业和养殖业带来严重损害，造成了重大社会影响。

（3）溢油预警能力不足。目前，我国已经开发出溢油漂移预测应用系统，有关专业溢油应急机构和海事部门使用的模型可覆盖秦皇岛、天津、上海、深圳、大连等重要港口水域。中国海事局也正在开发可覆盖整个渤海以及日照以北的黄海水域的，基于漂移预测、敏感资源和应急资源的综合预警系统。当前我国溢油事故预测预警主要存在以下两个问题：一是已建成的溢油预测模型覆盖范围有限，主要覆盖渤海、黄海以及长江口和珠江口等典型海域，其他海域无法实现对船舶溢油漂移的有效预测；二是预警系统中的敏感资源和应急资源资料不十分完整，未能发挥其应有的作用。

2. 溢油应急监测技术

1）技术现状

（1）国外情况。美国海岸警备队研究开发中心于 1978 年建立了海洋安全实验室，并设有多个现场鉴定实验室。自成立以来已鉴定了 5700 多起溢油案件，为油污染调查提供了可靠的技术证据。1991 年，比利时、丹麦、德国、挪威、葡萄牙和英国 6 国成立了欧洲海上溢油鉴定系统。日本海岸警备队承担了海上溢油源鉴定和船舶碰撞案件油漆鉴定工作。韩国海洋警察厅也有具体负责溢油源鉴定的专门机构。

（2）国内情况。根据我国现行法律、法规和行政鉴定工作实际情况，我国的涉海机关包括海洋局、渔业局、环保局、海关总署、出入境检验检疫局及海事局等，上述部门都建立了自己的鉴定机构。我国涉海监测鉴定机构统计见表4-2。

我国涉海监测鉴定机构统计　　表4-2

<table>
<tr><th>涉海机关</th><th colspan="2">监测鉴定机构</th></tr>
<tr><td>海洋局</td><td colspan="2">监测站62个，检验鉴定中心3个</td></tr>
<tr><td>农业部渔业局</td><td colspan="2">渔业生态环境监测中心82个</td></tr>
<tr><td>环境保护部</td><td colspan="2">近岸海域环境监测网络成员单位65个</td></tr>
<tr><td>海关总署</td><td colspan="2">化验鉴定机构4个</td></tr>
<tr><td>国家出入境检验检疫局</td><td colspan="2">实验室651个</td></tr>
<tr><td rowspan="2">海事局</td><td rowspan="2">专业监测机构2个</td><td>烟台溢油应急技术中心海事物证鉴定实验室</td></tr>
<tr><td>长江海事局所属三峡库区的船舶流动污染源监测重点站</td></tr>
</table>

我国海事系统内只有两个专业监测机构，即烟台溢油应急技术中心海事物证鉴定实验室和长江海事局所属三峡库区的船舶流动污染源监测重点站。烟台溢油应急技术中心海事物证鉴定实验室负责我国所有水域的船舶污染事故溢油源鉴定和船舶碰撞事故油漆鉴定，以及船舶油水分离器水中油含量的测定。长江海事局所属三峡库区的船舶流动污染源监测重点站，负责航行于三峡库区船舶的日常监测及应急监测，主要开展船舶油水分离器水中油含量的测定。2010年在对长岛不明来源油污进行油指纹鉴定过程中，海事局、海洋局的设备因超负荷运行而损坏，硬件配备不足影响了污染监测工作的顺利开展。无论是船舶污染监测机构的数量，还是已有监测机构的设备和鉴定范围都难以满足应急监测和处置工作的需求。

2）现存主要问题

目前溢油监测仍以海洋为主，交通行业溢油监测能力不足。目前，对环境污染及损害的监测主要以环保、海事部门为主，其中海事部门主要职责是会同海洋主管部门建立健全船舶及其有关作业活动污染海洋环境的监测机制，加强对船舶及其有关作业活动污染海洋环境的监测。自大连"7.16"事故发生后，国务院已经明确了在发生海上重大溢油事故时，无论是陆源还是海上污染都由交通运输部牵头组织应急反应处置工作。而交通运输部目前现有的监测鉴定能力不足，无法满足其职责需要，作为重大海上溢油事故应急处置的牵头单位有必要加强溢油监测能力的建设。

3. 溢油应急清污技术

1）技术现状

溢油应急清污技术是溢油应急反应中的重要环节，它直接影响到现场清污的最终效果和环境的损害程度。各国对清污技术，尤其是现场清污方法都高度重视，并开展了一系列的研究工作。目前的溢油清污技术主要包括溢油围控技术、溢油回收技术和溢油清除技术。

（1）溢油围控技术。油溢出到水面后，在自身重力和风、流以及其他因素的作用下会迅速扩散和漂移。因此，溢油清除的首要任务是有效围控溢油，阻止其进一步扩散和漂移，以减少水域污染范围。溢油围控设备主要是围油栏，按结构和用途分主要有充气式围油栏、固体浮子式围油栏、岸滩围油栏和防火围油栏等。各种围油栏如图 4–2 所示。

图 4–2　各种围油栏

（2）溢油回收技术。溢油回收是指在不改变溢油形态的情况下利用各种手段将油从水面或陆面分离出来，以清除水面或陆面溢油。根据溢油类型和环境的不同，回收溢油所采取的方法手段也不相同，可以用机械装置回收溢油，也可以用吸油材料回收溢油。回收溢油的机械装置有收油机、专业溢油回收船等，吸油材料有吸油毡、吸油拖栏等。各种溢油回收设备如图 4–3 所示。

图 4-3　各种溢油回收设备

（3）溢油清除技术。溢油清除技术是指利用物理、化学或生物方法将溢油从环境当中直接去除或通过改变溢油的存在形态，降低溢油在水体中的污染程度，减少溢油污染损害的技术。主要技术手段包括溢油分散剂喷洒、海面溢油燃烧和生物降解技术等。各种溢油清除设备如图 4–4 所示。

图 4–4　各种溢油清除设备

2）主要问题

通过多年来的努力，目前我国已具备应对港口和近海水域中、小型溢油事故的能力。但从总体上，我国船舶溢油应急体系还不能完全适应国家航运发展与环境保护的要求，特别是在应急清除技术和设备方面发展相对缓慢，清污质量、清污效率等方面与国际先进水平相比存在着较大差距，制约了我国溢油应急能力的建设和发展。主要体现在以下几点。

（1）大型专业应急设备缺乏，设备质量亟待提升。海面溢油清除是事故应急的关键所在，高效快速回收和清除作业不仅可以直接减轻溢油的污染损害，还可以有效降低溢油对海洋生态及岸线的污染风险。目前发达国家基本都配备了专业溢油回收船舶和飞机，而我国在这方面的力量还十分薄弱。以大连“7.16”事故和美国墨西哥湾溢油事故应急为例，美国在事故发生后，立即调用了包括专业溢油应急船舶、遥控操纵潜水器以及飞机在内的大量专业机械化设备参与溢油的回收和分散剂的喷洒清除，为溢油的最终堵漏和清除奠定了基础。在大连“7.16”事故应急中，机械回收溢油的比例很低，主要是靠渔船通过手工的方式收取海面浮油，参与喷洒分散剂的工具仅局限于船舶，没有专门的应急飞机予以支持。一方面是由于目前我国的大型专业溢油应急设备缺乏，专业船舶约 10 艘左右，船舶数量和回收效率不仅落后于美国等发达国家，也落后于日本和韩国等亚洲邻国，而专业应急飞机更是近乎空白，这与我国的高溢油风险水平不相称；另一方面是由于应急设备物资质量良莠不齐，很多应急设备在使用时发生收油口堵塞的情况，不能够连续稳定工作，部分分散剂还出现以次充好等质量问题，这些都严重影响了清污行动的持续高效进行。从溢油应急能力建设长远健康发展的角度考虑，应提高溢油应急设备器材的制造水平，成立应急设备器材检验中心，开展设备器材的检测和质量认证工作，进一步规范和提高应急设备的质量已刻不容缓。

（2）高效先进清污设备缺乏，设备创新研发能力不足。在溢油事故后期，大面积的溢油在风、流的作用下会逐渐破碎和分散，形成很薄的油膜。由于油膜厚度过小，扩散面积大，很难采用物理和机械的方法进行回收。目前，对海面薄油膜的应急处置缺乏有效的清除技术，主要采用喷洒溢油分散剂的方式，而海洋生态敏感区和养殖区对分散剂的使用有严格规定，而且分散剂本身具有的毒性成分也极大地限制了其使用。此外，溢油往往会随风、流上岸造成岸线污染，如何高效地清除岸线油污仍是一个比较难的技术问题。目前较好的方法是利用真空式收油机进行回收，但该方法受地形条件和溢油形态限制较大，通常还是通过人工作业进行岸线清除。对薄油膜和岸线油污的应急处置由于缺乏有效技术手段，而成为现场清污行动中的突出难题，而此类事故由于公众关注度高，社会舆论敏感等因素又往往是政府和主管部门优先考虑的问题。因此开展关于岸线清污设备及标准的研究和制订工作，促进设备制造业研制和改进更为有效的溢油应急设备，研究薄油膜和岸线油污清除的有效技术方法并加强技术推广应用，对于提高我国船舶溢油应急技术整体水平有着十分重要的现实意义。

（3）海上沉潜油应急清污技术缺乏，应急装备亟待研发。近年来，在环渤海的一些城市发生多次沉潜油上岸事故，给当地近岸海域的海水养殖、旅游经济和生态环境造成巨大危害。但当前国内外对溢油沉潜的形成机理、迁移扩散、掺混沉潜及风化过程机理尚未掌握，有关沉潜油的围控、回收和清除等关键技术的研究基础十分薄弱，应急技术装备缺乏。为满足日益严格的海洋生态环境保护要求、改善我国近岸海域水环境质量，亟需开展海上沉潜油的围控、回收及清除技术装置的研发，提高沉潜油的应急清污技术水平。

（4）低温和结冰条件下溢油清除技术和装备缺乏。渤海是我国纬度最高的海域，其水温低于 20℃的时间约占半年，低于 15℃的时间约占 4 个月。另外渤海有 3 个月的结冰期，在冰期一旦原油溢入渤海，均能迅速凝成固体块状。因此，在冬季前后的冰期水域，溢油凝固的情况下，使用消油剂效果不理想。如果采用焚烧方式，一方面低温不容易点火，另一方面环渤海是人口密集、工农业活动繁忙的地区，焚烧可能会带来诸多负面效应。而当前国内的生物修复技术缺乏耐低温的菌种，发展低温结冰水域的生物修复技术尚需一定时间，此外常规的溢油应急设备也并非所有都适用于冰区作业，特别是对高黏度和固态溢油，一些回收装置在冰区的收油效果大打折扣，因此，急需加强针对渤海冬季冰区溢油机械清理技术和装备的研究。冰区溢油机械回收作业主要受冰密集度影响。根据国际经验，在没有破冰船协助时，撇油器只能在冰密集度4成以下的条件下工作，典型情况是1成冰；有破冰船协助时，可以在冰密集度9成以下的条件下作业。因此，提出以下建议。

①重视低温条件下油品的物理性质研究。机械回收效率涉及回收设备材料同油品性质之间的关系，其中油品黏性非常关键。目前对渤海油田原油、经过渤海输运的原油的物理性质都缺少系统数据，限制了机械清理技术设备的发展和改进。

②深入开展不同机械清理技术效率的研究。机械回收设备和技术有多种形式，不同情况下，这些设备独立使用、联合使用或者同其他技术结合使用，可以提高回收效率。已经开展的研究积累了一定经验，但对于冰区溢油清除还需要深入研究。

③破冰船协助清理的配合方案。需要考虑建造或购买适用于冰区的多功能溢油回收工作船。在冰密集度大的条件下作业的小型设备，应有破冰船参与协助。

（5）应急清污新技术研究滞后，实验认证工作亟待加强。随着石油贸易的增长，对石油开发和储存的需求也在逐渐加大，这进一步增加了溢油事故类型的复杂性和不确定性。溢油源已从船舶和平台逐步扩展到石油储备基地等陆源设施中，以往传统的清除技术已不能完全适应溢油风险事故的应急处置需求，为此很多国家着手开始了新应急清污技术的研究和实践工作。在美国墨西哥湾“深水地平线”钻井平台溢油事故中，美国及英国BP公司首次使用了可控燃烧技术和水下喷洒消油剂技术，并在实际行动中取得了很好的效果。此外，为了保护敏感资源，美国还临时修建了大量的围栏沙坝和人工岛来阻止溢油漂向重要湿地等敏感资源。在大连“7.16”事故应急中，我国除使用了传统的收油机和溢油回收船以外，更多的是采用人海战术，说明我国在应急清污新技术方面的研发工作较为滞后，溢油应急新技术、新方法的实验认证能力不强。如何加强对溢油应急清污新技术的研究与投入力度，建立健全专业船舶污染应急技术研究中心和海事重点实验室系统，从而切实提高我国溢油应急能力也是海事部门亟需解决的问题。

（三）沉船存油应急处置技术

1. 技术现状

在对沉没船舶实施打捞作业时，为避免油污染事故的发生，需及时对其存油进行水下抽取作业。对于货船来说，主要是抽取船用轻油和重油；对于油轮来说，除了船用轻油和重油外，更重要的是对其装载的油品进行抽取。沉船存油回收主要作业工艺环节包括：事故现场勘测、确定作业点、作业表面处理、设备锚固、钻孔作业、抽油作业、作业口封堵等。如果舱内的存油由于油品、温度等原因处于凝固状态，在抽油作业前或作业过程中还需进行凝固油加热。

目前沉船存油处置作业主要有潜水员操作钻孔机及抽油机作业和水下机器人（Remote Operated Vehicle，简称 ROV）辅助水下钻孔抽油一体化机作业两种模式。目前国内外常规的作业模式都是由潜水员去完成水下勘察、清理、设备安装、作业拆卸等各作业工艺环节，我国目前成功实施的水下钻孔抽油案例基本上都是基于潜水员的作业模式。然而，受限于潜水员的作业深度（一般在 60m 内）、作业强度等问题，国内外开始研究自动化程度较高的沉船存油回收作业系统，尤其是近年来随着 ROV 技术的发展，发达国家开展了基于 ROV 深水沉船溢油处置系统研究，包括挪威 FRAMO 公司、芬兰 LAMOR 公司等，其中 FRAMO 公司的 ROLS 系统成功作业的案例较多，但出于商业利益考虑，国外公司拒绝向外转让这些设备和技术。美国和新加坡等国也相应配备了能够进行水下沉船抽油作业的高性能抽油泵和配套转运装备，包括不需要潜水员的深水抽油遥控技术等，水下开孔抽油有效作业深度达 1100m。

我国 2012 年启动的国家科技支撑计划课题“深水溢油事故处置机器人研制”，研发了水下钻孔抽油一体化机以及由 ROV 辅助该设备进行水下钻孔抽油的作业模式。目前国内 ROV 最大工作水深可达 3000m，但水下钻孔抽油一体化机目前最大作业水深仅 100m。交通运输部救捞局已经购置了几套水下抽油设备，在近年一些沉船存油的抽油工作中发挥了一定作用。如 2002 年，交通运输部上海打捞局在南通港利用水下抽油设备，成功将沉船“ALTIS”轮内 350t 重油抽出；2010 年，上海打捞局在成山头海域利用水下抽油设备，成功将沉船“Bright Century”轮内 373t 存油抽出。2018 年 1 月 “桑吉”号事故发生后，交通运输部上海打捞局部署水下机器人（ROV）开展水下勘察，ROV 累计作业时间 16h 48min，使应急处置人员重点了解掌握了“桑吉”轮船体破损情况，并根据水下机器人勘察情况，研究制定了水下残油清除方案。ROV 辅助水下钻孔抽油一体化机作业如图 4-5 所示。ROV 携带水下钻孔抽油一体化机如图 4-6 所示。

2. 主要问题

近年来，通过不断的实践和创新，我国在水下抽油技术研究方面取得了一定成绩，但其中仍有部分难题没有得到有效解决，特别是大深度环境下的沉船抽油，对其重质燃油或原油的加温仍存在较大困难。目前，我国采取的对沉船重质燃油和原油的加温，均采用连接管将上面锅炉内的蒸汽或热水注入油舱的方式，一方面水越深、温度越低，蒸汽或热水在中途丧失的热量越多，剩余热量对重质燃油和原油的加温效果就越差；另一方面，由于重质燃油和原油的流动性与传热性差，使得外部输入的热能只能传递至极为有限的区域，这就有可能导致对同一个油舱抽油时需在多处开洞、加温，才可能将油舱内的残油抽尽。传统作业模式中潜水员受水深、潜水时间、劳动强度、气象条件的限制，作业效率及回收效果受很大影响；ROV 辅助钻孔抽油一体化的作业模式能够在深水环境下全天候作业，包括水下加热作业，是目前国内外沉船存油处置的发展方向，但国内基于 ROV 的沉船抽油技术产品目前无实际应用案例，且水下作业深度不超过 100m。

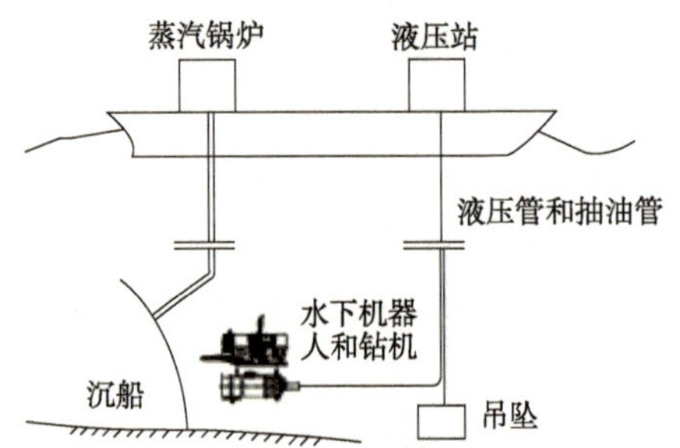

图 4-5　ROV 辅助水下钻孔抽油一体化机作业

图 4-6　ROV 携带水下钻孔抽油一体化机

（四）船舶危化品运输泄漏应急技术

1. 技术现状

危险化学品（HNS）种类较多，应急处置技术复杂，部分危险化学品对人类健康还会造成较大伤害，针对船舶化学品污染应急处置的技术和方法较为有限。随着危险化学品运输量日益增加，世界各国逐渐开始重视危险化学品污染应急技术的研究。

1）国外现状

（1）美国。美国有关危化品泄漏应急技术的研究主要集中在美国环保局（EPA）、国家大气与海洋局（NOAA）所属的庞大研究系统中。以 EPA 为例，其直接管辖 7 个国家实验室（研究中心），开展大量基础性和应用技术研究，如毒性机理国家实验室（研究中心）（NERL）主要系统研究各种化学品污染物在环境中对生物个体、群体、生态系统的致毒机理并建立数学模型；化学品安全与防污染国家实验室（研究中心）主要基于化学品安全管理对化学品基本物化性质、环境污染特性进行系统实验研究分析；同时，EPA 各地方分支机构各自拥有独立的 10 个综合专业实验室。针对环境应急工作，EPA 牵头成立了环境应急实验室网络（ERLN），广泛联络美国国内各系统、各地区的同类实验室，以便共享资源、共同发展。近年来，美国加强了突发事件应急管理工作，特别是“9·11”事件后，美国改组了政府机构，EPA 也成立了国家风险管理研究实验室，在危险识别和评估、风险管理、物资管理、指挥控制协调、通信预警、行动程序、后勤装备、训练、演习、公众教育、资金管理等方面对政府应急工作提供技术支撑。

危化品监管方面，海岸警卫队作为综合执法机构，统一管理公海和美国水域的一切执法事务；海岸警卫队在主要港口一般都有派驻机构，负责水上交通管理、爆炸品和危化品运输、装卸作业的监督、港区安全保卫等。

危化品应急方面，针对水运危化品的特点，海岸警卫队开发了化学品危害应急信息系统（CHRIS）。该系统由手册、危害评估计算机系统（HACS）以及在 USCG 总部的技术支持队伍 3 部分组成。其中，CHRIS 手册近 3000 页（1999 年版本），提供了全面的化学品参数，包括每种化学品的不同命名法、命名的名称、CAS 编号、基本的物理化学性质、危险水平和特征以及与应急有关的健康危害、火灾和反应性危害、急救措施、运输类别等信息。此外，“水运散装化学品数据导则”（1990 年版本）400 余页，提供了 300 多种“散装危险化学品”的数据资料，包括基本信息、火灾、健康及反应性等方面的危害信息。美国国家海洋和大气管理局和环保局应急作业的计算机辅助管理系统也可用于危化品泄漏应急计划及其治理，包括 4000 条化学数据库、空气烟尘轨迹模拟分析模型及提供地理参考资料的数值图应用程序。美国 ASA 等技术咨询公司开展了水动力学模型研究，并基于水动力学模型开发了危化品模型（CHEMMAP），可以模拟化学品在水体中的三维动态扩散。此外，针对海上危化品泄漏后跟踪监测及快速检测问题，美国新墨西哥州的 PetroLaser 公司采用差分吸收激光雷达通过地形反射进行遥感监测，可对 1mile（1.61km）范围内的丙烷泄漏实时追踪。美国与新加坡、法国海军联合开发了无人艇，配备可做 360° 转动的防撞摄像机以及红外摄像机、导航雷达和全球定位卫星系统，可完成多项海上危化品快速检测任务。

（2）日本。建设情况方面。日本政府非常重视船舶 HNS 事故应急能力建设，于 2006 年对海洋污染与海上灾害的防治法及其实施规则进行了修改，重点补充了关于船舶 HNS 的相关内容。要求从 2008 年 4 月 1 日开始，在东京湾、伊势湾、大阪湾等由日本国土运输部确定的特定水域航行的 150 总吨以上载运液体 HNS 的船舶，其船东必须配备 HNS 泄漏事故应急设备物资和具有资质的专业人员。

鉴于 HNS 的燃爆性很容易引起火灾且有毒性，外援靠近较困难，即便船上配备设备设施也不能有效地发挥作用，故日本专家建议将应急处置设备放在事故船外。因此，日本规定船东要把设备配置在能够在2h内到达事故船所在地的场所，全日本设置了规模不同的25个设备配备基地。

配备原则及能力指标方面。日本原则上着重考虑HNS的水环境行为进行设备的配备。依据HNS理化性质的不同将HNS归属为5种环境行为，即挥发性物质、水面漂浮性物质、水体中漂移性物质、水中溶解性物质和沉淀性物质。

日本用防灾应对能力来评价设备配备的能力水平，包括清控、消防和安全措施3个方面的能力指标。其中，清控措施能力指综合清污设备的配备能力，主要包括回收和吸附能力。消防措施能力指防止火灾的设备配备能力，主要用泡沫灭火剂的发射能力及专业人员的人数来衡量。安全措施能力指防毒设备的能力，包括个人防护设备和有毒气体检测仪的配备量。日本海上灾害应对能力建设要求见表4–3。

日本海上灾害应对能力建设要求 表4–3

能力指标		能力等级	配备标准
清控措施能力	清除能力（kL/天）	A	1800
		B	900
		C	450
消防措施能力	发泡能力	A	6000L/min，持续60 min以上
		B	6000L/min，持续60min
		C	400L/min，持续30min
	专业人员	A	8人以上
		B	4~8人
		C	2~4人
安全措施能力	保护用具(套)	A	18
		B	12
		C	6
	气体检测仪（台）	A	3
		B	2
		C	1

设备配备情况。日本根据5种不同环境行为所采取的应急措施的不同，对应急设备的种类进行了说明（表4–4）。针对具有燃爆性和毒性气体溢出的物质，要追加配备以下设备：气体检测器（检测燃爆性和有毒气体的浓度和影响范围）、人员保护的防护衣和防护设备、固化剂（抑制火灾性气体发生）、有放水能力的船和拖船。

HNS 水环境行为分类、清控措施及其所需设备种类　表 4-4

物质分类	分类指标	清控措施	设备器材
挥发性物质	短时间内在大气中蒸发的物质[相对密度比水轻、20℃蒸汽压 >20mmHg（2.67kPa）]	控制蒸发——凝胶泡灭火材料；蒸发抑制——高分子聚合物、粉末状乳化剂；回收——回收网、回收装置	围油栏、固化剂、取样材料、有放水能力的船舶
水面漂浮性物质	持久逗留在水面的物质[不能溶解，相对密度比水轻、20℃蒸汽压 <20mmHg（2.67kPa）]	防止扩散——围油栏；控制蒸发——凝胶泡状灭火材料；蒸发抑制——高分子聚合物以及粉末油凝胶剂；回收——回收装置、回收网；促进蒸发扩散——放水	围油栏、取样材料、回收器材、回收装置
水体中漂移性物质	持久逗留在水中的物质（不能溶解，相对密度与水相同）	防止扩散——防止扩散材料；中和和无害化——各种药物；回收——回收装置	防止扩散材料、取样材料
沉降性物质	在水底停留持久的物质（不能溶解，相对密度比水重）	防止扩散——防止扩散材料；中和和无害化——各种药物；回收——疏浚、回收装置	防止扩散材料、取样材料、水泵、疏浚装置
溶解性物质	短时间内在水中溶解的可溶性物质	防止扩散——防止扩散材料；中和和无害化——各种药物	防止扩散材料、取样材料

目前日本尚没有统一的应急设备配备量标准，要求是由船东根据自己实际情况确定委托配备数量，但是需将配备的情况上报相关部门审查确认。在日本海洋污染及海上灾害防止法律试行规定中规定了船东必须配备的一些设备的最低数量。如有害气体测定装置 1 套以上；放水能力在 1000L/min 的放水船一艘以上；围油栏 A 的长度为船体长度的 1.5 倍以上；油回收装置一套以上。

（3）欧盟。德国、荷兰等一些大型且发展比较成熟的港口，在港口危化品货物储运监管方面大多实现了网络管理，建立了港口船舶档案库、仓储查询系统以及危化品船舶动态监控系统，在安全管理上与消防部门联合，对出现的问题紧急处理。德国、荷兰两国港口通过港口群的建设建立了应急控制中心，如鹿特丹港的控制室装有目前全球最新、最权威的危险货物资料库，包含有上万种化学品的品性资料、对应的应急措施和医疗急救等信息。控制室里装有最先进的设备，与各控制点联网以便信息更新。如果发生紧急情况，可立即调出相关资料，用正确的处理方式进行应急指挥。

英国海事和海岸警备局根据港口码头提供的整体污染风险评估、船舶（类型、大小等）、有毒有害物质物种（类别和数量）、IMO 的九类危险货物和环境敏感性等资料，组织专门机构和实验室开展了港口码头的风险等级评定、相关工作人员素质和演习培训等方面的技术研究，从而提高了港口危化品储运的风险防控水平。

在专业实验室方面，针对危化品跟踪监测和快速检测，德国物理测量技术弗劳恩霍夫研究所采用卤化银纤维传感器监测氯化烃类危化品。爱尔兰都柏林理工学院开发了一种应用锥形纤维的传感器，用于危化品的浓度检测。波兰雅盖沃大学采用中子活化技术开发了危化品水下监测系统，可用于监测海水中危险化学品的浓度分布。针对危化品泄漏扩散，荷兰技术研究中心 TNO 对危化品事故后果评估、荷兰 DELFT 公司关于污染物扩散追踪模拟以及 GEXCON 公司对危化品气体火灾爆炸的数值模拟技术都居于世界领先水平。

2）国内现状

由于危化品种类繁多，理化性质各异，与溢油应急技术相比，我国在危化品泄漏应急技术的研究和应用方面起步较晚，基础也相对薄弱，尚未建立完整的应急技术体系和技术标准体系。随着我国经济的发展，危化品运量增加迅猛，危化品泄漏应急的防控和处置等问题已引起我国相关部门的重视。

（1）风险防控方面，为加强危化品运输的安全监控和监管，我国已运用的技术包括：①危化品船舶动态跟踪技术。即在电子巡航平台上，开发危化品船舶动态跟踪软件，实现危化品船舶全程定位、航程预计、过境提醒、一类危化品船舶全程维护等功能。此技术的应用，增强了对危化品船舶监视监控能力，同时也提高了对危化品船舶航行、停泊、作业安全监管的有效性。②危化品分类监管技术。以长江海事局为例，该局根据辖区危险货物的运输情况，对危险货物水上运输风险实施动态评估，制定并发布《长江海事局危险货物分类监管指导意见》《长江海事局辖区散装危险货物分类结果》，对载运第一类危险货物的船舶实施全过程动态监管，对载运第二类危险货物船舶实施航行动态跟踪，对载运第三类危险货物船舶实施重点水域跟踪，对载运第四类危险货物船舶实施动态报告制度。对于装卸不同类别危险货物的码头、运输船舶采取不同安全检查措施。③危化品水路运输应急辅助决策支持技术。即针对主要的危化品种类，开展危化品理化性质研究，建立危化品泄漏漂移扩散预测模型，并集成辖区的敏感资源数据库、应急资源数据库，通过上述系统的集成，为事故发生时的应急决策提供相应的技术支持。该技术目前仅在岳阳等地建立了示范工程。

（2）跟踪监测与快速检测方面，国内的研究主要集中在发现危化品泄漏后的应急处置，对于实时监测、快速检测方法和设备开发的研究极少。中北大学测试技术国家重点实验室开发了一种基于无线通信和卫星通信系统的移动危化品远程监控系统，利用不同位置安放的各种微型电子机械系统传感器及时获得运输信息，从而能在监测到异常情况时做出迅速反应。经实际测试，该监控系统满足精度要求。然而，该项研究虽然能够完成移动危化品的在线监测和定位，但其主要基于陆上危化品的运输，没有将海上的气候特点和水上交通工具的运行特征考虑进去，大大降低了该套系统在水上危化品监测方面的应用适应性。无人危化品现场快速检测设备及其方法为国外研究热点，但该设备需要搭载十几种采样、检测、动力供给等相关设备，且需要小型化平台以降低能源消耗，目前国内现有船只无法满足上述要求。

（3）污染损害预测预警方面，国家海洋环境预报中心等单位对危化品泄漏扩散开展了数值模拟预测研究，并用于天津危化品爆炸、311 日本福岛核泄漏等事故的应急服务保障，但由于危化品海洋生物毒性数据缺乏，上述研究主要集中于危化品泄漏后漂移扩散预测方面，未能实现对海洋生物和敏感生物环境的分级分类定量预警。

（4）应急处置方面，目前对于漂浮类、溶解类、挥发类、沉淀类不同类型的化学品，采取不同的应急技术。对于挥发类化学品，泄漏应急比较困难，根据有毒蒸气对人员伤害剂量标准，将区域按照危害程度的不同分为不同的危险区域，如致伤区、重伤区和致死区，为防止毒气对周围人员的伤害，应通过模拟监测等设施，建立危害程度区域，对危害区域内的人群实施掩蔽或疏散措施。对于沉淀到水底的有毒化学品可分为 SD 类和 S 类，其中 SD 类能溶于水，S 类不溶于水，对于 S 类物质可用捕捞设备回收，由于 SD 类比 S 类在水中溶解得更快，应尽快回收，常用的捕捞设备有水力捕捞设备和气动装置两类。对于类油类的化学品泄漏一般认为能借用溢油应急设备进行处理。对于溶解类的化学品应急处置，一方面应监测其浓度以便跟踪其他扩散和漂移，并评估对周边取水口、渔业的危害；另一方面，对于某些可溶性的化学品泄漏，一般应尝试使用反应试剂处理，减缓或“中和”其对人类和环境的有害影响，但总体来讲，溶解类的化学品应急处置技术尚不成熟。

2. 主要问题

1）尚未建立系统性的危化品码头风险评估技术

目前，在码头运输危化品准入方面，尚未建立一套完整的危化品运输风险评估和准入制度体系。为从源头上降低危化品水上运输污染事故的发生，建议开展危化品码头风险评估技术研究，制定一套科学评估码头危化品接卸危害和由此导致事故风险的评价体系，在此基础上明确危化品在港口码头接卸的准入条件。

2）基于信息化的危化品水上运输监管技术尚未全面推广

目前，海事主管部门并未完全普及电子客货系统，很多港口的危化品运输种类和数量均由人工统计完成，统计工作相当繁琐且容易发生错误。由于家底尚未摸清，船舶危化品运输活动的监管体系尚未建立，海事主管部门不能随时掌握辖区内的货物运输情况，无法及时分析应对辖区内危化品风险来源和危险程度。此外，在制定应急预案和应急措施方面，也缺少科学依据。

3）危化品应急处置技术存在较多难点

跟踪监测与快速检测方面，目前国内外研究主要针对陆上单种或几种危化品的监测，针对危化品种类较广的监测设备和方法极少，且缺乏对危化品泄漏实时监测的方法研究和设备开发。目前国内现有船只无法满足多种设备固定及小型化要求，无法实现水上危化品泄漏的现场快速无人检测。

污染损害预测预警方面，现有研究主要集中于危化品泄漏后漂移扩散预测方面，未能实现对海洋生物和敏感生物环境的分级分类定量预警。

应急处置方面，由于危化品种类繁多，没有一种普适的危化品应急处置技术方法，现有应急处置技术均将危化品分为漂浮、溶解、挥发和沉淀类等 4 类进行处理。目前认为只有类油类的化学品水上泄漏事故能够借用溢油应急设备处理，对于溶解类的化学品应急处置技术尚没有较好的办法。

二、技术发展需求分析

（一）有关法规文件要求

2014 年国务院办公厅印发的《推进长江危险化学品运输安全保障体系建设工作方案》中提出：“加强危险化学品安全管理和应急处置技术研究，支持关键技术研究与重大装备研制，鼓励新产品、新工艺和新技术开发，促进科研成果的转化和推广应用。制定完善相关标准规范和危险化学品应急处置技术指南。”

2015 年国务院颁布的《水污染防治条例》中的第四条“强化科技支撑”，提出需攻关研发的前瞻性技术，包括危险化学品事故和水上溢油应急处置等技术。2015 年交通运输部出台的《船舶与港口污染防治专项行动实施方案（2015—2020 年）》中的第九条“提升污染防治科技水平”，提出“重点开展船舶与港口污染物监测与治理、危险化学品运输泄漏事故应急处置等方面的技术和装备研究”。2016 年交通运输部和国家发改委联合印发的《国家重大海上溢油应急能力建设规划（2015—2020 年）》，提出“加大沉潜油监视监测及清除、恶劣气象与高海况条件油污回收、滩涂溢油清除技术及装备，可生物降解型吸附材料等溢油应急技术、装备和材料的研发，提高溢油应急设备质量”。2018 年 3 月交通运输部发布了《国家重大海上溢油应急处置预案》，提出“国家重大海上溢油应急处置部际联席会议成员单位应当鼓励和扶持科研机构有针对性地研发溢油应急相关技术，扶持在溢油应急技术领域拥有自主知识产权和核心技术的企业，增强溢油应急关键技术研发能力，推广先进科研成果”。因此，开展船舶污染事故应急技术研究是落实有关国家法规和行业文件的相关要求。

（二）风险态势分析

根据相关规划和预测，至2020年，我国沿海港口与航运业规模将保持继续增长，布局将不断优化，结构将进一步调整，中国将实现水运业的现代化，实现由航运大国向航运强国的转变。

一是港口吞吐量将继续增长。根据最新交通运输部有关预测，2020年全国沿海港口总吞吐量将达到约103.8亿t，年均增长率约5.3%。港口吞吐量的增加将带动船舶流量的上升。

二是油品和危化品运输量将大幅增加。根据交通运输部最新有关预测，我国将在天津、唐山、烟台、日照、连云港、泉州、漳州等地港口布局并建设30万t级以上原油泊位；到2020年我国海运原油进口量将达到4.3亿t，比2015年增长28%。2014年我国船舶载运包装和散装危化品进出港运输量为23.9亿t，相比2006年增加了约22.5%，且危化品运量还将继续增长。

三是船舶大型化趋势仍在继续，不同类型船舶有所差异。对全球海运船队发展趋势研究表明：油船以20万～30万t级的巨型油轮和1万～12万t级的成品油船为主，未来数年吨位结构不会有较大变化；非油船中，邮轮、干散货船、集装箱船、LNG船、滚装船的大型化仍在继续，杂货船的船型结构在未来几年不会有太大变化。

十三五期间，随着港口吞吐量的增加、船型吨级的提升、油品和危化品运输量的增长、航运业的空间集聚，我国管辖海域发生船舶港口污染事故的风险将有一定上升。因此，必须尽快加强对先进高效的溢油和危化品应急处置新技术、新产品的研发。

（三）技术发展趋势分析

船舶污染突发事故具有跨国性、不确定性以及流动性强等特点，自大连“7.16”事故、“桑吉”号事故发生后，船舶、港口事故污染防控逐步成为国家及社会关注的重点和热点。目前，国际上针对溢油污染由最早的应急处置技术向溢油监视监测、预测预警、决策支持以及风险评估技术发展，由海面溢油应急处置向沉潜油监测、应急清污技术以及大深度环境下的沉船抽油技术发展；水上危化品运输泄漏由风险防控向防控和处置并重发展。船舶污染事故应急处置作为国际上船舶防污染领域的研究热点，美国、日本和欧洲等国家或地区，目前关键技术发展迅速，相关标准日趋完善，已实现了“海陆空”立体监视网络体系，并研制出了多功能危化品泄漏应急处置船舶、泄漏快速封堵技术装备、高效回收 - 分离一体化处置装备和吸附材料，水下钻孔抽油最大作业水深已达 1100m。我国在溢油应急立体监测、大规模溢油和危化品泄漏应急处置、大深度沉船抽油技术等方面与发达国家还有较大差距。

三、技术框架体系及分类

船舶污染事故应急技术框架体系及分类主要包括应急技术标准体系和应急技术及装备体系。船舶污染事故应急技术及装备体系包括溢油和危化品泄漏事故应急技术。

（一）技术标准体系

国内溢油应急技术标准主要为交通运输部颁布的 16 项行业标准，包括溢油综合标准、分散剂技术标准、溢油监测技术标准、应急物资配备标准、溢油污染评估标准、围油栏技术标准、收油机技术标准以及吸油材料技术标准等。目前，我国溢油应急技术标准较为缺乏，部分标准不够完善，例如围油栏标准缺乏针对现场应用制定选型、吸油毡标准适用范围较窄、分散剂标准在现场试验及实际操作使用方面指导不足，此外现有标准体系尚未涉及设备现场应用选型、生物修复标准、清洗剂标准等。在危化品应急方面，由于尚未形成完备的技术体系，因此缺乏相应的技术标准。

（二）溢油应急技术体系

溢油应急技术主要包括海面溢油监视预测、监测预警、应急处置以及沉船存油抽油技术。目前，存在溢油应急航天遥感监视对国外卫星依赖度高，机载和船载遥感设备国产化技术不足，应急设备环境适应性不强、机动灵活性不足、智能化程度不高，应急处置技术水平有限等问题。此外，对于沉潜油如何开展监测预警和防控，无论从技术还是装备方面，都面临着巨大的技术难题。对于大深度环境下的沉船抽油，对其重质燃油或原油的加温仍存在较大困难，此外，基于 ROV 辅助钻孔抽油一体化技术的水下作业深度与国外还有一定差距。

（三）危化品应急技术体系

船舶危化品运输泄漏应急防控与处置技术应从源头控制，应急防控、应急处置和损害评估等方面建立其全过程的风险管控体系。①源头控制方面，应加强码头运输危化品准入条件的研究，建立危化品码头风险评估技术体系，评估码头危化品接卸可能导致的风险及应采取的风险防控措施，从源头上控制危化品运输风险。②应急防控方面，应加强危化品运输的安全监控监管，推广基于信息化的危化品水上运输监管技术，在电子巡航平台上，运用危化品船舶动态跟踪软件，实现危化品船舶全程定位、航程预计、过境提醒等功能。同时应根据不同的危险特性对危化品船舶实行分类监管，对载运毒性较大的危化品的船舶实施重点监管。③应急处置和损害评估是未来需重点开展研究的技术方向。由于危化品种类繁多，理化特性各异，危化品泄漏极易对生态环境和人民健康造成严重影响。然而目前我国在危化品事故应急处置过程中还存在着应急技术水平不高、装备设施缺乏、处置能力不足等诸多问题，因此加强危化品应急处置和损害评估具有十分重要而紧迫的现实意义，具体来讲，包括危险品泄漏事故跟踪监测和现场快速检测技术、预测预警与决策支持技术、应急处置技术及装备研究等方面。船舶污染事故应急技术框架体系及分类图如图 4-7 所示。船舶污染事故应急技术方向分类见表 4-5。

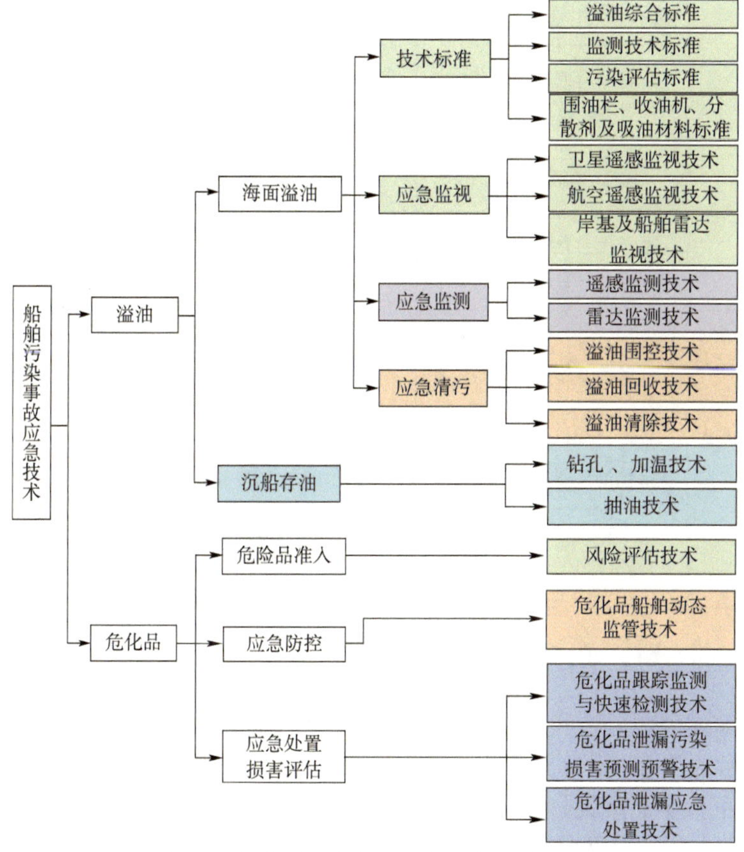

图 4-7　船舶污染事故应急技术框架体系及分类图

船舶污染事故应急技术方向分类　表 4-5

技术类别	技术方向	主要问题
前沿技术	溢油遥感监视技术	卫星遥感监视均采用国外卫星，依赖性较强；航空遥感监视工作起步晚，技术不够成熟；船舶监视雷达以引进国外技术产品为主
	低温和结冰条件下溢油清除技术	对于渤海冬季冰区的溢油清除，特别是高黏度和固态溢油的回收缺乏有效技术和装备
	海上沉潜油监测预警与防控技术	国内外有关沉潜油防控技术的研究基础十分薄弱，应急产品近乎空白
	基于 ROV 钻孔抽油一体化技术装备	大深度环境下的沉船抽油，对油舱开孔、原油加温和抽取存在较大技术瓶颈
	危化品泄漏事故应急处置与损害评估技术	监测技术手段缺乏，预警预测水平不高，应急装备设施针对性和有效性较差、处置能力严重不足
先进成熟技术	岸基雷达监视监测溢油技术	尚未全面推广
	基于信息化的危化品水上运输动态监管技术	尚未全面推广
需要继续改进完善的技术	溢油应急处置技术与装备	大型专业及高效先进清污设备缺乏，设备质量亟待提升，设备创新研发能力不足；应急清污新技术研究滞后，实验认证工作亟待加强
	消油剂的替代技术和产品	内河已禁止使用
	码头运输危化品风险评估	船舶溢油事故已有相应环境风险评级体系，但危化品事故的风险评价体系尚未建立

四、前沿技术的科研攻关方向

根据前述问题分析和未来的技术发展需求，具有较强发展潜力的船舶污染事故应急技术的前沿科研攻关方向如图 4–8 所示，主要包括溢油遥感监视技术、低温和结冰条件下溢油清除技术和装备、沉潜油监测预警与防控技术及成套装备、基于 ROV 的钻孔抽油一体化技术装备以及危化品泄漏事故应急处置与损害评估技术。

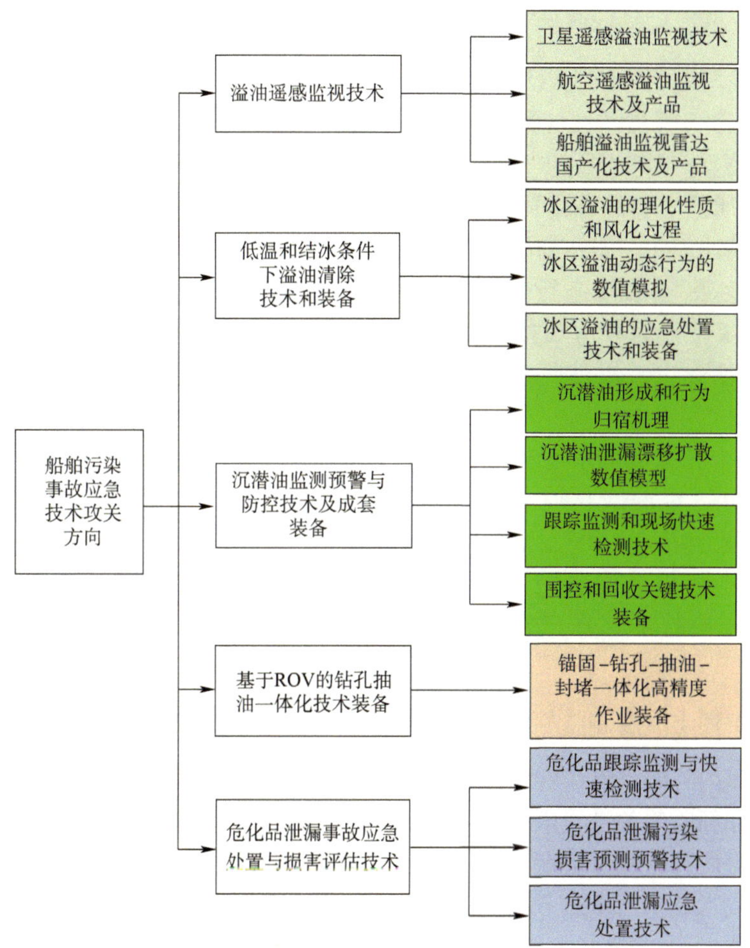

图 4-8　船舶污染事故应急技术科研攻关方向

（一）溢油遥感监视技术

目前，我国溢油应急监视中常用的合成孔径雷达数据基本来自国外，对外依赖度高，易受各种不确定因素的影响而导致数据获取的及时性难以保证。随着遥感卫星的不断发射，未来可用的遥感数据将逐渐丰富。应加快建立与国内外卫星数据服务商的联系和沟通，拓展可用卫星数据的获取渠道，逐步解决溢油应急监视中卫星数据匮乏的问题；同时，加强固定翼、直升机、无人机机载红外 / 紫外扫描仪、雷达、成像仪、传感器等航空遥感溢油监视技术及产品的研发，加大船舶溢油监视雷达国产化技术及产品研发力度。

（二）低温和结冰条件下溢油清除技术和装备

目前我国能用于解决以渤海海域为主的冰区溢油灾害的理论与实验研究的成果很少。因此，开展与冰区溢油清理技术及相关的基础性理论和试验研究工作就显得十分必要。需要进一步研究的主要内容如下。

（1）冰区溢油的理化性质和风化过程研究。针对渤海冰区水温特点和油种类型，对溢油理化性质在渤海冬季冰期条件下的动态变化开展实验研究。

（2）冰区溢油动态行为的数值模拟研究。在现有溢油预报模型的基础上改进溢油行为的数值模拟精度，重点研究冰流、冰油相互作用下的溢油漂移扩散动态行为，以使行为预测更加准确，并研究开发我国冰区溢油预报系统。

（3）冰区溢油的应急处置技术和装备研究。借鉴国外先进经验，大型回收装置是冰区溢油回收技术较有前景的研究方向，根据渤海水深、海冰类型及冰区水温的特点，研究以凝油剂与机械回收相结合、发展大型（破冰船、拖轮）和小型机械回收装置（传送带式、抓斗式、转笼式及拖网式）相结合的溢油回收技术，并充分利用冰区的水温低的特点，研究溢油微生物降解技术。

（三）海上沉潜油监测预警与防控关键技术及成套装备

目前国内外对沉潜油的特性、主要来源及成因还没有完全掌握，沉潜油的监测、围控和回收等关键技术与装备水平十分有限。应开展海上沉潜油的形成与行为归宿机理研究，建立沉潜油三维漂移扩散运动数值预报模型，研制沉潜油污染防控关键技术装备，重点开展沉潜油水下探测预警、跟踪监视、现场快速检测等关键防控技术和装备研究，集成水下通信和水下自主航行技术，构建长期风化油的油指纹检索库，在装备试验研究的基础上，形成“沉潜油成因特性、预测预警、监视监测及回收处置一体化成套技术及装置”。

（四）基于 ROV 的钻孔抽油一体化技术和装备

目前船舶在深水区沉没的风险和隐患不断加大，以长江三峡库区为例，其正常蓄水深度 150m 左右，国内研制的 ROV 辅助钻孔抽油一体化设备作业深度仅 100m，一旦在库区发生沉船事故，潜水员下潜进行抽油机作业的深度达 60m，难以对库区沉船存油进行有效抽取。应开展大深度环境下的沉船燃油、货油及化学品舱钻孔抽油技术研究，研制基于 ROV 辅助的“锚固 – 钻孔 – 加热 – 抽油 – 封堵”一体化高精度作业装备。

（五）危化品泄漏事故应急处置与损害评估技术

危化品泄漏事故应急技术科研攻关方向包括危化品泄漏事故跟踪监测和现场快速检测技术、环境污染损害预测预警与决策支持技术以及应急处置技术与装备（图 4–9）。

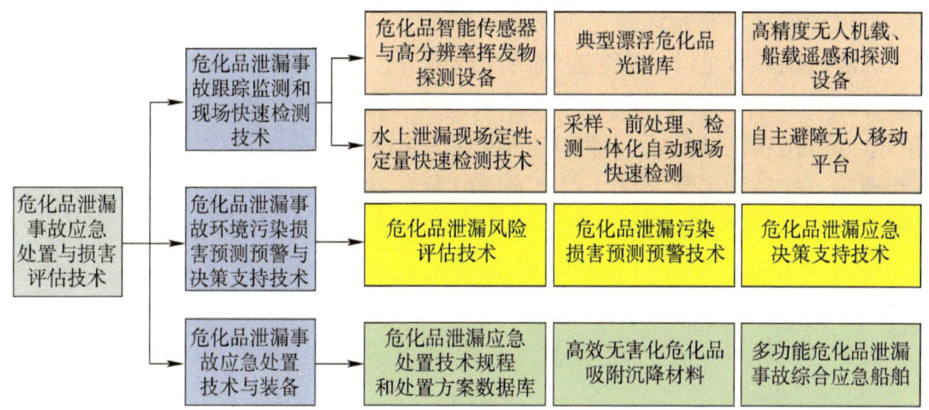

图 4–9　危化品泄漏事故应急技术科研攻关方向

1. 危化品泄漏事故跟踪监测和现场快速检测技术

建议研制适合海洋和内河气候特点的高灵敏度、普适长效危化品智能传感器与高分辨率挥发物探测设备；通过多光源危化品识别模式研究，建立典型漂浮危化品光谱库；研发小型高精度无人机载、船载遥感和探测设备。

建议研究水上泄漏现场定性、定量快速检测方法体系；研制泄漏现场水体和空气自动采样装置，开发集采样、前处理、检测一体的全自动现场快速检测技术与系统；研发自主避障无人移动平台，建立无人现场快速检测系统。

2. 危化品泄漏事故环境污染损害预测预警与决策支持技术

建议开发危化品泄漏综合预报系统，研究船载危化品泄漏风险时空分布规律及动态评价方法，构建风险评估模型；研究典型物种、生境与主要危化品的剂量（浓度）响应关系，结合漂移扩散模型建立污染损害预测预警模型；建立基于最优化决策理论的水上危化品泄漏应急决策模型；集成船舶、环境、应急资源、监测检测等数据，开发基于 GIS 的决策支持信息平台，实现海事部门标准化和业务化应用。

3. 危化品泄漏事故应急处置技术与装备

建议研发主要危化品泄漏应急处置技术规程和处置方案数据库；研制新型高效无害化吸附沉降材料；研制可处置易燃、有毒、挥发和漂移特性的危化品泄漏事故的综合应急船舶，要求该船舶可搭载跟踪监测、快速检测、控制回收与清除等装备。

五、先进技术的推广和鼓励应用政策

1. 鼓励应用岸基雷达监视监测溢油技术

溢油监视监测是环境应急监测的组成部分，是船舶防污染管理工作的重要基础工作，是船舶事故污染防治和生态保护的重要支撑。通过对船舶溢油监测数据的全面掌握和统计分析，将为船舶溢油污染的监管执法、污染索赔以及事故调查处理等工作提供科学支撑。而当前国内沿海溢油高风险区（长江口、珠江口、台湾海峡等）的监视监测能力几乎空白，在很大程度上影响了海事执法业务的开展。应不断完善岸基雷达监视监测溢油技术，鼓励雷达图像处理技术，鼓励使用X波段雷达回波技术提取水面溢油。

2. 鼓励发展危化品泄漏跟踪监测、快速检测、预测预警、应急处置方面关键技术和装备

建议通过设立课题、专项资金等方式鼓励具有我国自主知识产权的危化品泄漏跟踪监测、快速检测、预测预警、应急处置方面关键技术和装备的研发，鼓励危化品应急技术和装备“产学研用”一体化合作，促进危化品泄漏应急处置装置的成套化、智能化，提升危化品泄漏应急处置能力。

3. 推广应用基于信息化的危化品水上运输动态监管技术

建议在海事部门推广应用基于信息化的危险品水上运输动态监管技术，建立水上危险化学品运输动态监管信息平台，推进危化品运输相关基础信息、动态信息的共享，及时掌握危化品的流向和状态，实现危化品运输全程监控、监测预警和应急辅助决策功能，有效控制危化品运输风险，建立完善上下游事故信息通报制度，提高应急处置能力。

4. 危化品码头风险评估应作为危化品码头审批的前置条件

应规范危化品码头风险评估技术，引入第三方评估机构，对码头运输危化品的风险进行评估，并将评估结果作为危化品码头审批的前置条件。

5. 鼓励发展设备检测鉴定第三方机构

随着我国溢油应急自主设备和产品的不断发展，部分产品质量良莠不齐，为了规范应急设备的质量检测，应建立第三方检测机构，这是实现我国溢油应急行业可持续发展的必要手段。检测鉴定机构既能为国家船舶溢油应急设备库建设提供标准化的产品检验技术服务和计量测试，同时也能为政府部门提供技术支撑服务。

六、标准规范体系制修订方案

（一）需要制定的新标准

（1）制定《溢油遥感监视技术标准》。
（2）制定《溢油处置安全防护技术标准》。
（3）制定《溢油污染微生物修复技术标准》。
（4）制定《码头运输危化品风险评估技术规范》。
（5）制定《危化品水上泄漏事故定性、定量快速检测技术标准》。
（6）制定《危化品泄漏事故应急处置技术规程》。
（7）制定《高效无害化危化品吸附沉降材料使用标准》。
（8）制定《水上危化品泄漏应急处置设备配备标准》。
（9）制定《溢油应急设备器材质量检测规程》。

（二）需要修订的标准

（1）修订《船用吸油毡技术标准》(JT/T 560—2004)，进一步细化吸油毡的试验方法，修订吸油毡的适用范围等内容。

（2）修订《溢油分散剂使用准则》(JT/T 865—2013)，补充分散剂的现场试验及实际操作使用指导等方面的内容。

第二节　港区环境污染事故应急技术

一、国内外现状及问题

从事故应急的角度，港区突发性环境污染事件应急处置程序主要包括：监控污染情况、检测污染源、切断污染源、降低污染程度、对泄漏污染物进行围控、污染物回收或消除、污染物的接收处置等；而从事故发生区域来说明，港口污染事故可分为危化品集装箱事故、库区储罐区事故、管线事故、码头事故、装卸站事故等。

（一）港区污染事故应急监视和检测技术

监测报警是污染事故应急的第一个环节，其能为后续应急工作提供准确的事故泄漏物质、规模、毒性等数据。

1. 国外现状

发达国家在研究应急监测技术和方法领域做了大量工作，开发出了各种先进的便携式应急监测设备及基于数学计算的事故处理模型和仿真模拟系统。随着电子工业和仪器设备制造技术的发展，体现在环境应急监测设备上就是仪器越发小型化，能耗低，体小质轻易于携带，而分析水平能接近实验室精度，能实现对现场污染源及监测断面的连续监控。

在具体技术上，目前国外便携式 GC-MS 作为现场监测分析设备也早已普及使用，如西班牙的 Parra MA 等应用便携式 GC 对室内 VOC 尤其是苯系物的检测可达 10^{-12} 级。而各种便携光学式、便携电化学式分析技术与设备也有了大规模应用，国外多家公司如美国 HNU 公司和 HACH 公司，德国 Drager 公司、日本共立公司和北川公司等是具备较完整规模的现场用便携仪器设备研发厂商。

应急监测车是野外监测的重要载体。近年来关于车载便携式 GC-MS 技术用于现场分析的报道很多。英国的 R. J. Beddows 等使用 TOMFS 实现了实时测定苏格兰某地的大气颗粒物浓度；意大利的 J.Arduini 等利用自带预处理设备的 GC-MS 在野外连续测定了挥发性有机物，并且检测限可以低至 10^{-12} 级。结合现代生物技术应用于现场监测是近年来又一个热点。美国的 Wankaya 等报道利用 Bio-Sensor 技术实现了对毒物的早期预警，并提出了 3 个具有良好发展前景的技术，即 DNA 单芯片技术、单细胞生物传感器技术和单芯片免疫法等；来自西班牙的 J.A.Galon 等报道使用生物免疫法实现了对水体中阿特拉津的测定，其利用多细胞抗体做酶的示踪剂，测定时间不到 10min，检测限达到 10μg/L；英国的 Peggy 在野外通过免疫法实现了对土壤中多氯联苯的测定，认为其筛选能力非常可靠。

网络数据库化是现场应急监测技术的发展方向，即通过微型传感器组成监测网络，每个仪器都是一个集成单元或者称为微型实验室，实时传递监测数据，实现对污染源的连续监控。法国的 ARCOB 计划已经开始尝试利用现代化传感器及通信传输系统为海洋污染监控提供技术支持。

应该看到，在环境应急监测技术高速发展同时，国外发达国家对于其质量保证也高度重视，如 EPA 颁布的技术规范中指出应急监测数据要有代表性、准确性和可比较性，相关监测方法要与标准监测法做对照并考虑其检测限、定量限和误差等。

2. 国内现状

1）危险化学品监测

应该看到，与发达国家相比，我国在应急监测相关技术发展上起步较晚，但是发展很快。目前我国对于便携式GC的应用已十分普遍，吕天峰等研究了利用便携式GC-MS测定大气中VOC的方法。在应急监测车的使用上，杨光提出了目前我国在环境应急监测车发展中应注意的问题及发展方向。近年来，天津临港经济区建立了水污染事故快速报警及在线监测系统，对水样采集和预处理、多台新型仪器的数据处理与在线监测系统集成、现场监测基站与应急监控中心的通信控制以及环境污染事件特征污染物快速检测智能化软件工具包的应用进行系统全面的研发，以我国自主研发的新型仪器为主体构建环境污染事件特征污染物在线监测系统。

2013年以来，国家陆续发布了《挥发性有机物污染防治技术政策》《重点行业挥发性有机物削减行动规划》《挥发性有机物排污收费试点办法》等多项政策措施。近年来国家和地方针对大气VOCs出台了一系列标准体系，如《固定污染源废气 挥发性有机物的采样 气袋法》(HJ 732—2014)、《泄漏和敞开液面排放的挥发性有机物检测技术导则》(HJ 733—2014)、《固定污染源废气 挥发性有机物的测定 固相吸附－热脱附/气相色谱－质谱法》(HJ 734—2014)等。北京、江苏、河北、河南、陕西等多省发布了挥发性有机物排放控制标准：陕西省《挥发性有机物排放控制标准》(DB61/T1061—2017)自2018年2月10日起执行，江苏省《化学工业挥发性有机物排放标准》(DB32/3151—2016)、《表面涂装(家具制造业)挥发性有机物排放标准》(DB32/3152—2016)自2017年2月1日起实施。

标准的制定规范了我国挥发性有机物的采样和检测标准，但尚未有应急监测标准的出台。

2）危化品集装箱监测

危化品集装箱作为一种危化品货运的载体，其安全性十分重要。集装箱监测相关的研究最早起源于对公路运输车辆的管理，欧洲一些国家很早就采用RFID (Radio Frequency Identification)技术进行车辆识别，用于交通控制、高速桥梁收费等领域。美国在“9·11”事件后加强了对全球输入美国集装箱的查验力度，并要求进行集装箱全过程监控。鉴于美国在国际贸易中的主导地位，这一决定极大地推动了集装箱监测研究的发展。早期对集装箱内部的监控主要是着眼于温度变化（冷藏）集装箱展开的。2005年北京交通大学的吴志华、唐侦敏设计了一种基于CAN (Controller Area Network)总线的铁路危化品集装箱监测系统，通过CAN总线获取罐箱/槽车的压力、加速度、振动、温湿度等信息，并通过GPRS将监测数据和GPS信息发送给远端的列车中央控制室。2008年上海交通大学的姚振强、秦玉等人开发了一种危化品集装箱物流状态监控系统，除监测运输过程中集装箱的状态外，系统采用RFID技术实现了集装箱在货场及码头的状态监测。但这种检测技术目前尚未推广，距离成熟的商品化还有一段距离。另外，集装箱的种类较多，需要配备不同的监测设备。

相关技术规范方面，环境保护部于2011年正式颁布实施《突发环境事件应急监测技术规范》（HJ 589—2010）。

3）溢油监测

目前可采取的溢油监控方式可以分为跟踪监控方式和仪器监控方式2种。其中跟踪监控方式主要应用于水上监测监控。

溢油仪器监控技术主要有远程遥感和近距离监控2种类型。前者包含卫星遥感、航空遥感和航海雷达监测几大类型，主要用于事故后大范围区域溢油观测；后者主要包含光学（红外或紫外荧光）传感器探测、接触式探测2大类型，主要是对水面点状区域的监控，用于事故的早期预警和敏感区的报警。溢油仪器监控技术中最关键的技术为溢油传感器系统技术。交通运输部水运科学研究院开发出了高灵敏度溢油接触探测器系统及浮标监控系统软件。

3. 主要问题

（1）环境应急监测技术在我国尚处于起步阶段，技术水平与国外先进技术仍有差距。设备产品化程度较低，设备种类不丰富，在港区实际应用程度较低。

（2）在港区污染应急监测方面，目前缺乏统一技术指导规范，对港区内监测技术网络布局不合理，监测单位在仪器选用、方法选取、布点设置、数据质量保证等方面都存在随意性，严重影响应急监测工作的开展。

（3）我国应急监测目标多为单一污染源（甚至对化学品码头的监控设备也以溢油监控为主）。虽然近年来国内外快速检测能力得到了大大提高，但针对化学品的实时监测设备产品较少，对应监测化学品种类较少。针对在石化港区危化品运输货种的情况，相关监测产品对污染应急的支持度都还处于严重不足的状态。

（4）目前港区现场应急监测技术的“网络化”程度不高。由于多元开发、标准不统一，实时的、连续的监测数据不能在统一的数据库平台上得到使用，降低了污染事故应急反应的时效性。另外关于污染事故的恢复和评估（如水恢复、土壤恢复等）的检测也需要增加。

（二）港区大气污染事故模拟技术

港区发生危化品污染泄漏事故时，有可能造成大规模危险性气体污染事故。

为了快速确定事故的发展趋势及可能影响的区域，通常采用大气污染扩散模型，在事故发生后迅速模拟出污染物未来可能扩散路径、影响范围等；利用大气污染扩散模型对影响事故发展的气象因子、存储介质、泄漏速率、泄漏位置等因子做敏感性分析，可以指出哪些因子对事故影响较大，指明救援行动的重点，也可为今后危险物质的存储、运输等工作提供依据。

1. 国内外现状

对于危险性气体扩散的研究工作，国外始于 20 世纪七八十年代，根据复杂程度分为简单的经验模型、中等复杂的工程应用模型以及复杂的研究型模型。

事故发生后，泄漏的危化品与空气相混合，根据所形成的蒸气密度与空气密度的相对大小一般可将其分为浮性、中性、重气 3 类；相应地，描述浮性烟云和中性烟云的应急响应大气扩散模式为被动扩散模式，主要为高斯模式。描述重气烟云的应急响应大气扩散模式为重气扩散模式。重气烟云在扩散过程中，随着时间推移与空气相混合，密度发生变化，重力扩散阶段将逐渐向被动扩散阶段过渡。重力扩散阶段的物理特征主要有重力沉降、空气夹带、能量传递 3 部分。

目前，广泛投入使用的应急响应大气扩散模型主要有 LTA-HGDM 模型、DEGADIS 模型、SLAB 模型、DISPLAY 模型、ALOHA 模型等。复杂模型虽然精确度高，但相应地由于计算量大，从而导致模拟时间较长，并没有广泛地投入实际应用中。目前应用的复杂模型主要有三维 CFD 模型、链模型 2 大类。

2000 年，杨铸等将 DEGADIS 模型用于有毒有害气体动力扩散模型的重气仿真部分，建立了北京染料厂的危险源预警监测监控系统；2005 年 S. Alhajraf 等在科威特油田的实时反应系统中应用 ALOHA 模型；2007 年徐承敏等应用 ALOHA 模型对氯气泄漏扩散进行量化分析，指出其可为职业安全和卫生行政管理部门及企业对有毒化学物进行风险管理决策提供参考依据，并指导制定相应的应急救援预案。

2. 主要问题

突发性大气污染扩散模型存在一定局限性，不能对火灾、爆炸、化学反应带来的副产物进行模拟，存在小风、静风条件下模拟精度显著降低等问题。

对于重气体泄漏，气云由于重力的作用在泄漏源附近几百米范围内向所有方向下沉坍落，如果地形在风侧向和上风向有斜坡，在这些方向上的气云的下沉会更显著。因此，在泄漏源的上风向和侧风向也能出现很高的浓度。工业园区、城

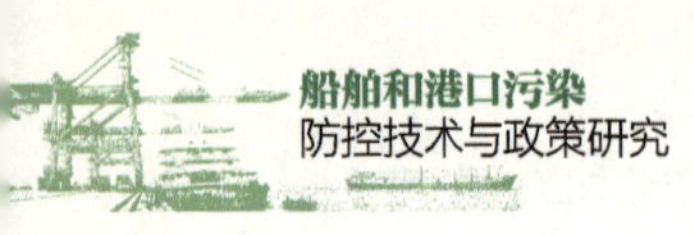

区的建筑物密度大，近街面处风向混乱，建筑附近有涡旋，存在街道峡谷效应等，下垫面情况复杂，会对浓度扩散产生很大的影响。即使是浮质或中性气体，毒性气云也会向各个方向扩散几百米。但出于时效性的考虑，模型采用相对简单的下垫面条件，不能很好地模拟这些下垫面效应。

另外，针对有毒有害气体的长距离运输危害模拟、下沉气体模拟以及有毒颗粒物（氰化钾）扩散模拟，尚需进一步解决。

（三）港区污染事故围控、回收技术

1. 国内外现状

由于危化品种类繁多、理化性质各异，危化品事故应急处置一直是世界性难题。处理《国际海运危险货物规则》中“海洋污染物”的泄漏，还应注意泄漏物不可进入海中，必须在专用场地处理。化学品污染事故应急过程中，应急处置技术的合理选取起到至关重要的作用，首先是要制止泄漏的进一步发生；其次，要防止泄漏物扩散，殃及周围的建筑物、车辆及人群；万一控制不住泄漏，要及时处置泄漏物，严密监视，以防火灾爆炸。①气体泄漏物处置：应急处理人员要做的不只是止住泄漏，如果可能的话，还要用合理的通风使其扩散不至于积聚，或者喷洒雾状水使之液化后处理。②液体泄漏物处理 ：对于少量的液体泄漏，可用沙土或其他不可燃吸附剂吸附，收集于容器内后进行处理。若大量液体泄漏后四处蔓延扩散，难以收集处理，则可以采用筑堤堵截或者引流到安全地点的方式。为降低泄漏物向大气的蒸发，可用泡沫或其他覆盖物进行覆盖，在其表面形成覆盖后，可抑制其蒸发，然后进行转移处理。

1）堵漏技术

液货码头及库区发生的泄漏、火灾爆炸等事故，首先要在保证人员安全的前提下，对事故泄漏和火灾爆炸进行控制。消防部门应针对不同种类危化品火灾事故，选择正确的灭火剂和灭火方法控制火灾，并及时冷却、疏散邻近受到火灾影响的易燃、易爆等危化品，避免衍生、次生灾害发生；其他应急力量应配合消防部门参与灭火行动。发生危险化学品泄漏事故时，在保证抢险人员安全的前提下，应优先考虑堵漏与转驳，控制污染源，同时对水中和陆地上的污染物进行回收处置。

常见的泄漏部位主要有：法兰连接处、管线腐蚀严重部位、应力集中部位、焊口、丝扣连接处和检测仪表连接处。常见堵漏方法有：调整消漏法、机械堵漏法、焊补堵漏法、胶粘剂堵漏法、胶堵密封法；常用堵漏技术有：沙眼、

空洞、仪表连接部位堵漏技术，腐蚀处堵漏技术，法兰泄漏堵漏技术，焊口泄漏堵漏技术，弯管处泄漏堵漏技术和罐体堵漏技术。整体来看，堵漏技术发展较为迅速。

美国环保署在《leak detection methods for petroleum underground storage tanks and piping》中，列举了渗漏孔监测的第二防护层、自动计量系统、油气监测、地下水监测、统计物料平衡、储罐密封性检测和库存控制、人工计量等 7 种方法实施埋地油罐和管道的渗漏监测。其中，前 5 种属于月监测方法（monthly monitoring methods），后 2 种属于临时监测方法（temporary methods），与其检测手段配套的计算机软件和检测元件，经过几十年的发展已经日臻成熟，如美国石油设备公司的神探 1 号和银河系统（galaxy）液位仪控制台和磁致伸缩探棒。

2）吸附技术

目前国内主要使用的化学品应急设备设施主要是吸附材料。其中英必思的应用较为广泛，它是一种交叉连接的烷基苯乙烯聚合物固体颗粒，可用来吸收液态有机化学品，包括：汽油、柴油、变压器油；氯化溶剂包括三氯乙烯（TCE）、多氯化联苯（PCBS）和极性化合物如丁酮（MEK）、甲基异丁基酮（MIBK）等。英必思需进口且价格昂贵，目前国内有英必思的替代产品，例如江苏美达净化环保材料公司生产的化学品吸附剂产品，其依据交通运输部环保中心的检测结果（2012 年 3 月），能对柴油、正己烷、苯、乙酸乙酯等有 6.7~9.5 倍（质量比）的吸附能力。

应急事故水池是化工企业在发生事故、检修等特殊情况下，暂时储存排除废液的水池。针对事故水池的关键问题主要有水池容量、建设位置、液面高程、排水能力等。目前针对库区的应急事故水池主要执行《化工建设项目环境保护设计规范》（GB 50483—2009）（应急事故水池容积确定方法）、《建筑设计防火规范》（GB 50016—2014）、《石油化工企业设计防火规范》（GB 50160—2008）、《石油库设计规范》（GB 50074—2002）、《储罐区防火堤设计规范》（GB 50351—2005）（消防用水量确定、围堰或防火堤有效容积）、《室外排水设计规范》（GB 50014—2006）、《石油化工企业给水排水系统设计规范》（SH 3015—2003）（最大降雨量确定）等标准。《港口危险货物集装箱堆场技术标准》由宁波市港航管理局和交通运输部水运科学研究院编制，目前处于送审阶段。整体来看，标准相对分散，没能解决应急事故水池建设的所有问题。

2. 主要问题

1）应急措施缺乏针对性

针对陆域的应急措施更多的是泄漏点的紧急切断、堵漏、围控、人员疏散、火灾爆炸应急等安全措施。有针对性的防污染技术较少，主要仅有设置应急泄漏事故池，栈桥、陆域和防波堤上设置围挡，陆域和防波堤上方管廊带底部采取防渗结构等一般性陆域防污染措施。

目前采取的围控、回收设备以海上通用型居多，缺乏针对陆域使用的产品，主要问题是：对液化品陆域泄漏事故中的围控、回收等设备和材料的研发投入不足；针对化学品泄漏造成的大气污染事故缺乏有效应急处置技术；针对港区特点开发的专业设备也不多见。如目前有针对性的岸上泄漏围控和回收装置（以避免油品和化学品泄漏入水）较少有港口码头装备使用。

此外，标准相对分散，没有较好解决应急事故水池建设的关键问题。

2）化学品泄漏应急缺乏有效技术和物资

化学品的性质差异较大，库区储存的化学品种类较多（可达到 30 种以上），这对码头防治化学品污染应急提出了很高的要求。但目前液体散货码头的防污染设备基本参照《港口码头水上污染事故应急防备能力要求（JT/T 451—2017）》要求的油品码头溢油事故处置能力来配备，不一定适合化学品泄漏事故，不能够满足各种不同类型的化学品应急处置，如水溶性的化学品不适合使用溢油应急设备进行围控回收。

针对危化品的应急技术手段也相对较为落后，围控和回收技术缺乏，在实际应急行动中效果不够理想，比如对挥发性危化品的应急措施目前除了焚烧还没有其他更好的应急处置技术手段，对混溶的危化品基本难以回收。

二、技术发展需求分析

（一）加快推进港区污染事故应急监视和检测技术

1. 港区污染事故监视监测设备

随着我国经济的不断深入发展和产业需求，危险化学品的水上运输以及沿岸加工、储存量呈现快速增长，危化品泄漏事故风险持续增大，危险化学品污染风险防治难度增大。监测报警是污染事故应急的第一个环节，其能为后续应急工作提供准确的事故泄漏物质、规模、毒性等数据。因此，相关管理部门越来越重视对泄漏事故的日常监视监测，将事故应急的关口前移，尽可能降低事故风险。

为加强危险化学品的安全储存管理，我国《安全生产法》和《危险化学品安全管理条例》都有明确的条款规定并制定了很多安全储运标准，但危化品存储中的安全事故还是频繁发生。《船舶与港口污染防治专项行动实施方案（2015—2020年）》明确要求："重点开展船舶与港口污染物监测与治理、危险化学品运输泄漏事故应急处置等方面的技术和装备研究""2017年底前，完成船舶污染物监测技术研究，完成船舶化学品污染事故预测预警、应急处置、决策支持技术研究"。

有必要研究一套完整的安全监测系统对危化品的存储进行实时的监控，该系统应可以对危险情况进行报警，减少或避免相应的损失，控制事故规模，尽可能挽回损失。在危化品的存储中，由于危化品的种类和存储空间的限制，经常会出现多种危化品存放在一个空间中的情况，这就要求监测系统需要对混合气体进行定性的识别。

目前应急监测技术方法领域开发出了各种先进的便携式应急监测设备以及基于数学计算的事故处理模型和仿真模拟系统，仪器越发小型化、能耗低、体小质轻易于携带，分析水平能接近实验室精度，能够实现对现场污染源及监测断面的连续监控。但针对潜在污染源的在线监测设备较少。

危险化学品传感器技术是解决我国危化品储运安全监控的核心技术，国产化方面处于空白，其研究成果可以成为我国乃至国际前沿性科技产品，应用市场广阔——在危化品码头、库区和生产区的日常报警、事故监测等领域将有很好的应用前景。

2. 港区污染事故监视标准

在港区监测配置方案技术方面，应着重解决对港区内监测技术网络布局不合理，以及监测单位在仪器选用、方法选取、布点设置、数据质量保证等方面都存在随意性的问题，建设一套港区监测配置标准，规定布点范围、数量、监控路径、报警程序等。

港区配备的接触式和非接触式污染事故报警装置应达到的技术指标和性能标准目前尚未制定，装备港口的溢油报警设备性能良莠不齐。

3. 港区依托社会专业机构进行事故监测检测的技术政策

环保等部门拥有环境监测中心、监测站等专业监测机构，事故发生后如可迅速调用上述监测机构的专业人员和设备等力量，能够提高现场应急监测监控的技术水平，更加有利于保障港区污染应急工作的顺利开展。应制订多部门协同应急联动的政策和机制，鼓励社会专业监测队伍参与事故应急处置。

（二）促进区域大气污染事件模拟技术的实用化

港区发生危险化学品泄漏导致的大气污染事故，是港口突发事故应急的一项重要内容。为了快速确定事故的发展及可能影响的区域，通常采用大气污染扩散模型，在事故发生后迅速模拟出污染物未来可能扩散路径、影响范围等，指明救援行动的重点，也为今后危险物质的存储、运输等工作提供依据。

未来的研究方向应是建立起中等复杂至高度复杂的区域大气扩散模型，并将突发性大气污染扩散模型与火灾、爆炸、化学反应模型相结合进行模拟，要求能够对爆炸产生的玻璃碎片等进行模拟；在小风、静风条件下提高模拟精确度等。

（三）加强港区污染物堵漏、围控、回收技术研究

1. 堵漏技术

为避免事故的扩大，发生危险化学品泄漏事故时，在保证抢险人员安全的前提下，应优先考虑堵漏与转驳，控制污染源，制止泄漏的进一步发生。通过关闭有关阀门，切断与之相连的设备、管线，停止作业，或改变工艺流程等方法可控制化学品的泄漏。如果是容器发生泄漏，应根据实际情况，采取措施堵塞和修补裂口，阻止进一步泄漏。

2. 围控技术

处理《国际海运危险货物规则》中“海洋污染物”的泄漏，应注意泄漏物不可进入海中，要防止泄漏物扩散，殃及周围的建筑物、车辆及人群，要及时处置泄漏物，严密监视，以防火灾和爆炸。

在事故泄漏围控过程中，规范和科学的操作十分重要，另外，事故应急池的设计需要制定相应的标准规范。

3. 回收技术

目前国内主要使用的化学品应急设备设施主要是吸附材料，其中英必思的应用较为广泛，国内也有英必思的替代产品。但国内同类产品在陆源污染应急中的使用方式方法不完善，在吸附材料使用形式、材料本身研发等方面还有较大的改进余地。

三、技术框架体系及分类

港区环境污染事故应急处置技术框架体系及分类主要由港区污染事故监视监测技术和污染事故应急处置技术 2 方面组成。其中监视监测技术主要包含技术标

准、应急监测、应急监视3个技术内容；应急处置技术主要包含技术标准和应急处置技术2方面内容。从技术类别角度分析，危险化学品事故应急监测技术、港口区域突发性大气污染扩散模型属于前沿技术，需要重点开发；港区突发性环境污染监测报警平台、危化品集装箱监控、陆域围控回收技术、应急事故池技术属于先进成熟技术，但在标准制定、技术应用等方面还需要进一步推进；港区监测配置方案技术、监测技术标准、危险化学品吸附技术等方面需要继续改进完善。港区环境污染事故应急处置技术框架体系及分类详见表4-6。

港区环境污染事故应急处置技术框架体系及分类 表4-6

技术领域	技术类别	主要技术	当前主要问题
港口环境污染事故应急处置技术	前沿技术	危化品事故应急监测技术	尚未有能够检测多种类危化品的传感设备
		港口区域突发性大气污染扩散模型	尚未与火灾爆炸模型结合；不同尺度模型间缺乏耦合衔接；缺乏长输气体扩散和颗粒物扩散模型
	先进成熟技术	港区突发性环境污染监测报警平台	平台建设呈现碎片化，网络化程度低
		危化品集装箱监控	缺少针对不同种类危化品集装箱的多参数传感器，应用方面也缺乏实践经验
		陆域围控回收技术	缺少清晰的操作指南
		应急事故池技术	缺少相应标准
	需要继续改进完善的技术	港区监测配置方案技术	对港区内监测技术网络布局不合理，监测单位在仪器选用、方法选取、布点设置、数据质量保证等方面都存在随意性
		监测技术标准	接触式和非接触式监测设备的技术指标和性能标准缺失
		危险化学品吸附技术	使用、投放、回收方面不方便，吸附效率较低；国内替代技术产品不成熟

港区污染事故应急技术框架体系及分类图如图4-10所示。

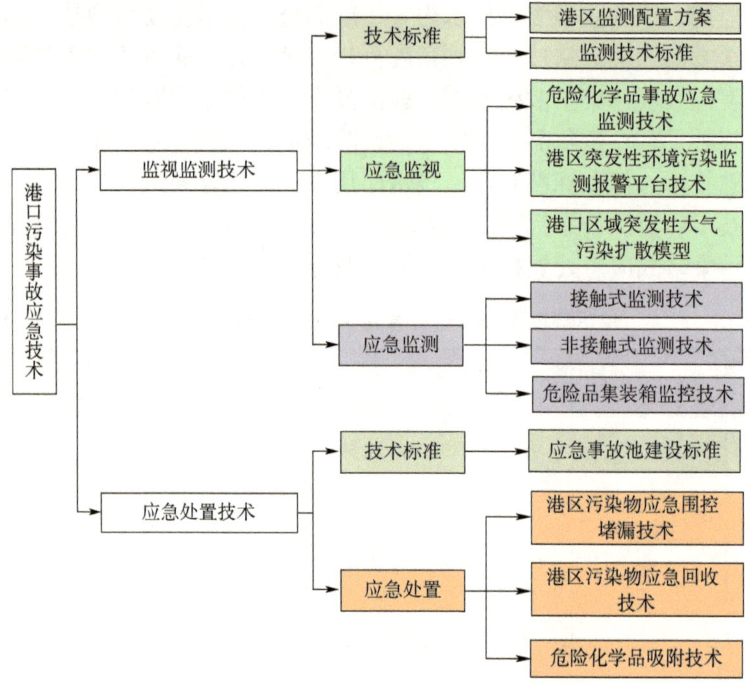

图 4-10　港区污染事故应急技术框架体系及分类图

四、前沿技术的科研攻关方向

（一）应急监控技术

1. 危化品事故应急监测技术

要提高环境应急监测技术水平和监测设备产品化程度，丰富不同类型的监测设备，实现从单一污染因子到多污染因子的检测，并提高监测速度和时效性，实现事故现场快速监测。

2. 港区突发性大气污染扩散模型

要建立能够平滑过渡的中等复杂至高度复杂的区域大气扩散模型，从而建立有毒有害气体应急预测模型和长输污染预测模型，实现下沉气体模拟和颗粒物（如氰化钾）扩散预测功能；实现突发性大气污染扩散与火灾、爆炸、化学反应耦合模型的综合模拟。

3. 危化品集装箱监控

要研发危化品集装箱日常监控技术和监控设备。

4. 港区监测配置技术方案

要加强港区污染应急监测技术方法的研究，制定相关监测技术规范和标准，明确监测设备配置的技术方案。

（二）应急围控技术

1. 危险化学品吸附技术

要研发低成本、能够替代国外进口产品、有高吸附效率的吸附产品技术，并应针对岸上危险化学品泄漏事故进行重新设计；针对可能的不同种类危险化学品性质提供解决方案。

2. 围控和堵漏技术

要研发针对港区的危化品和油品泄漏事故堵漏技术和设备物资，重点研发混溶化学品的高效回收设备，并制定港区危化品、油品泄漏围控和堵漏操作指南。

3. 应急事故池

要研究危化品港区应急事故池的配置需求，制定相关配备标准。

（三）技术路线

港区环境污染事故应急处置的前沿技术的科研攻关技术路线如图 4–11 所示。

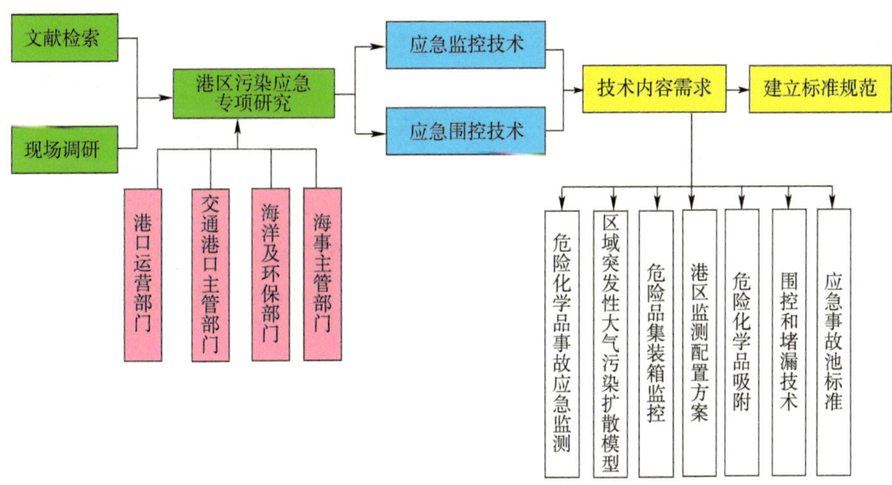

图 4–11 前沿技术的科研攻关技术路线

五、先进技术的推广和鼓励应用政策

港口应急技术的应用主体为港口企业。防污染应急技术在港口的推广和应用，

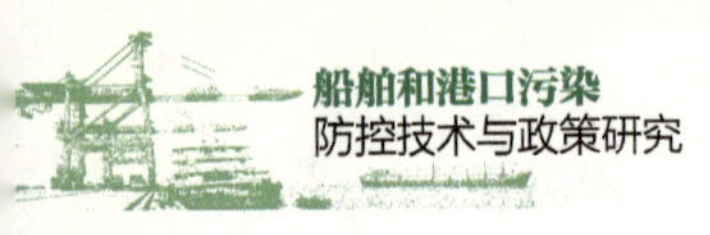

首先应提高技术水平和增强实用性，其次应制定推荐或强制性标准规范，并建立整套的技术和设备推广机制。

1）通过政府推广建立监控信息平台

由政府统筹建设统一的污染预测预警平台，将事故预警、扩散模拟、应急设备分布及报警和信息发布等功能进行整合。

2）配套推广机制

建议制定监视监控设备设施布置、事故水池设置等标准及规定，全面、准确、公开地提出企业需要完成的主要工作及相关要求。同时建立守信激励机制，加强对按照要求完成设备配备和设施建设的港口码头企业的宣传，树立典型。

3）引入第三方规划评估机构

从港区防污染应急能力建设规划阶段开始引入第三方评估机构，增强港区应急能力建设的有效性和合理性。事故发生后，第三方评估机构应快速介入，从事故预警、应急行动、设备使用和损害评估等方面为港区污染应急提供技术支撑。

六、标准规范体系制修订方案

1）港口污染事故应急监测技术及设备配备要求——制定

溢油污染事故预警方面，《港口码头水上污染事故应急防备能力要求》（JT/T 451—2017）要求液体散货码头应配备溢油监视报警设备，《海港总平面设计规范》和《港口工程环境保护设计规范》等港口设计和工程建设的相关标准要求液体散货码头应配备溢油监视设备与器材。但是针对污染风险和危害更高的危险化学品泄漏事故我国却没有配备监视监测设备的强制性要求，只在《石油化工企业设计防火规范》5.1.3 提到："在使用或产生甲类气体或甲、乙 A 类液体的工艺装置、系统单元和储运设施区内，应按区域控制和重点控制相结合的原则，设置可燃气体报警系统"。究其原因，主要是目前没有成套的、成熟的危险化学品泄漏事故日常监控设备设施。

2）储罐和管线封闭堵漏操作规程——制定

结合港口储运的特点，应针对储罐和管线封闭堵漏操作制定详细规程，提升应急能力。

3）港区事故污水池建设标准——制定

目前，我国的危化品和油品码头及库区需要建设应急事故池，但相关建设技术要求分散在《化工建设项目环境保护设计规范》（GB 50483—2009）等多个标准中，内容之间缺乏体系和关联，难以形成统一。鉴于应急事故水池的重要性，制定事故污水池标准、明确事故池的建设方式和认定标准等是十分重要的。

上述标准规范体系制修订建议见表 4–7。

港区环境污染事故应急处置技术标准规范体系制修订建议　　表 4–7

序号	标准名称	类　别
1	港口污染事故应急监测技术及设备配备要求	制定
2	储罐和管线封闭堵漏操作规程	制定
3	港区事故污水池建设标准	制定

第三节　小　　结

一、主要技术研发方向

本章提出了 11 项船舶与港口污染事故应急技术（表 4–8），其中近 5 年需要重点研发的技术包括溢油遥感监视技术、低温和结冰条件下溢油清除技术、海上沉潜油监测预警与防控技术、危化品泄漏事故应急处置与损害评估技术和岸基雷达监视监测溢油技术等；需要推广的技术包括基于 ROV 的钻孔抽油一体化技术、危化品水上运输动态监管技术和危化品泄漏吸附技术。

船舶与港口污染事故应急技术　　表 4–8

序号	技术名称	主要技术内容	适用领域	备　注
1	船舶污染事故应急技术			
1.1*	溢油遥感监视技术	主要包括：解决溢油应急监视中卫星数据匮乏的问题；加强固定翼、直升机、无人机机载红外 / 紫外扫描仪、雷达、成像仪、传感器等航空遥感溢油监视技术及产品的研发，加强船舶溢油监视雷达国产化技术及产品研发	水上溢油事故监测	重点研发技术，目前采用的技术均依赖国外卫星，我国航空遥感监视工作起步晚，技术不够成熟；船舶监视雷达以引进国外技术产品为主，需进一步加强自主化研发
1.2*	低温和结冰条件下溢油清除技术	包含冰区溢油的理化性质和风化过程研究、冰区溢油动态行为的数值模拟研究以及冰区溢油的应急处置技术装备研究	水上溢油清除	重点研发技术，目前高黏度和固态溢油的回收缺乏有效技术和装备，需加强自主研发
1.3*	海上沉潜油监测预警与防控技术	开展海上沉潜油的形成机理研究，建立沉潜油三维漂移扩散运动数值预报模型，研制沉潜油污染防控关键技术装备，开展沉潜油水下探测预警、跟踪监视、现场快速检测等关键防控技术和装备研究	水上溢油监测	重点研发技术，国内外有关沉潜油防控技术的研究基础十分薄弱，应急产品近乎空白，需加大研发力度

续上表

序号	技术名称	主要技术内容	适用领域	备注
1.4*	基于ROV的钻孔抽油一体化技术	开展大深度环境下的沉船燃油、货油及化学品舱钻孔抽油技术研究，研制基于ROV辅助的“锚固－钻孔－加热－抽油－封堵”一体化高精度作业装备	水上溢油清除	重点研发技术，该技术采用大深度环境下的沉船抽油，对油舱开孔、原油加温和抽取存在较大技术瓶颈，今后可作为重点研发方向
1.5*	危化品泄漏事故应急处置与损害评估技术	主要包括：①危化品泄漏事故跟踪监测和现场快速检测技术；②危化品泄漏事故环境污染损害预测预警与决策支持技术；③危化品泄漏事故应急处置技术与装备研发	危化品泄漏事故应急处置	重点研发技术，目前我国危化品监测技术手段缺乏，预警预测水平不高，应急装备设施缺乏，急需加大危化品应急处置和损害评估技术研发
1.6*	岸基雷达监视监测溢油技术	采用雷达图像处理技术，使用X波段雷达回波技术提取水面溢油，从而实现对水上溢油事故的监测	适用于水上溢油监测	技术成熟，重点推广技术
1.7*	危化品水上运输动态监管技术	建立水上危险化学品运输动态监管信息平台，实现危化品运输相关基础信息、动态信息的共享，具有危化品运输全程监控、监测预警和应急辅助决策功能	适用于危化品水上运输管理	技术成熟，重点推广技术
2	港区环境污染事故应急技术			
2.1	港区应急监控技术	主要包括：港区危化品应急监测、港区突发性大气污染模型的建立、危化品集装箱的监控、港区监测设备的配置与优化等	适用于港区突发污染事故的应急监测	重点研发技术，技术领域尚处研究阶段，急需加强技术成熟度和设备研发
2.2	港区突发性污染监测报警平台建设	该平台对危化品的存储进行实时监控，并对危险情况进行报警，对于多种类危化品存放，可以对混合气体进行定性的识别，具有报警功能	适用于港区突发污染事故应急监测	成熟技术，应重点推广
2.3	港区突发污染事故处置技术	包含陆域围控回收技术以及应急事故池的设计。重点研发低成本、高效的吸附材料，研发混溶化学品的高效回收设备，针对港区进行应急事故池的设计和辅助设备配置研发	适用于港区污染事故的应急处理处置	重点推广技术，急需推进该技术设备国产化
2.4*	危化品泄漏吸附技术	针对危化品泄漏后所采用的吸附处理技术，主要包括吸附材料本身的研发以及吸附方式的研究	适用于港区污染事故应急处理处置	重点研发技术，急需推进该技术设备国产化

注：标“*”为近5年需重点研发和推广的技术。

二、主要技术政策性建议

本书提出了6条主要政策建议，包括船舶污染事故应急和港区环境污染事故应急2方面，具体如下。

（一）船舶污染事故应急

1. 建立完善的事故信息通报制度

在各部门间、各地区间、中央和地方间推进危化品运输相关基础信息、动态信息的共享，实现危化品运输全程监控、监测预警和应急辅助决策功能，有效控制危化品运输风险，提高应急处置能力。

2. 鼓励关键技术和装备的研发和应用

通过设立专项资金的方式，鼓励研发我国自主品牌的监视监测、快速检测、预测预警、应急处置等关键技术和装备，促进应急处置装备的成套化、智能化，加快产品实际应用推广，提升应急处置能力。

3. 鼓励应急设备检测鉴定第三方机构设立

通过设立溢油应急设备检测鉴定第三方机构，可为国家船舶溢油应急设备库建设提供标准化的产品检验技术服务，规范设备质量检测，提高设备质量，促进我国溢油应急行业可持续发展。

（二）港区环境污染事故应急

1. 加大执行危化品码头风险评估制度的力度

严格执行危化品码头风险评估制度，涉及危化品运输的液体散货码头和集装箱码头建议采用第三方评估方式，对运输危化品的码头进行风险评估。对于新建危货码头应将风险评估作为码头审批的前置条件。

2. 建立港口企业守信激励机制

明确针对企业守信或违规行为的奖惩规定，包括对守信企业实行政策享受优先、办事“绿色通道”、减少监管频次、优良信息公示等，对不满足相关标准的企业进行惩罚措施公示，对拒不执行已生效的标准的企业进行行政处罚。

3. 制定港口污染事故应急设施设计要求

制定监视监控设备设施布置、事故水池设置等有关规定，全面、准确、公开地提出企业需要完成的主要工作及相关要求。

三、主要技术标准规范制修订建议

本书提出了15项相关标准制修订建议（表4-9），其中5项为亟需制修订的标准。制定的标准主要包括：溢油遥感监视技术标准、溢油处置安全防护技术标准、溢油污染微生物修复技术标准等，需要修订的标准包括船用吸油毡技术标准和溢油分散剂使用准则。

船舶与港口污染事故应急技术标准制修订建议　　表 4-9

序号	标准名称	标准类型/标准编号	制修订建议		备注
			制定	修订	
1	溢油遥感监视技术标准	行业标准	√		
2	溢油处置安全防护技术标准	行业标准	√		
3	溢油污染微生物修复技术标准	行业标准	√		
4	码头运输危化品风险评估技术规范	行业标准	√		亟需制定
5	危化品水上泄漏事故定性、定量快速检测技术标准	行业标准	√		亟需制定
6	危化品泄漏事故应急处置技术规程	行业标准	√		亟需制定
7	高效无害化危化品吸附沉降材料使用标准	行业标准	√		
8	水上危化品泄漏应急处置设备配备标准	行业标准	√		
9	溢油应急设备器材质量检测规程	行业标准	√		亟需制定
10	船用吸油毡技术标准	JT/T 560—2004		√	
11	溢油分散剂使用准则	JT/T 865—2013		√	
12	船舶与港口环境污染事故应急监测与调查技术规范	行业标准	√		亟需制定
13	港口污染事故应急监测技术及设备配备要求	行业标准	√		
14	港口码头储罐和管线封闭堵漏操作规程	行业标准	√		
15	港区事故污水池建设标准	行业标准	√		

CHAPTER ⑤ 第五章

船舶与港口污染物监测监管技术

世界上主要发达国家和地区对船舶与港口污染物排放控制政策体系日趋丰富，对于移动、分散的交通污染源排放监管成为关注焦点，借助先进的大数据和物联网等手段提升船舶与港口污染排放控制的智能化水平成为主流方向。近年来，我国逐渐重视基于交通流数据、环境监测数据的交通污染防控数据采集和分析，在一些地区尝试开展了针对船舶与港口的污染物排放、能源消耗监测系统研发和试点应用。船舶与港口的能耗监测设备、污染物监测装备与组网技术、污染防控数据融合分析与应用等领域都是当前研发与应用的重点领域。

第一节　船舶污染物监测监管技术

本节对船舶尾气、船舶压载水、船舶生活污水、舱底油污水、化学品洗舱水以及船舶垃圾等污染物的排放和处置的监测监管技术进行研究。

一、国内外现状及问题

（一）国内外现状

1. 监管技术要求

1）船舶大气污染监管技术要求

船舶大气污染物主要指硫化物、氮氧化物、颗粒物和挥发性有机物，船舶动力系统产生的废气、运输货物挥发的气体、船上焚烧行为产生的废气是船舶大气污染物的主要来源。目前尚未有针对船舶的大气污染排放标准，主要通过控制船舶发动机性能和船用燃料质量来控制动力系统的废气排放。

2005 年 5 月 19 日生效的 MARPOL 公约附则 VI——防止船舶造成空气污染规则，涉及上述各类大气污染物的控制以及船上焚烧行为的约束。其中，氮氧化物的控制主要通过降低船用发动机排放实现，硫化物和颗粒物则通过划定燃油品质来实现。2006 年 8 月 23 日 MARPOL 73/78 附则 VI 对我国生效，该文件明确规定船上使用的任何燃油的硫含量不应超过 4.5%（质量比）；船上的 NO_x 排放量至少降低至文件中所规定的极限值；当船舶位于 SO_x 排放控制区之内时船舶所使用的燃料油硫含量需符合文件所规定要求；不在限排区的船舶燃烧用的燃油应符合文件中规定的硫含量。

《往复式内燃机排放测量》（ISO 8178—4:1996）是世界多个国家普遍采用的船机测量方法标准，其针对不同类型的船机规定了 5 种测试循环，但不涉及限值要求。中国船级社发布的《船用柴油机氮氧化物排放试验及检验指南》（GD 01—2011）是依据 2008 年新修订的 MARPOL 公约附则 VI 及《船用柴油机氮氧化物排放控制技术规则》[MEPC.177（58）决议] 修订的检验标准，补充了直接测量和监测方法要求，修订了 NO_x 排放标准、气体污染物排放量计算公式、台架试验条件等。

《船舶发动机排气污染物排放限值及测量方法（中国第一、二阶段）》（GB 15097—2016）标准规定了船舶专用的压燃式发动机及点燃式气体燃料（含双燃料）发动机排气污染物排放限值及测量方法，适用于内河船、沿海船、江海直达船、海峡（渡）船和渔业船舶装用的第 1 类和第 2 类船机的型式核准、生产一致性检查和耐久性要求，也规定了船舶和船机实施大修后的排放要求。

根据《关于加强船舶燃油质量检测管理有关事项的通知》（海船舶〔2012〕527 号）要求，内贸船用燃料油按《船用燃料油》（GB/T 17411）执行；供国际航线的外贸用燃料油按《石油产品—燃料（F 类）—船用燃料油》（ISO 8217）执行。若 MARPOL 公约附则 VI 及其修正案比上述标准更严格，则应当执行国际公约的要求。国际标准化组织于 2010 年表决通过了最新的《船用燃料规格》（ISO 8217：2010），以适应 MARPOL 公约附则 VI 修正案的新要求；我国于 2015 年发布修订后的《船用燃料油标准》（GB 17411—2015）。《船舶供受燃油程序及检测方法》（GB/T 25346—2010）说明了与船舶燃油质量检测相关的油品采样方法。

2015 年 8 月，交通运输部印发《船舶与港口污染防治专项行动实施方案（2015—2020 年）》，具体目标中的第三条明确提出要推进设立船舶大气污染物排放控制区，控制船舶 SO_x、NO_x 和颗粒物排放；主要任务提出“强化监测和监管能力建设，建立交通运输环境监测网络，完善交通运输环境监测、监管机制”。

2016 年 11 月，国务院发布的《“十三五”生态环境保护规划》提出“落实珠三角、长三角、环渤海京津冀水域船舶排放控制区管理政策，……建设船舶大气污染物排放遥感监测和油品质量监测网点，开展船舶排放控制区内船舶排放监测和联合监管”等要求。《交通运输节能环保“十三五”发展规划》明确将“推进交通运输环境监测网建设，……提升船舶污染监视监测能力”作为发展目标之一。

2017 年 4 月，交通运输部印发的《推进交通运输生态文明建设实施方案》提出“强化船舶大气污染排放监管，重点完善船舶排放控制区和长江流域船舶污染监测监管能力建设，开展船舶排放监测和联合监管”。

2017 年 11 月，交通运输部印发的《关于全面深入推进绿色交通发展的意见》提出“强化船舶污染物排放监测监管。以船舶排放控制区为重点，开展船舶大气污染物排放和水污染物排放监测监管。推动建立港口和船舶污染物排放、船舶燃油质量等方面的部门间联合监管机制。强化船舶大气污染监测和执法能力建设，严格落实内河和江海直达船舶使用合规普通柴油、船舶排放控制区低硫燃油使用的相关要求”。

2018 年 7 月，交通运输部印发的《关于全面加强生态环境保护坚决打好污染防治攻坚战的实施意见》提出“全面推进珠三角、长三角、环渤海（京津冀）水域船舶排放控制区建设，研究制定拓宽船舶排放控制区实施方案。推广船舶污染物接收、转运和处置联单制度。加快淘汰高耗能、高排放的老旧运输船舶。长三角等重点区域内河应采取禁限行等措施，限制高排放船舶使用，鼓励淘汰 20 年以上的内河航运船舶。2018 年 7 月 1 日起，全面实施新生产船舶发动机第一阶段排放标准。2019 年底前，调整扩大船舶排放控制区范围，覆盖沿海重点港口，逐步拓展到长江干线主要港区。2020 年底前，长江内河现有船舶完成改造，改造后仍达不到新的环保标准要求的，限期予以淘汰”。

2018 年 12 月，交通运输部印发的《船舶大气污染物排放控制区实施方案》提出在沿海控制区和内河控制区内执行更严格的硫氧化物、颗粒物和氮氧化物排放控制要求，各省级交通运输主管部门、各直属海事管理机构要认真落实《交通运输部等十三个部门关于加强船用低硫燃油供应保障和联合监管的指导意见》，建立联合监管机制，加强船舶大气污染防治监督管理。

2）船舶水污染监管技术要求

1983 年，由交通部提出、城乡建设环境保护部发布的《船舶污染物排放标准》（GB 3553—1983），标明了中国籍船舶和进入我国水域的外国籍船舶的含油污水（油轮压载水、洗舱水及船舶舱底污水）和生活污水的许可排放浓度，其中生活污水的水质指标包括生化需氧量、悬浮物含量和大肠杆菌含量。

2003 年 9 月 27 日生效的 MARPOL 公约附则 IV——防止船舶生活污水污染规则对于国际航行船舶应配备的生活污水系统、相关船舶各类检验和证书签发等做出了明确规定，可视为船舶生活污水收集、储存和处理等装置的设计、建造和检验依据；该附则同时约束了国际航行船舶在航行时的污水排放行为（包括排放前处理、排放地点、排放速度等），以及船舶靠港时的生活污水接收行为。

IMO 于 2004 年召开的国际船舶压载水管理大会通过了《国际船舶压载水及其沉积物控制和管理公约》，目前已临近生效条件。自该公约通过以来，IMO 已制定完成 14 个技术导则以及南极条约区域压载水置换导则。

MARPOL 73/78 附则 I 对油船货油舱处所的含油污水、非油船和油船机舱舱底水排放做出了对应的限制：未经稀释的排出物的含油量不超过 15×10^{-6}；当排

出物含油量超过 15×10^{-6} 时，该过滤系统备有的停止装置能确保自动停止排放。

此外，《船舶机舱舱底水、生活污水采样方法》（JT/T 409—1999）给出了适用于各类船舶的舱底水样品的直接采样方法，以及舱底油污水分离装置处理后排放水的采样方法。

2018 年 2 月，环境保护部与国家质量监督检验检疫总局联合发布了《船舶水污染物排放控制标准》（GB 3552—2018），于 2018 年 7 月 1 日开始实施，与上版船舶污染物排放标准相比，新标准在控制船舶污染物排放要求方面更加严格。新标准在名称、污染物范围、污染控制项目和限值、分类管控要求等方面进行了修改，增加了船舶含有毒液体物质的污水排放控制要求；在生活污水排放控制方面，增加了 pH 值、氨氮和总磷等 6 项指标；明确了机器处所油污水和生活污水的规范监测方法。此外，新标准还增加了在饮用水水源保护区内不得排放生活污水的规定，并对控制措施进行记录。

3）船舶固废及噪声污染监管技术要求

1988 年 12 月 31 日生效的 MARPOL 公约附则 V——防止船舶垃圾污染规则提出了几乎适应于所有船舶的垃圾处理要求。《船舶水污染物排放控制标准》（GB 3552—2018）明确规定了船舶垃圾的排放控制要求，其中在内河禁止倾倒船舶垃圾；与上版标准相比，新标准细化了船舶污染物监测要求，明确给出了各类污染物的监测方法和标准。

《内河航道及港口内船舶辐射噪声的测量》（GB/T 4964—2010）和《挂桨机船噪声限值及测量方法》（JT 322—1997）是现行的内河航行船舶噪声污染监测的主要标准。值得说明的是，2007 年后我国大部分内河水域已禁止挂桨机船航行。由于沿海船舶航行过程一般远离人群居住区，一般不对噪声监测做要求。

2. 国内外技术现状

1）船舶大气污染物监测技术现状

美国、欧洲等发达国家和地区在船舶大气污染物监测技术方面的研究起步相对较早，并结合国际海事组织的要求提出了低排放控制区内对船舶大气污染物排放进行多方位监控的标准，尝试采用无人机遥感监测、岸基及桥梁遥感遥测、船载在线实时监控、多种移动式与固定式监测技术相结合等技术手段对低排放控制区内的船舶大气污染物排放情况进行监测，其技术较为先进，成本较高。

目前我国在这方面以船用燃油抽查和文书检查为主，执法监管制度也尚不完善。部分科研院所对可用于船舶大气污染物排放监测监管的技术方法进行了一定的研究，如嘉兴市港航管理局和上海海事大学共同研发了基于新型 NO_x 和 SO_x 光纤传感器的内河船舶尾气检测系统，香港城市大学研发了基于互联网加红外遥感

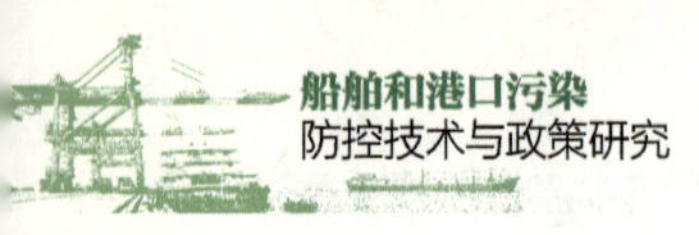

技术的可移动式船舶排放监测系统，武汉理工大学研究了基于 AIS/3G 终端扩展方法的内河船舶污染物排放在线监控系统等，但这些技术多数仍停留在研究阶段，没有进行实际应用。我国尚缺乏系统化的满足船舶大气污染物排放现场监测的技术体系，无法满足排放控制区等防治措施的管理需求。

根据《船舶与港口污染防治专项行动实施方案（2015—2020 年）》《珠三角、长三角、环渤海（京津冀）水域船舶排放控制区实施方案》《船舶大气污染物排放控制区实施方案》等文件要求，海事管理部门需要对排放控制区水域内停泊、作业的船舶大气污染物排放进行监管。监测因子包括船用燃料油硫含量及尾气中 SO_x、NO_x、颗粒物；监测方式包括远程遥感监测、无人机监测、区域环境质量在线监测、便携式现场监测、船舶烟气排口在线监测。

系统梳理国内外现有废气类污染物监测技术分类及优缺点（表 5-1），从发展历程来看，分为瞬时采样、24h 连续采样 - 实验室分析、自动监测技术；从技术特点来看，分为传统化学法（电化学传感器、热导传感器、半导体传感器）、现代化学法（电化学法、化学发光法）、常规光学法[非分散红外光谱技术（NDIR）、非分散紫外光谱技术（NDUV）、激光诱导荧光技术（LIF）]和光谱测量法[傅里叶变换红外吸收光谱技术（FTIR）、差分吸收光谱技术（DOAS）、差分吸收激光雷达技术（DIAL）]。

废气类污染物监测技术分类及优缺点 表 5-1

<table>
<tr><th>种类</th><th>技术名称</th><th>基本原理</th><th>优　点</th><th>缺　点</th></tr>
<tr><td rowspan="3">传统化学法</td><td>电化学传感器</td><td>通过测量待测污染气体在特定电位电解时所产生的电流大小确定污染气体浓度</td><td rowspan="3">原理简单</td><td rowspan="3">易受环境的温湿度影响，不能用于长时间连续测量，灵敏度低</td></tr>
<tr><td>热导传感器</td><td>根据各污染气体导热系数的差异，通过测量气体导热所引起的铂电阻阻值的变化，确定导热系数，进而推导其浓度</td></tr>
<tr><td>半导体传感器</td><td>根据待测污染气体吸附到半导体表面时，半导体导电性能的变化测量其浓度</td></tr>
<tr><td rowspan="2">现代化学法</td><td>电化学法</td><td>利用物质的电化学性质测定待测污染气体浓度</td><td rowspan="2">较快速</td><td>低浓度测量效果差；无法长时间连续测量；寿命 3~6 个月或更短</td></tr>
<tr><td>化学发光法</td><td>通过测量化学反应产生的光学能量确定待测气体浓度</td><td>环境要求高；需处理气体以避免干扰；只能监测低浓度</td></tr>
</table>

续上表

种类	技术名称	基本原理	优　点	缺　点
常规光学法	非分散红外光谱技术（NDIR）	红外光源发出的红外光经过待测气体后，光强会发生变化，通过比较经过测量气室和参比气室的红外光强度的变化量，反演出气体的浓度	技术成熟，广泛用于固定污染源废气监测	点采样；易受气体中非待测物质的干扰
	非分散紫外光谱技术（NDUV）	紫外光源发出的紫外光经过待测物质后，利用滤光片选择出待测物质吸收和不吸收的两个区域，通过两个区域光学强度的对比分析待测气体的浓度	结构简单	点采样；分光波段相距较远，易受非待测物质干扰
	激光诱导荧光技术（LIF）	待测污染气体分子受到一定波长的激光照射时，辐射出不同于激发波长的光能量，每种待测物质发出的光能量波长不同，根据不同波长发出的光能量强度，确定待测气体的浓度	灵敏度高；测量速度较快	点采样；测量高浓度气体时需要稀释待测气体；易受其他气体干扰
光谱测量法	傅里叶变换红外吸收光谱技术（FTIR）	基于红外吸收原理的广谱分析技术。光源发射的红外光线经干涉仪被调制成干涉红外光，被待测气体吸收后到达红外光敏检测器，检测器采集到振幅随时间的变化信息，经傅里叶变化处理成振幅随频率或波数的变化信息后，即得到红外吸收光谱 两种应用方式：密闭、开路	测量种类多；不同气体间的干扰可通过特征吸收光谱排除	测量结果为污染物在光路上的平均浓度，无法给出污染物的空间分布信息
	差分吸收光谱技术（DOAS）	利用待测污染气体分子的特征吸收波段，根据差分吸收光谱强度反演出待测气体的浓度信息	不易受干扰，准确度高，灵敏度高，连续监测	测量结果为污染物在光路上的平均浓度，无法给出污染物的空间分布信息
	差分吸收激光雷达技术（DIAL）	结合激光雷达技术，利用待测污染气体分子在不同的特征吸收波段，根据差分吸收光谱强度反演出待测气体的浓度信息	单端测量，无须反射设备；不易受干扰，准确度高，灵敏度高；实时、大范围探测；测量结果为污染物浓度的空间分布	系统复杂

本书根据船舶大气污染物的特性和监管方式，重点对市场上可能适用于远程监测、区域环境质量在线监测、便携式现场监测、船舶烟气排口在线监测的技术产品进行了调查。在硫氧化物、氮氧化物和颗粒物监测方面，国内外都有技术成熟的产品，但国外的工程化程度更高。在单独的颗粒物监测方面，国内产品成熟度较高，普遍采用了米散射激光雷达技术。

（1）遥感监测设备市场上有一些产品，如傅里叶红外气体分析仪（德国布鲁克）、LD差分吸收激光雷达（希腊Raymetrics公司）、AMBER5差分吸收雷达（立陶宛EKSPLA公司）、大气污染监测激光雷达（俄罗斯祖耶夫大气光学研究所）、对流层SO_2和NO_2探测激光雷达（中科院安光所）、Sentry MS开路紫外差分吸收光谱气体分析仪（美国Cerex公司）、Air Sentry开路傅里叶变换红外光谱气体分析仪（美国Cerex公司）、EV-Lidar-CAM 3D可视型激光雷达（北京怡孚和融科技有限公司）、大气颗粒物监测激光雷达（无锡中科光电技术有限公司）等。上述产品未实际应用于船舶大气污染物排放监测，还停留在理论阶段，价格昂贵，技术的可靠性和适用性有待进一步实际研究明确。目前，欧美排放控制区正在试点使用遥感监测技术。

（2）区域环境质量在线监测设备市场上的产品较为成熟，但符合国标的监测产品较为昂贵，大量布设在航道和码头等船舶航行密集区的成本太高，不易实施。随着小型站、微型站在市场上陆续推出，设备价格大幅下降，可通过区域网格化布密识别出违规排放船舶，但技术的适用性有待进一步实际研究明确。

（3）便携式多气体测定仪、便携式颗粒物测定仪目前市场上有大量成熟产品，但是对于船舶烟气排口的现场取样检测的适用性尚不明确。便携式燃料油硫含量分析仪目前市场上产品不多，仅个别厂家可提供。

（4）固定源烟气排口在线监测设备目前市场上有大量成熟产品，但是这些设备能否安装在船舶烟气排口、颠簸环境下是否可靠、能否同时兼顾监测船舶主机和辅机排出的废气，还有待进一步实际研究明确。

2）船舶水污染物监测技术现状

针对船舶生活污水、洗舱水、油污水的监测监管，有实验室检测、便携设备现场检测、在线监测等各种成熟技术手段（表5-2）。

针对船舶压载水检测，平板计数法、库尔特法、电阻脉冲传感器法、荧光检测法、流式细胞法、三磷酸腺苷生物发光技术、分子检测方法、微流控芯片检测技术等各有优势和不足，国际上尚未形成一套有效、快速、综合的压载水检测方法。

废水类污染物监测技术和代表性设备　　表 5-2

船舶污水	指　标	在线设备	实验室设备	便携式设备
船舶生活污水	BOD	X	BOD track	X
	SS	Solitax	X	Portable Solitax
	大肠菌群	X	MEL	MEL
	氨氮	NISE 等	NISE	NISE
	COD	COD max、UVAS	光度计	快速测定仪
	pH	pHD 等	HQ 等	HQ 等
化学品洗舱水	有毒物质	X	毒性分析仪	毒性分析仪
船舶油污水	水中油	FP 360	X	X

（1）平板计数法。平板计数法是检测环境中微生物数量最早的方法之一。该方法是把水样接到平板中进行培养，由平板中生长出的微生物群落数量来推算环境中的微生物数量。这种方法测定的是可培养微生物的数量，但对于检测环境中所有微生物的数量，应用这种方法是不合适的。

（2）库尔特（Coulter）法。库尔特法是利用电阻变化法测定细胞数量，也称为电子检测法。这种方法的原理是将待测样品与缓冲液混合，制成稀释的悬浮液，然后将此悬浮液从一个口径已定的小孔抽入另外一个小孔管内，小孔两侧各有一个电极，当颗粒通过小孔时，每一颗粒取代了等体积的电解液，使两极间的电阻和电位差呈现暂时性的改变，电脉冲个数即为颗粒的个数，而电脉冲的幅值则反映了颗粒的尺寸。该检测方法简单、快速并且精度高。

（3）电阻脉冲传感器法。微流控芯片上电阻脉冲传感器颗粒检测法所应用的是库尔特计数基本原理。通过相关设计的改进，电阻脉冲传感器计数法可以用颗粒计数并能精确反映颗粒的尺寸，并且所需要的测量电路很简单，非常容易实现便携化的颗粒检测。

（4）荧光检测法。荧光是一种光学现象，它涉及光子的吸收和再发射两个过程。首先电子吸收入射光子后由基态向激发态跃迁，然后电子由激发态经过发射光量子跃迁到基态的不同振动能级上，其中吸收和发射光的能量、波长等会有所差异。荧光的这种特性被用来进行颗粒计数。一般荧光强度与颗粒的大小有关，所以检测到的电信号可以近似反映出对应颗粒的大小。但是该方法要求被检测的颗粒有荧光特性，而实际中一般待检测的颗粒没有这种荧光特性，因此限制了其应用。

（5）流式细胞法。流式细胞术法发展于 20 世纪 70 年代初，已成为当今最先进的生物定量分析技术，是细胞学研究手段之一。该方法可以完成对单细胞或生物粒子在功能水平上的定量分析及分选的检测，它可以高速分析上万个细胞，并能同时从一个细胞中测得多个参数。流式细胞法具有检测速度快、准确性好、精确度高等优点，比较适合检测压载水中海洋生物体的数量。然而，该方法所需要的检测剂量很少，这就需要对样品的浓度进行浓缩。按照公约中的要求，生物体浓度是无法直接使用流式细胞仪检测的。此外，这种方法价格较昂贵。

（6）三磷酸腺苷生物发光技术。生物活体中存在的三磷酸腺苷在生物死亡后很快分解，而在三磷酸腺苷的作用下，荧光素酶能够氧化D－荧光素，通过测定产生的荧光强度可确定三磷酸腺苷的浓度，进而推算出样品中的活体数。这项技术具有检测速度快、只针对活体数量进行检测、操作简单等优点，可单独也可联合其他技术使用。但同时这种技术也存在一定的缺点，因为海水中成分较复杂，对发光检测会造成一定的影响，且检测时间相对较长。

（7）分子检测方法。分子检测方法主要采用：核酸杂交技术、聚合酶链反应（PCR）检测技术、基因芯片技术、DNA 指纹技术、16SrRNA 检测技术。该方法的优点是：检测灵敏度高、可对同种生物的不同类群进行检测、检测结果稳定且准确、能实现水体中生物的实时监控、是目前最敏感的检测技术。但是该方法只能检测目标物种，不能提供生物量的体积测量，不能快速评定类群组成和所有生物尺寸大小。另外，该方法需要受过高度训练的技术人员来准备样品和分析结果且分子检测过程复杂，并不适用于船上使用。

（8）微流控芯片检测技术。20 世纪 90 年代，微流控芯片技术开始在分析化学领域发展起来。其特点是以微通道网络为结构，主要应用于生命科学领域。随后，微全分析系统被提出，后来又被称为微流控芯片实验室。微流控芯片实验室可将常规实验室中涉及的样品制备、生物与化学反应、分离检测等基本操作集成在一块几 m^2 的芯片上，是便携式、自动化生化仪器的核心技术。因此，发展基于微流控芯片技术的海洋生物检测装置是面向海洋现场监测和便携式快速检测需求的最好解决方案。

（二）主要问题

我国船舶污染监测监管工作基础薄弱，污染监测技术和装备研究亟须加强，迫切需要开展船舶污染物监测技术和装备研究，填补我国船舶污染监测领域的空白，主要问题归纳如下。

1. 船舶污染物排放的标准体系不完善

上版《船舶污染物排放标准》发布于 1983 年，制定时间较久远，已经不能够适应日益严格的环境保护要求，也不能够体现污染防治技术的快速进步。新发布的《船舶污染物排放标准》（GB 3552—2018）仅有含油污水、生活污水、含有毒液体物质污水和船舶垃圾方面的排放标准，需要尽快制定船舶大气污染排放以及对国际航行船舶压载水排放的相关限制标准。

2. 船舶大气污染物排放监测技术的标准规范缺失

由于船舶大气污染物监测的特殊性，现有的环境监测技术和标准规范尚不能完全适用，存在现有环境监测技术对船舶大气污染物监测支撑不够、监测技术的标准化和规范化不足等问题。

针对船舶废气测定，由于《船舶污染物排放标准》（GB 3552—1983）没有对废气监测的要求，在实际检测过程中主要参考锅炉等相关标准进行采样和测定。船舶具有流动性和一定的商业性，要求监测时间要短、监测方法要符合国标且便于操作，如何准确选择采样方法和检测方法成为实际工作中的一大难题。

3. 船舶污染排放监测缺乏成熟技术手段，在大气污染排放监测和压载水检测中尤为突出

目前船舶污水和垃圾的排放监测主要依赖于海事部门上船检查船舶对污染物去向的记录，以及船舶定期的统计上报，缺乏直接监测。大气污染排放的监管主要以发动机和燃油质量的监督检查为主要手段，通过发动机的前期发证检验、初次发证检验、定期和期间检验等检验环节，可实现发动机性能的严格把控；燃油质量检查的执行相对薄弱，存在经费不足、人手不够、追责困难等难题。在压载水的检测上，国际上的研究也处于起步阶段，只有少量的简单报道，我国目前对压载水的报道基本都是运用物理或是化学的方法对压载水微生物进行处理，在检测方面的成熟技术还比较缺乏。

二、技术需求分析

1. 开展船舶污染物监测监管技术研究是满足国际公约和落实有关行业文件的要求

2015 年交通运输部出台的《船舶与港口污染防治专项行动实施方案（2015—2020 年）》中的第九条“提升污染防治科技水平”，提出“重点开展船舶与港口污染物监测与治理、危险化学品运输泄漏事故应急处置等方面的技术和装备研究”。

2016 年交通运输部印发的《交通运输节能环保“十三五”发展规划》提出“提升船舶污染排放监视监测能力”，《交通运输科技“十三五”发展规划》提出的

节能环保领域重点研发方向中包括区域性交通运输环境监测。

2017 年 11 月，交通运输部印发《关于全面深入推进绿色交通发展的意见》，提出“强化船舶污染物排放监测监管。以船舶排放控制区为重点，开展船舶大气污染物排放和水污染物排放监测监管。推动建立港口和船舶污染物排放、船舶燃油质量等方面的部门间联合监管机制。强化船舶大气污染监测和执法能力建设，严格落实内河和江海直达船舶使用合规普通柴油、船舶排放控制区低硫燃油使用的相关要求”。

目前压载水的检测标准在《船舶压载水和沉淀物控制和管理国际公约》中的第 D2 条已经提出。检测压载水是治理压载水的前提，实现对压载水的检测功能对治理压载水的研究提供了便利，可有效推动压载水治理的研究。

2. 开展船舶大气污染物监测监管技术研究是支撑船舶排放控制区有效监管的需要

根据《船舶大气污染物排放控制区实施方案》《珠三角、长三角、环渤海（京津冀）水域船舶排放控制区实施方案》《船舶与港口污染防治专项行动实施方案（2015—2020 年）》《船舶排放控制区监督管理指南》《上海市人民政府办公厅关于印发上海港实施船舶排放控制区工作方案的通知》等文件要求，海事管理部门需要对排放控制区水域内停泊、作业的船舶大气污染物排放进行监管。

监管形式宜以抽检为主，前期通过安装在固定监测点或海事部门移动执法平台的抽检工具（如遥测装备等）对航行船舶进行初步筛选，初步锁定可能排放超标的船舶，再由监管人员携带便携式监测设备或采样器登船实测，最终确定船舶是否超标排放，核实低硫油使用情况以及使用 LNG 清洁能源等替代措施的有效性。后期可以考虑对大型船舶安装烟气排放在线监测设备，实现实时监测监管。

根据上述监测监管模式，相对应的监测技术设备需求体现在：

（1）远程监测技术设备。在固定监测点或海事巡逻船移动监测点部署光学遥测设备，在无人机移动监测点部署嗅探传感器，用于初步筛查远程疑似超标排放船舶。考虑到船舶大气污染物监测的特殊性，即流动污染源、空间范围广、大气环境复杂、水汽含量大的特点，监测设备应具备结果相对可靠、精度相对较高、覆盖面区域较大、操作相对简单、响应快速等特点。

（2）区域网格化在线监测技术设备。在航道码头、桥梁等船舶航行密集区广泛布设在线监测技术设备，及时掌握区域的污染排放水平，用于初步筛查疑似超标排放船舶。此类监测设备应具备价格低廉、便于安装、结果相对可靠等特点。

（3）便携式监测技术设备。在海事巡逻船移动监测点部署便携式燃料油硫含量分析仪、便携式多气体测定仪，用于执法人员登船快速检测燃料油硫含量以及船舶烟气主要污染物排放浓度。此类设备应具备体积小巧、便于携带、检测快速等特点。

（4）船舶烟气在线监测技术设备。在船舶烟道内安装烟气连续监测系统，以便实时了解船舶当前废气排放信息。此类设备应具备价格低廉、体积小巧、适于安装于船舶烟气排口、多点监测等特点。

目前，美国环保署试点开展了低空飞行项目，即驾驶飞机穿过海洋船舶羽状物并获取排放烟羽的一个样本，通过样本分析仪检测获得海洋船舶排放烟羽的 CO_2 和 SO_2 浓度，进行数据分析并计算燃料的初始硫含量；德国科学家在码头、船舶引航站等位置设置监测站，利用 MAX-DOAS 多轴差分吸收光谱技术监测船舶大气污染物排放；瑞典科学家使用飞机利用光学测量和嗅探器监测船舶大气污染物排放。我国在船舶大气污染物遥感监测技术、飞行监测技术等方面与发达国家还有较大差距。

3. 开展船舶压载水监测监管技术研究是加强压载水处理和监管的需要

对于压载水的处理结果是否符合公约要求，需要通过检测途径来衡量，这需要通过一定设备和方法检测压载水中生物存活量。对于生物的检测技术，传统的方法包括平板计数法、库尔特法、电阻脉冲传感器法、荧光检测法、流式细胞法、三磷酸腺苷生物发光技术、分子检测方法等。例如流式细胞法，在检测时需要首先使用荧光染料标记微生物样品，然后使样品流过流式细胞仪，使用流式细胞仪进行计数和生物细胞活性分析。该方法虽然较传统的细胞计数板技术法自动化程度更高检测，结果也更加准确，但是在检测前需要使用荧光染料标记微生物样品，检测时需要使用精度高、价格昂贵的流式细胞仪。流式细胞仪体积较大，无法满足便携化的要求，而且检测时程序繁琐，对检测人员提出了较高的专业要求，无法实现现场实时检测。其他的几种检测方式也同样需要利用实验室相对成熟的设备和仪器进行分析，不方便带到现场，无法满足实时化、便携化的要求。又如平板计数法，该方法广泛应用在水生生物数量、种群研究等方面，但是检测的过程较为复杂，虽然检测手段容易操作，但是耗时较长，同时对检测人员的专业程度有一定要求。整个检测过程都需要通过肉眼判断海洋生物的存活状态。一些具有鞭毛的藻类，由于其运动能力强，在显微镜中可观察到游动，而这种情况容易对检测结果的准确性造成影响。随着各种生物检测技术不断发展，一些快速、准确、新型的检测方法随之出现。目前，船舶压载水的检测方法较少且不成熟，急需能实时并快速检测的方法以及相关设备设施。

三、技术框架体系及分类

船舶污染物监测监管技术主要包括船舶大气污染物监测技术、船舶水污染物监测技术，具体技术框架体系及分类见图 5-1、表 5-3。

从监测技术发展方向来看，一方面是仪器设备向高端化发展（如激光雷达），另一方面是仪器设备趋向小型化廉价化。船舶污染物监测监管技术框架体系及分类的建立，重点在于技术的适用性和可靠性。

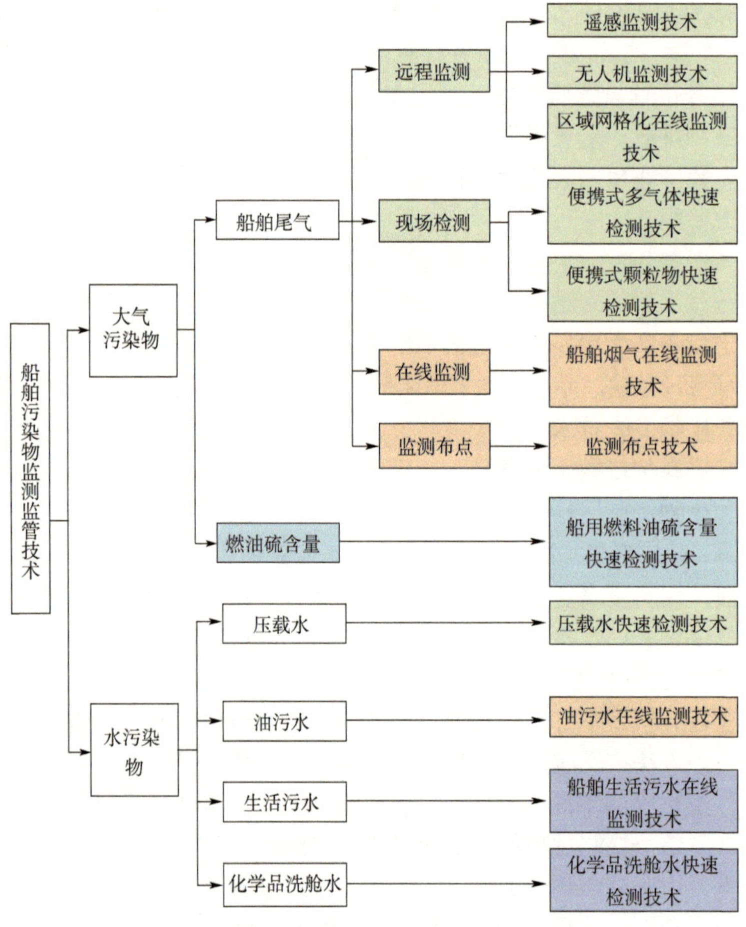

图 5-1　船舶污染物监测监管技术框架体系及分类图

船舶污染物监测监管技术框架体系及分类 表 5-3

技术类别	主要技术	主要问题
前沿技术	船舶尾气遥感监测技术	设备昂贵、技术尚不成熟
	微流控芯片压载水快速检测技术	检测及分类通量较小，检测样品颗粒数量有限，且需要较高的样品处理技术来解决当前检测缺陷
	船舶尾气监测布点技术	监测点反映船舶时空活动水平的代表性和可靠性需要更加科学的论证方法支撑
先进成熟技术	便携式船舶烟气快速检测技术	尚未推广
	船用燃料油硫含量快速检测技术	尚未推广
	船舶油污水在线监测技术	尚未推广
	洗舱水快速检测技术	尚未推广
	船舶生活污水检测技术	尚未推广
需要继续改进完善的技术	区域网格化环境空气质量在线监测技术	非国标方法、筛选可疑船舶的准确性和可靠性有待进一步实际研究明确
	船舶烟气在线监测技术	能否安装在船舶烟气排口、颠簸环境下是否可靠、能否同时兼顾监测船舶主机和辅机排出的废气，有待进一步实际研究明确

四、前沿技术的科研攻关方向

对于具有较强发展潜力的前沿技术，本书提出下一步科研主攻方向或技术发展路线。

（一）船舶尾气遥感监测技术

考虑到船舶大气污染物监测的特殊性，即流动污染源、空间范围广、大气环境复杂、水汽含量大的特点，研究应基于岸基、桥梁、执法船、无人机的光学遥感设备和嗅探器的配置场景及技术的可靠性。应在部分港口开展船舶尾气遥感监测试点，尽快研发结果相对可靠、精度相对较高、覆盖面区域较大、操作相对简单、响应快速的船舶尾气遥感监测设备。

DOAS 产品和红外傅里叶变换气体分析仪需把发射和接收（或主机和反射镜）安装在采样线的两端，来实现光程上污染物平均浓度的监测。光程通常不超过 2km，一定程度上可以用于河面宽度较窄的内河航道，但无法用于船舶排放控制区实现大范围污染物浓度的空间监测和对超标排放船舶的定位。

DIAL 产品采用遥测方式，探测范围可达 5km，能对大范围污染物浓度的空间分布进行探测，但普遍体积较大，较难实现便携式测量。针对船舶排放控制区，可以设置岸基、车载、船载、机载等安装方式，并配备旋转扫描装置以实现大气污染物的 3D 探测。

（二）微流控芯片压载水快速检测技术

科研机构和船用设备厂商普遍关注压载水处理系统的研发，缺乏面向压载水港口国管理的分析仪器的研发。从简化压载水港口国管理和方便船舶的角度来看，国际海事组织也建议港口国在开展压载水分析时，可以在压载水排放时开展初步的分析，看是否存在潜在的排放超标。该分析有助于港口国官员进一步采取可能的措施来避免压载水的超标排放，同时也可避免对每一艘船舶都开展繁琐的详尽分析。

目前，将压载水检测结合微流控芯片技术，可将常规实验室中涉及的样品制备、生物与化学反应、分离检测等基本操作集成在微米级的芯片上，是便携式、自动化生化仪器的技术核心。近些年来，基于微流控芯片的颗粒电子检测研究已获得了广泛关注。在国内，大连海事大学微流体生物芯片实验室采用基于库尔特原理的微流控芯片实验室，已成功实现微纳米颗粒、细菌和海藻的电子检测和计数，该项研究为发展基于微流体芯片的压载水快速检测装置奠定了坚实的基础。发展基于微流体芯片技术的海洋生物检测装置是面向海洋现场监测和调查便携式快速检测需求的最好解决方案。

（三）船舶尾气监测布点技术

船舶作为移动源，空间活动范围广，研究船舶尾气监测布点技术，对于提升监测点反映船舶时空活动水平的代表性和可靠性具有重要作用。应在部分港口开展船舶尾气监测布点并试点监测，收集相关地形、气象、监测、港区平面布置、船舶航行轨迹等相关数据，基于运筹学、统计学等数学方法研究提出科学合理的船舶尾气监测布点技术。

五、先进技术的推广和鼓励应用政策

《交通运输节能环保“十三五”发展规划》要求“提升船舶污染监视监测能力”。《船舶大气污染物排放控制区实施方案》《珠三角、长三角、环渤海（京津冀）水域船舶排放控制区实施方案》《船舶与港口污染防治专项行动实施方案（2015—2020 年）》《船舶排放控制区监督管理指南》等文件要求，海事管理部门需要对排放控制区水域内停泊、作业的船舶大气污染物排放进行监管。应推广和应用便携式船舶烟气快速检测技术、船用燃料油硫含量快速检测技术、船舶油污水在线监测技术、洗舱水快速检测技术、船舶生活污水检测技术等先进成熟技术。下一步海事部门宜尽快建立船舶污染监测工作机制，制定船舶污染监测工作方案，明确年度监测工作计划、监管模式、监测因子和频率，发布船舶污染监测技术框架体系及分类和技术选用指南，切实有效地推动船舶污染监测工作实施。

六、标准规范体系制修订方案

现阶段我国船舶污染物排放标准和监测标准方面，不匹配、不衔接的问题较为突出。关于船舶污染物排放标准，需要尽快完善船舶大气污染物排放以及压载水排放的限制要求；关于船舶污染物监测标准，需要尽快引入先进成熟的适用技术，建立系列标准，填补空白，并针对海事管理部门执法需求制定《船舶大气污染物监测技术标准》《船舶污染物监测装备配置标准》。

第二节　港口污染物监测监管技术

一、国内外现状及问题

（一）国内外现状

1. 港口环境监测监管要求

1）环境监测法律要求

环境监测尚未单独立法，主要依附全国人大常委会制定并发布的环境保护法律，如基本法《环境保护法》。环境保护单行法《环境影响评价法》《大气污染防治法》《海洋环境保护法》《水污染防治法》《环境噪声污染防治法》《固体废物污染环境防治法》，都根据基本法分别作了相应的环境监测制度法律规定。相关法律和条款见表 5-4。

2）环境监测法规要求

环境监测亦无专门法规，有关法规规定分布在环境保护法规之中，但相对数量较少，如《征收排污费暂行办法》第十条、《国务院关于环境保护工作的决定》第五条、《排污费征收使用管理条例》第九条、《水污染防治法实施细则》第十三条。

港口环境监测监管的相关法律和条款 表 5-4

法律	时间	条款	条款内容
新《环境保护法》	2014 年	第十七条	国家建立、健全环境监测制度。国务院环境保护主管部门制定监测规范，会同有关部门组织监测网络，统一规划国家环境质量监测站（点）的设置，建立监测数据共享机制，加强对环境监测的管理 有关行业、专业等各类环境质量监测站（点）的设置应当符合法律法规规定和监测规范的要求 监测机构应当使用符合国家标准的监测设备，遵守监测规范。监测机构及其负责人对监测数据的真实性和准确性负责
《环境保护法》	1989 年	第七条	国家海洋行政主管部门、港务监督、渔政渔港监督、军队环境保护部门和各级公安、交通、铁道、民航管理部门，依照有关法律的规定对环境污染防治实施监督管理
		第十一条	国务院环境保护行政主管部门建立监测制度，制定监测规范，会同有关部门组织监测网络，加强对环境监测的管理
《环境影响评价法》	2016 年	第二条	本法所称环境影响评价，是指对规划和建设项目实施后可能造成的环境影响进行分析、预测和评估，提出预防或者减轻不良环境影响的对策和措施，进行跟踪监测的方法与制度
		第十五条	对环境有重大影响的规划实施后，编制机关应当及时组织环境影响的跟踪评价，并将评价结果报告审批机关；发现有明显不良环境影响的，应当及时提出改进措施
		第十七条	建设项目的环境影响报告书应当包括下列内容：……(六)对建设项目实施环境监测的建议
《大气污染防治法》	2015 年	第四条	国务院环境保护主管部门会同国务院有关部门，按照国务院的规定，对省、自治区、直辖市大气环境质量改善目标、大气污染防治重点任务完成情况进行考核
		第六十三条	内河和江海直达船舶应当使用符合标准的普通柴油。远洋船舶靠港后应当使用符合大气污染物控制要求的船舶用燃油 新建码头应当规划、设计和建设岸基供电设施；已建成的码头应当逐步实施岸基供电设施改造。船舶靠港后应当优先使用岸电
《海洋环境保护法》	2017 年	第五条	国家海事行政主管部门负责所辖港区水域内非军事船舶和港区水域外非渔业、非军事船舶污染海洋环境的监督管理，并负责污染事故的调查处理；对在中华人民共和国管辖海域航行、停泊和作业的外国籍船舶造成的污染事故登轮检查处理
		第十四条	依照本法规定行使海洋环境监督管理权的部门分别负责各自所辖水域的监测、监视。其他有关部门根据全国海洋环境监测网的分工，分别负责对入海河口、主要排污口的监测

续上表

法律	时间	条款	条款内容
《水污染防治法》	2017年	第九条	交通主管部门的海事管理机构对船舶污染水域的防治实施监督管理
		第二十五条	国家建立水环境质量监测和水污染物排放监测制度。国务院环境保护主管部门负责制定水环境监测规范，统一发布国家水环境状况信息，会同国务院水行政等部门组织监测网络，统一规划国家水环境质量监测站（点）的设置，建立监测数据共享机制，加强对水环境监测的管理
《环境噪声污染防治法》	1996年	第六条	各级公安、交通、铁路、民航等主管部门和港务监督机构，根据各自的职责，对交通运输和社会生活噪声污染防治实施监督管理
		第二十条	国务院环境保护行政主管部门应当建立环境噪声监测制度，制定监测规范，并会同有关部门组织监测网络
		第二十一条	县级以上人民政府环境保护行政主管部门和其他环境噪声污染防治工作的监督管理部门、机构，有权依据各自的职责对管辖范围内排放环境噪声的单位进行现场检查
《固体废物污染环境防治法》	2015年	第十条	国务院环境保护行政主管部门对全国固体废物污染环境的防治工作实施统一监督管理。国务院有关部门在各自的职责范围内负责固体废物污染环境防治的监督管理工作
		第十二条	国务院环境保护行政主管部门建立固体废物污染环境监测制度，制定统一的监测规范，并会同有关部门组织监测网络

3）环境监测规章要求

环境监测规章是由国务院环保行政主管部门发布或国务院环保行政主管部门会同国务院有关部委联合发布的规定和办法，这是环境监测法律体系的主要组成部分。如1983年由城乡建设环境保护部颁布的《全国环境监测管理条例》、1994年国家环保局《关于进一步加强环境监测工作的决定》、2000年国家环保总局下达的《关于建设项目环境保护设施竣工验收监测管理有关问题的通知》、2001年颁布的《建设项目竣工环境保护验收管理办法》、1999年《污染源监测管理办法》、1991年出台的《环境监测质量保证管理规定(暂行)》和《环境监测人员合格证制度(暂行)》、1996年颁布的《环境监测报告制度》、2007年发布的《环境监测管理办法》等系列文件。相关规章见表5-5。

环境保护主管部门颁布的环境监测相关规章　　表 5-5

部门规章	时间	条款	条款内容
《全国环境监测管理条例》	1983 年	第三条	环境监测工作在各级环境保护主管部门的统一规划、组织和协调下进行。各部门、企事业单位的环境测试机构参加环境保护主管部门组织的各级环境监测网
《污染源监测管理办法》	1999 年	第七条	行业主管部门设置的污染源监测机构负责对本部门所属污染源实施监测，行使本部门所赋予的监督权力。其主要职责是：（一）对本部门所辖排污单位排放污染物状况和防治污染设施运行情况进行监测，建立污染源档案。（二）参加本部门重大污染事故调查。（三）对本部门所属企业单位的监测站（化验室）进行技术指导、专业培训和业务考核
		第十一条	污染源监测网的各成员单位在监测网的统一安排下，可承担本部门、本单位以外的污染源排污监测、防治污染设施运行效果监测和根据环境管理需要开展的各种污染源监测，并对监测结果负责
《环境监测管理办法》	2007 年	第二十一条	不具备环境监测能力的排污者，应当委托环境保护部门所属环境监测机构或者经省级环境保护部门认定的环境监测机构进行监测；接受委托的环境监测机构所从事的监测活动，所需经费由委托方承担，收费标准按照国家有关规定执行 经省级环境保护部门认定的环境监测机构，是指非环境保护部门所属的、从事环境监测业务的机构，可以自愿向所在地省级环境保护部门申请证明其具备相适应的环境监测业务能力认定，经认定合格者，即为经省级环境保护部门认定的环境监测机构 经省级环境保护部门认定的环境监测机构应当接受所在地环境保护部门所属环境监测机构的监督检查

从交通运输部自身发布的环境保护规章制度来看，与港口环境监测监管有关的行业技术政策体系有良好的基础。20 世纪 80 年代以来陆续发布的规章有：《交通部环境监测工作条例（试行）》〔（80）环办字第 1 号〕、《交通部环境监测工作条例》（交环字〔1982〕2592 号）、《交通部环境监测工作条例实施细则》（（87）交环字 123 号）、《交通行业环境保护管理规定》（交环保发〔1993〕1386 号）、《交通建设项目环境保护管理办法》（交通部令 2003 年第 5 号）等。2008 年，为进一步加强行业监测管理，原交通部对《交通部环境监测工作条例》进行了修订，颁布实施了《交通运输行业公路水路环境监测管理办法》（交环发〔2008〕112 号）和《交通运输行业公路、水路环境统计报表制度》（厅规划字〔2012〕52 号）。2013 年 1 月，为加强和规范交通运输行业环境监测网成员单位的管理，

交通运输部制定了《交通运输行业公路水路环境监测网成员单位管理办法》（交规划发〔2013〕27号）。这些法规政策文件均对港口开展的环境监测监管工作和监测技术进行了规定。具体规章和相关条款见表5-6。

交通运输主管部门颁布的环境监测规章和相关条款　　表5-6

部门规章	时间	条款	条款内容
《交通行业环境保护管理规定》	1993年	第十条	交通部设立环境监测总站，负责交通行业环境保护监测网站管理、技术仲裁、环境评价等工作；地方交通管理部门和交通行业企事业单位按交通部的统一规划设立监测站（或室），负责当地交通行业和本单位环境监测、污染源监测、应急监测、环境评价，以及编报监测资料等工作
《交通运输行业公路水路环境监测管理办法》	2008年	全文	全文
《交通运输行业公路、水路环境统计报表制度》	2012年	报表目录	交环7-1表　排放废水中污染物监测情况表 交环7-2表　排放废气中污染物监测情况表 交环7-3表　水质常规监测表 交环7-4表　环境空气常规监测表 交环7-5表　噪声污染监测情况表
《交通运输行业公路水路环境监测网成员单位资格管理办法》	2013年	全文	全文

总体来看，环境保护与监测相关法律明确赋予了交通运输主管部门实施行业污染监管的职责，并要求会同国务院环境保护行政主管部门共同开展环境监测监管工作。为了有效开展交通行业污染监管工作，交通运输部门需要开展环境监测工作作为支撑。

2. 港口环境监测监管业务开展情况

交通运输行业环境监测工作最早起步于港口。港口实际所属水陆域区域广泛，除船舶、运输、仓储、装卸、物流配货外，还有众多的行业和单位；水域除航行、运输功能外还有饮用水、工农业用水、泄洪、排污、养殖、渔业等各种功能。港口环境监测的任务主要是港区水陆域环境质量监测、污染源调查与监督性监测、治理设备使用效果监测、治理研究监测、事故污染应急监测以及参与建设项目环境影响评价本底调查等。对于港区大气环境，一般有干散货码头的污染源监测和港区环境质量监测；如遇有环境纠纷和投诉，环保系统针对空气污染源会进行监督性监测。对于港区水环境污染物，主要包括3类，分别是化学品类、生产废水和生活污水。化学品类污染物一般交予有资质的单位处理，其他废水进入市政污水管网或者港口自建污水处理设施进行处理而后达标排放。地方环保局对港口排污口每年会进行监督性监测，且在港区内设置水监测断面，用于评估当地总体的水环境质量。对于港区噪声，主要进行针对厂界和敏感目标的污染源监测，暂无声环境质量监测；如遇有环境纠纷和投诉，环保系统针对噪声会进行监督性监测。

为了保证港口环境保护工作与监测工作的实施，从20世纪70年代后期开始，原交通部先后在大连、防城港等沿海港口，以及南京、武汉等内河港口，建设了近20个港口环境监测站，主要开展港口常规的环境质量监测和污染源监督性监测。从1987年起，交通运输部环境监测总站汇总各港口水域监测数据，编写了《港口水域环境质量年报》。根据原交通运输部环办发布的《关于公布交通运输行业环境监测资质证书单位名单（第一批）的通知》（交环发〔2008〕253号）、《关于公布交通运输行业环境监测资质证书单位名单（第二批）的通知》（交海发〔2009〕56号）、《关于公布交通运输行业环境监测资质证书单位名单（第三批）的通告》（交通运输通告2010年第4号）以及调研情况，汇总发现10家取得或者曾经取得交通运输部颁发行业环境监测资质证书的行业环境监测站，具体情况见表5-7。

交通运输行业环境监测资质证书发放情况 表5-7

批次	序号	单位名称	级别	证书编号
第一批	1	中国海事局烟台溢油应急技术中心	行业环境监测中心站	0805
第二批	2	湛江市港口环保监测站	行业环境监测中心站	0907
	3	大连港技术检测中心环境监测站	行业环境监测中心站	0908
	4	上海港港政管理中心	行业环境监测中心站	0912
	5	秦皇岛港股份有限公司环境监测站	行业环境监测中心站	0914
	6	南京港环境监测站	行业环境监测中心站	0915
第三批	7	三峡流动污染源重庆监测站	行业环境监测站	1017
	8	营口港务集团环境监测与分析化验中心	行业环境监测中心站	1018
	9	连云港环境监测站	行业环境监测中心站	1009
早期	10	天津港环境监测站	行业环境监测中心站	

为保证行业监测站的监测能力和人员技术水平满足行业监测的要求，交通运输部组织开展了行业环境监测站资质考核工作、监测人员上岗培训与继续教育培

训、质量管理工作，努力实现监测工作的规范化、制度化、标准化。经过三十多年的发展，港口环境监测工作在设备设施、人员配置及业务工作方面都有较大发展，我国港口整体上具备了主要环境要素指标的监测能力，港口环境监测主要包括港区废水排放（污水总排放口、生活污水、油污水、矿石污水和化学品污水处理设施排放口）、废气（堆场扬尘、港区锅炉除尘设备等）、噪声（机械设备噪声、边界噪声）、辐射等污染源监测，以及港口区域环境质量监测（涉及港口水域水质、底质、港区大气、声环境等）。

港口环境监测指标是根据质量标准和污染物排放标准确定的，主要有《环境空气质量标准》《大气污染物综合排放标准》《地表水环境质量标准》《地下水质量标准》《污水综合排放标准》《城镇污水处理厂污染物排放标准》《声环境质量标准》《城市区域环境噪声标准》《工业企业厂界环境噪声排放标准》《土壤环境质量标准》等。其中，《环境空气质量标准》（GB 3095—1996）规定，监测的污染物主要有二氧化硫（SO_2）、总悬浮颗粒物（TSP）、可吸入颗粒物（PM_{10}）、二氧化氮（NO_2）、一氧化碳（CO）和臭氧（O_3）。《地表水环境质量标准》要求的监测指标包含基本项目 24 项，适用于全国江河、湖泊、运河、渠道、水库等具有使用功能的地表水水域；集中式生活饮用水地表水源地补充项目 5 项；集中式生活饮用水地表水源地特定项目 80 项；补充项目和特定项目适用于集中式生活饮用水地表水源地一级保护区和二级保护区，是基本项目的补充指标；共计 109 项。

3. 港口环境监测监管技术状况

国外对环境监测的认识和起步都很早，已有近百年的历史，20 世纪 40 年代以自发监测为主，20 世纪 50 年代以被动监测为主，20 世纪 60 年代环境监测作为一种新技术开始出现。20 世纪 70 年代在环境学的指导下国外开始自主监测，在联合国环境署建立了生态环境监测中心，对全球的生态环境进行监测。自从那时开始国外的环境监测慢慢步入正轨，建立了比较完整和正确的环境监测体系，先进的监测技术和设备应用广泛，配套的政策措施较为完善。相比国外，我国环境监测起步较晚，在 20 世纪 70 年代才开始这项工作，随着技术的发展，环境监测系统才慢慢建立起来。在 20 世纪 70 年代，我国建立了各类和各级的环境监测系统和环境监测站，20 世纪 80 年代我国各级监测站开始对一些环境进行监测，一直到今天，我国建立了遍布全国的环境监测系统和网络。

港口各环境要素指标的监测技术均执行相应的国家标准或行业标准，相关监测设备和技术方法较为成熟。从监测方式看，主要有在线监测技术、实验室分析技术和便携式监测技术等。常用的分析测定方法主要包括化学分析法和物理化学

分析法（仪器分析法）。

化学分析法主要包括容量法（酸碱滴定、氧化还原滴定、沉淀滴定和络合滴定）和重量法。其主要特点有：①准确度高，相对误差为 0.1% ~ 0.2%；②设备简单，成本低，保养维修方便；③灵敏度低，仅适用于高含量组分的测定，对微量组分则不能适用；④选择性差，往往需要复杂的预处理。

常用的仪器分析方法主要包括电化学分析法、光学分析法、色谱法和联用法等。其中，电化学分析法主要有电化学滴定法（电导法、离子选择性电极法）、电解分析法（库仑分析法）、极谱分析法。光学分析法主要有原子光谱分析法（原子发射光谱法、原子吸收光谱法）和分子光谱分析法（可见紫外分光光度法、红外分光光度法、荧光分析法、非色散红外吸收法）。色谱法主要有 GC、HPLC、IC、CE 等。联用法主要有 GC-MS、GC-IR、LC-MS、ICP-MS 等。仪器分析法主要优点有：①灵敏度高，适用于微量和痕量组分的分析；②选择性好，对样品预处理要求简单；③响应速度快，容易实现连续自动测定；④组合使用，鉴别能力强。主要不足有：①相对误差较大（3%~5%）；②仪器的成本较高，维修保养较为复杂。

港口环境监测常用到的监测设备主要有荧光分光光度计、离子色谱仪、红外油分测定仪、气相色谱 / 质谱联机等。目前我国港口环境监测主要监测指标及执行的标准和常用技术设备见附表。

（二）主要问题

三十多年来，在交通运输部主管部门的领导下，我国港口监测单位依据《交通运输行业公路水路环境监测管理办法》（原《交通部环境监测管理条例》）及国家、行业环境监测法律、法规的要求，开展了大量环境监测工作，为防治港口环境污染、保护港口环境质量、掌握港口环境发展变化趋势、加强环境保护管理工作，提供了大量的监测数据。但随着港口体制改革，监测工作在发展过程中也遇到了瓶颈。主要体现在：港口监测站定位、职能、作用不明晰；部分港口管理部门和港口企业对监测工作重要性的认识程度不够，造成资金保障困难，人员缩编严重，仪器设备更新慢；监测站取得计量认证资质证书困难，制约了监测工作的进一步发展；港口环境监测缺少技术规范，监测规范化有待加强。具体监测技术和配套政策存在的问题如下。

1. 港口环境监测监管责任主体落实不到位

随着 2003 年我国港口管理体制改革，港口环境保护和监测机构的管理也发生了很大变化。从职能上看，某些监测站受到弱化，甚至个别港口集团公司取消了环境监测机构。从管理体制上看，某些监测站纳入政府管理系列，行使政府管理职能，监测人员纳入公务员编制；而大多数监测站纳入港口集团公司管理，监测工作直接为企业的环境管理服务。整体来看，现阶段港口环境监测监管工作逐渐呈弱化和边缘化态势，亟需完善相关的行业环境监测监管法规政策体系，落实责任主体，将现有资源进一步整合。

2. 地下水、土壤、水生生物监测工作开展较少，监测技术应用较少，相关引导政策缺失

目前，我国港口大气、水和噪声环境监测工作开展较为广泛，监测技术和设备较为成熟，只有水生生物监测较少，其他监测指标覆盖较为全面。港区内的油品码头、污水处理站和应急池等都有可能对地下水和土壤造成不良影响，而目前针对港区地下水和土壤的环境监测工作处于初级阶段，相应的监测技术、监测设备应用和引导政策缺乏，需要填补该方面的缺口。

3. 统一的港口环境监管中心控制信息平台缺失

目前，已开展的港口水、空气和声环境监测均有各自的数据平台，但各为一体，尚未形成统一的数据集成平台，不利于港口环境的统一监管和执法，应发展统一的港口环境监管中心控制平台，方便于日常监管，更好地服务港口环境保护工作。

4. 相关标准、技术规范等不完善

港口大气环境通常含有镍、铜、钒和海盐等特征污染物，在进行城市大气污染来源解析时，需要监测港口环境空气中的镍、铜、钒和海盐等特征因子，进而确定港口源的贡献；而港口环境空气监测中关于镍、铜、钒和海盐的监测标准仍缺失。同时，港口区域交通基础设施相对多样，交通运输活动类型相对复杂，港口环境空气监测涉及流动源、固定源、路边站、自动站等监测类型，而这方面的布局技术规范尚未制定。

二、技术需求分析

港口环境是极其复杂的，港口环境监测是认识、掌握和评价港口环境的手段，是环境管理决策、立法执法、科研环评的依据。环境监测技术是开展环境监测工作的必备技术条件。

（一）国家和行业环境监管工作需求分析

国家法律法规、政策文件及近岸海域环境功能区划、海洋环境功能区划、水环境功能区划、环境空气功能区划、声环境功能区划等功能区划均对港区区域的

海水水质、海洋沉积物、海洋生物、水环境、环境空气、声环境的环境质量进行了规定，如《海水水质标准》（GB 3097—1997）、《海洋沉积物质量标准》（GB 18668—2002）、《海洋生物质量标准》（GB 18421—2001）、《地表水环境质量标准》（GB 3838—2002）、《环境空气质量标准》（GB 3095—2012）、《声环境质量标准》（GB 3096—2008）、《工业企业设计卫生标准》（GBZ1—2010）等。落实上述标准规定，需要开展港口环境监测工作。

交通运输部历来重视港口环境监测工作，自20世纪80年代起陆续颁布了《交通部环境监测工作条例（试行）》〔（80）环办字第1号〕、《交通部环境监测工作条例》（交环字〔1982〕2592号）、《交通部环境监测工作条例实施细则》〔（87）交环字123号〕、《交通行业环境保护管理规定》（交环保发〔1993〕1386号）、《交通建设项目环境保护管理办法》（交通部令2003年第5号）、《交通运输行业公路水路环境监测管理办法》（交环发〔2008〕112号）等专项管理制度，一直稳步推动港口环境监测工作。2015年5月印发的《全国公路水路交通运输环境监测网总体规划》（交规划发〔2015〕81号）对沿海港口和内河港口环境监测做出了布局要求。《交通运输节能环保"十三五"发展规划》要求"推进交通运输环境监测网建设，其中重点监测对象覆盖率达到25%以上，实现对国家高速公路、沿海及内河主要港口、长江干线航道和省级高速公路、沿海及内河地区性重要港口环境监测对象的有效监测"。"十三五"期间及未来相当长一段时期内我国港口将开展大量的环境监测工作，这就需要相应的环境监测技术作为基本的技术支撑。

（二）港口污染防治工作需求分析

港口建设和运营不可避免地会对周边生态环境造成影响，根据国家和行业法律法规要求，需要开展大量的污染防治工作，建设大量的污染防治工程和设施。为科学评估污染防治设施的有效性，需要开展相应的环境监测工作，从而检验污染防治工程的性能。同时，相关的标准规定对港区内污染物排放也有相应的要求，如《大气污染物综合排放标准》（GB 16297—1996）、《污水综合排放标准》（GB 8978—1996）、《船舶水污染物排放控制标准》（GB 3552—2018）、《工业企业厂界环境噪声排放标准》（GB 12348—2008）、《建筑施工场界环境噪声排放标准》（GB 12523—2011）等，需要采取合理的环境监测技术，确保污染物排放监督工作的科学、合理和便捷。

（三）技术本身发展需求分析

近些年来，在环境监测中出现了许多的新技术和新方法，它们进一步提高了环境监测的准确度，并大幅度提高了环境监测的便利性。

单细胞凝胶电泳技术 (SCGE) 可以快速地监测生物体内的 DNA 的损伤程度。生物传感器在环境监测中的优势越来越明显，逐渐受到人们的关注。硝酸盐微生物传感器可用来监测饮用水和废水，亚硫酸传感器可用来监测大气和废气，电位型和安培型传感器可以用来监测农药的残留量。企业污染物的产生、排放都处于动态变化之中，环境监测数据量大，及时性强，共享要求高，并要求有相对的完整性和对历史数据的可查阅性。目前多种监测指标信息集成和远程监控技术开始在环境监测工作中应用，将 IT 技术引入环保月报、季报、年报管理，环保信息综合管理，环保标准管理等，可减少人工重复劳动，提高环境监测管理的速度和效率。

总体上看，我国港口环境监测工作在地下水、土壤、水生生物及信息集成技术研发与推广应用方面还有很大发展空间。

三、技术框架体系及分类

经过三十多年的发展，我国整体的环境监测事业取得了长足进步，我国已初步建立了环境监测技术体系框架：一是研究并确立了环境空气、地表水、噪声、固定污染源、生态、固体废物、土壤、生物、电磁辐射等 9 个环境要素的监测技术路线体系；二是颁布了地表水和污水、空气和废气、生物、噪声、放射性、污染源等环境要素的监测技术规范以及污水主要污染物排放总量监测技术规范；三是印发了地表水水质评价、湖泊富营养化评价、沙尘天气分级评价、声环境质量评价、生态环境质量评价等技术规定；四是颁布了近 400 项环境监测方法标准、227 项环境标准样品和 20 项环境监测仪器设备技术条件；五是颁布了 20 余项环境监测质量保证和质量控制方面的国家标准，出版了《环境水质监测质量保证工作手册》和《环境空气监测质量保证工作手册》。

港口环境监测涵盖水、空气、声、生态等要素。我国整体的环境监测技术框架体系及分类适应于港口环境监测工作。从具体的港口环境监测技术来看，港口环境监测技术主要有在线监测技术、实验室分析技术和便携式监测技术，目前港口实际开展的环境监测业务有成熟的技术和设备支撑，但地下水、土壤和水生生物监测业务开展较少，目前港口环境监测技术体系中地下水、土壤和水生生物监测技术仍不健全，亟需补充完善，同时一体化的环境监控中心控制信息平台缺少，导致港口环境的统一监管和执法难度较大，工作效率不高。港口环境监测监管技术分类和体系框架分别见表 5-8 和图 5-2。

港口环境监测监管技术分类　　表 5-8

技术类别	主要技术	主要问题
前沿技术	港口多环境要素一体化监管信息平台	技术尚不成熟
	水生生物快速检测技术	技术尚不成熟
先进成熟技术	地下水环境监测技术	尚未推广
	土壤环境监测技术	尚未推广

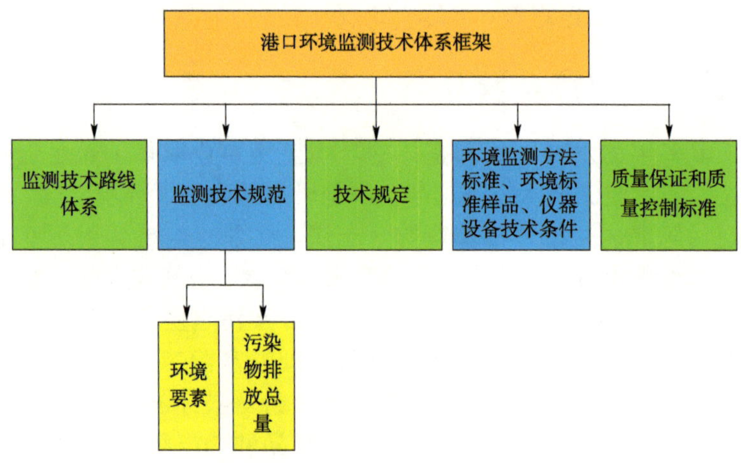

图 5-2　港口环境监测技术体系框架

四、前沿技术的科研攻关方向

（1）开展地下水、土壤和水生生物监测技术的研发和应用。目前在水、气和声环境方面，我国港口环境监测开展较多，技术设备较为成熟，标准规范也较为完善；但地下水和土壤监测在全国来看仍处于初级阶段，尚未推广，港口也只是在项目建设期进行了零星的生态监测，技术设备需要推进应用和研发。而针对水生生物的快速监测技术还不成熟，需要加大技术研发。

（2）开展港口多环境要素监测数据集成平台和远程监控技术的研发。目前港口环境监测实际工作中，各环境要素的监测数据往往是独立的、分散的，未为形成统一的数据集成平台，不利于港口环境的统一监管和执法，应研发和推广统一的港口环境监管中心控制信息平台技术，并实现多环境要素监测的远程监控，实现可视化、便捷化，方便于日常监管，更好地服务港口环境保护工作。

五、先进技术的推广和鼓励应用政策

2015 年 5 月 28 日，交通运输部印发了《全国公路水路交通运输环境监测网总体规划》，明确将丹东港、大连港等 41 个沿海港口和泸州港、重庆港等 29 个内河港口纳入全国重点监测对象。2016 年 5 月 31 日印发的《交通运输节能环保“十三五”发展规划》也强调“推进交通运输环境监测网建设，加强对国家高速公路、沿海及内河主要港口、长江干线航道等重点监测对象的覆盖，提升船舶污染监视监测能力”。2017 年 11 月 25 日印发的《交通运输部关于全面深入推进绿色交通发展的意见》也要求，推动建立港口和船舶污染物排放、船舶燃油质量等方面的部门间联合监管机制。在交通运输部推动行业环境监测网建设的大背景下，可从以下几个方面推动相关港口环境监测技术的应用和研发。

（1）编制省级交通运输行业环境监测网规划，明确港口环境监测布局，从顶层设计上推进港口环境监测工作。

（2）制定港口环境监测工作方案，增加地下水、土壤和水生生物指标的监测内容；同时，推广建设港口多环境要素一体化监管信息平台。

（3）发布港口环境监测技术框架体系及分类，明确将地下水、土壤和水生生物监测技术纳入港口环境监测技术清单中。

（4）发布《关于推进港口环境监测的指导意见》，明晰各方事权，落实责任，明确开展港口环境监测的资金渠道；推进港口环境监测相关标准、技术规范的制修订；加快水生生物快速检测等前沿技术的研发与应用。

六、标准规范体系制修订方案

目前，我国整体环境监测技术方面的标准规范、技术规定、方法等较为完备，结合港口自身特点，制定了系列针对港口环境监测的标准规范，如《港口环境空气质量监测点位布设技术规范》《大型散货码头污染排放监测点位布设技术规范》《港口施工期、运营期环境监测技术规范》《港口能耗在线监测系统建设规范》《港口环境空气监测指标规定》等。针对交通运输行业自身特点，我国制定了《交通运输环境在线监测站建设和运营技术要求》。由于目前水生生物监测技术较为薄弱，建议联合相关部门制定港口水生生物快速检测方法与标准。

第三节 船舶与港口营运能效监测技术

一、国内外现状及问题

（一）国内外现状

国外发达国家在船舶与港口能效监测方面一直积极行动，20 世纪 90 年代，国际海事组织海环会（MPEC）42 次会议开始提出降低船舶温室气体排放的问题；2010 年 MEPC 60 次会议讨论了“关于制定《国际防止船舶造成污染公约》（MARPOL）附则 VI 修正案”的提议，审议了对所有在航船舶强制实行“船舶能效管理计划”（SEEMP）的可行性，并于 2011 年通过，2013 年生效；2013 年 6 月，欧盟委员会提出了航运温室气体排放“监控、报告、验证（Monitoring, Reporting, Verification）”法规草案，简称“MRV 法规”。2016 年，MEPC70 次会议通过了关于船舶油耗数据收集机制的 MARPOL 附则 VI 修正案，会议通过了海运减排战略路线图，决定 2018 年完成初步战略，2023 年形成正式战略。根据该法规草案，船舶监测、计算自身运营时燃油消耗、二氧化碳排放以及相关信息，由经认证的第三方机构对提交的数据进行验证，并按规定期限上报。针对燃油消耗的监测，MRV 提供了三种方法：①燃油供应单查验。此种方式几乎不增加任何成本，但使用范围有限，不适用于以货物为燃料的船只（如 LNG 船等），且精确度差。②舱内油位监测。这种方式简便易行，设备成本相对较低，可以通过手动或电子的方式进行监测，但是精确度根据船舶构造和软件的使用而变化。③流量计监测。这种方式能够达到较高的精确度且易于对欧盟区内 / 外分别监测，但设备成本较高。MRV 法规的具体实施流程如图 5-3 所示。

比较而言，德国在能耗方面做得比较完善，除设计了可量化的指标体系以外，还建立了相应的组织、人员、制度来保证能耗监测的顺利进行。此外，新奥尔良港、鹿特丹港、汉堡港和新加坡港等国际大港在物联网技术、大数据技术、云计算技术等应用方面都取得了优秀成果，其中运输网络化、物流服务、电子数据交换和信息服务平台等的建设大大提高了港口的作业效率，代表着世界港口发展的新趋势。

我国为掌握交通运输行业节能降耗演变趋势，及时了解节能管理工作的进展情况，也有序开展了一系列船舶能耗统计监测工作。2010 年，交通运输部制定了《交通运输能耗统计监测报表制度》，明确对内河及海洋货运船舶、水运和港口企业、港口装卸机械及码头单位开展能耗调查。

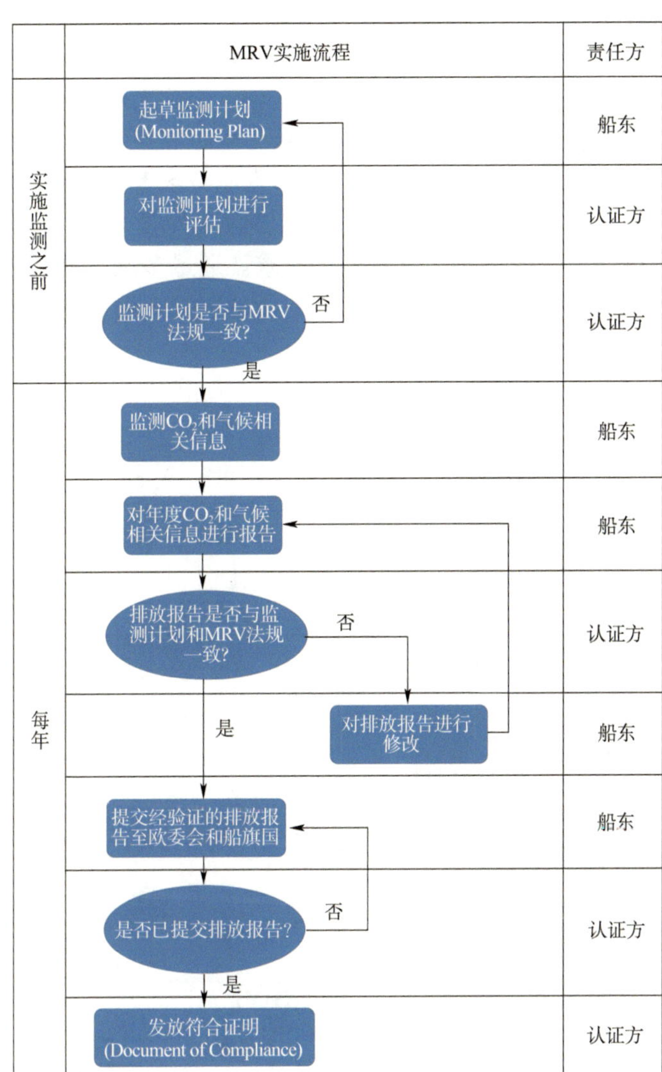

图 5-3　MRV 法规实施流程

传统的船舶与港口能效监测主要通过燃油流量计计量和电表读数实现，采用人工抄表、手工报表进行统计分析。

现代化的船舶与港口能效监测主要依靠在线监测系统和智能化监测平台：①在线监测系统是指船舶端录入船舶的正午报告等信息，生成标准格式文件，通过电子邮件系统将这个文件传回到机关专设的一个公共邮箱，并导入到专用数据库。所有的过程都是自动的，不需要手工干涉，使机关能及时获取船舶每天的油耗资料。该软件系统在每天录入数据的同时，可以自动进行油耗数据的统计，形成标准格式的周耗、月耗、季耗、航次消耗统计报告。除此之外，该系统还加入了与船舶航行有关的海况信息、船舶动态信息，可为跟踪和控制油耗提供决策依据。

②智能化监测平台是利用计算机网络技术、数据库技术等物流信息技术研发能耗监测和分析系统，实现能耗数据的自动采集与信息共享功能，满足油耗查询、船舶设备信息查询、船舶运行状态查询等需求。通过多条件的比较分析方法，结合船舶运行状况，可给出船舶燃油消耗的最佳决策。油耗在线监测系统原理图如图 5-4 所示。

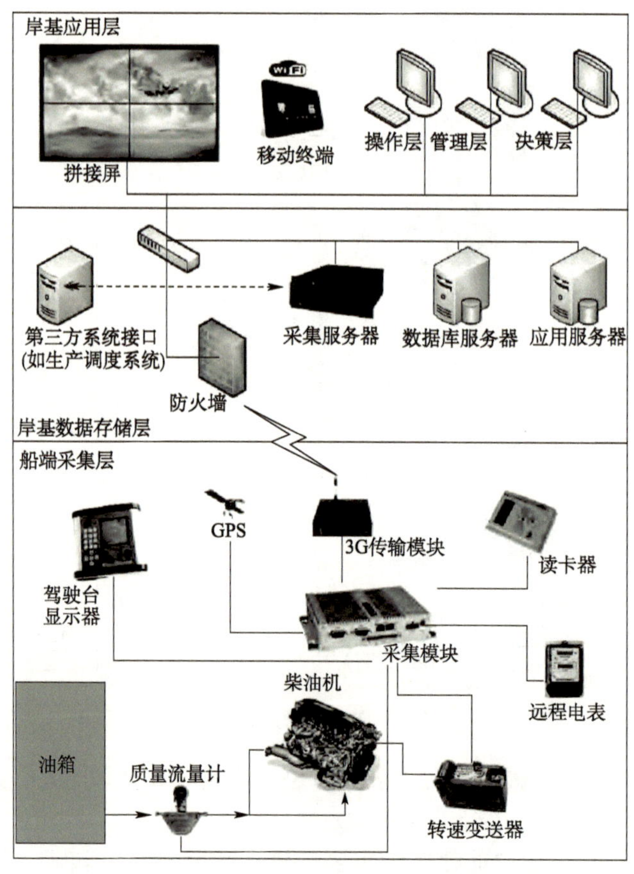

图 5-4 油耗在线监测系统原理图

其中，油箱的质量流量计原理如图 5–5 所示。其原理是在进油管路和回油管路中各安装一只流量计，分别计量进油流量和回油流量，用进油流量减回油流量计算得出柴油机组的燃油流量。

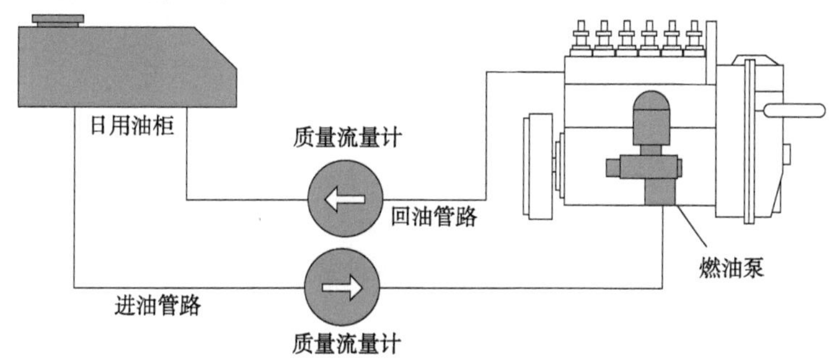

图 5–5　油箱的质量流量计原理

伴随港口企业的产业结构调整、经济增长方式转变，落实节能减排、加强能源管理已逐步成为企业挖潜增效、降低成本、实现经济和社会效益增长的重要手段。

我国很多船舶企业已经开始建立能耗监测平台，如中远集运燃油监控管理系统，实现了燃油的精细化管理。借助计算机、数据库、通信等技术实现的集软硬件于一体的应用系统，可实现数据采集功能和燃油监控功能，不仅可以对油耗进行查询，还可以在“事前”，对不同船型进行单独分析，考虑机型、船型和航线特点及船况，利用柴油机的油耗和转速成三次方的关系，科学制定出合理的定额标准。在“事后”（一旦船舶出现油耗超出定额时），燃油监控平台立即发出报警，通过邮件和报表的形式，向贸易区主要航线管理部门提供油耗提醒报告，管理人员根据平台提供的综合信息进而做出正确的监控指令。

同时，我国众多港口已经着手建设能耗监测与分析系统，天津港、连云港建立了港口能源管理系统，完善了用电计量管理，形成了完整规范的能源管理计算机动态网络体系；青岛港为港作机械安装了全球定位系统（GPS）和远程监控系统，将人员、车型、工时、油耗等数据实时反馈并实现按日自动统计分析；上港集团推行油品管理信息化系统建设，实施油品集中采购和单台设备油耗实时监控，分别从上游和下游严格控制油品消耗各个环节。

（二）主要问题

准确计量、全面客观的能源数据是加强能源监督管理的重要基础，是贯彻节能法规、评估节能政策、优化能源结构、提高能源利用效率的重要前提，是开展节能降耗任务分解和目标考核的重要依据。我国船舶能源消耗监控未能得到有效管理，船舶节能减排技术起步较晚，亟需通过开展船舶能耗监测体系的研究，掌握我国船舶能耗的实际水平，促进航运业的节能减排，完成对《国际防止船舶造成污染公约》附则 VI 的履约。受现有统计方法手段和统计组织模式的局限，无论是在指标体系、方法体系还是组织体系方面，均与建立适应行业需求的交通行业统计监测体系要求相差甚远，有待加强，主要表现在以下几点。

1. 监测制度尚不完善

交通运输能耗统计监测的重点是对影响交通行业能源消耗的关键因素进行监测，如交通运输工具的能耗水平、交通运输企业运营组织水平以及交通基础设施供给水平的监测。由于目前数据来源主要为企业，只能对纳入企业现有统计体系的，反映能耗影响因素的传统指标进行调查，对于其他影响能耗关键因素的指标较少涉及。而且，船舶能耗监测主要是对典型航运船舶和港口企业的监测，被选定为监测对象的企业填写表格或撰写文字材料后，直接上报交通运输部，或由集团总公司进行审核后上报交通运输部，没有规范的统计体系和信息化的管理手段，无法建立智能实时数据库对主要耗能点进行监测。另外随着交通运输部门节能新政策的出台，还须不断灵活增加相应的能耗监测内容和监测指标，以便为政策的制定、评估和改进完善提供基础数据支撑。

2. 监测方法手段落后

目前在数据报送中主要采取针对重点企业的传统报表报送方式，由企业根据自身的管理台账，按照交通运输部的报表要求进行再次整理加工，然后手工录入上报。这种组织模式的缺点是：一方面，企业要开展大量的数据加工工作，工作量大、负担重，使企业参与调查的积极性大大降低；另一方面，从企业台账整理到报送，数据的处理周期长，不能满足监测体系高频度下对能耗数据的及时性需求。

3. 监测数据质量难以保证

由于数据的可靠性和真实性主要取决于企业日常统计业务水平，对企业要求很高，能够满足要求纳入监测范围的企业数量少之又少。目前，交通运输部重点能源消耗的监测对象仅包括 27 家道路运输企业、14 家水路运输企业和 43 家港口企业，企业的覆盖面不足、代表性不强。另外，统计数据又涉及企业利益问题，即便是企业配合开展监测工作，也存在人为干涉上报数据的可能性，对于提供数据的真实性和可靠性由于缺乏其他有效的数据采集手段也往往难以保证。

二、技术需求分析

1. 船舶与港口能效监测是落实国家政策、践行法律法规的政策需求

《国务院“十二五”节能减排综合性工作方案》明确提出了“推行能源计量

数据在线采集、实时监测”的要求。交通运输部《2012年节能减排工作要点》也提出了“加强并完善交通运输节能减排统计监测考核体系，推进能源利用在线监测工作”的要求。《交通运输部关于港口节能减排工作的指导意见》（交水发〔2012〕551号）要求开展节能减排监测检测技术研究，进一步完善节能减排监测、监察制度、实现港口能耗在线实时监测。《2014年交通运输行业节能减排工作要点的通知》（厅政法字〔2014〕36号）要求继续强化交通运输节能减排统计监测。《交通运输节能环保“十三五”发展规划》中，也把“完善交通运输行业能耗统计平台，继续组织开展营运车辆、船舶能耗监测统计工作，继续推进交通运输重点用能单位开展能耗监测，有序推进省级能耗统计监测体系的建设实施”列为主要任务。《交通运输部关于全面深入推进绿色交通发展的意见》中，也明确提出“完善绿色交通标准体系。逐步构建基础设施、运输装备、运输组织等方面的绿色交通标准体系，配套制定绿色交通相关建设和评价标准，完善交通运输行业重点用能设备能效标准和能耗统计标准。积极参与绿色交通国际标准制定，提升国际影响力”。可见，国家的政策法规要求船舶与港口尽快开展能耗在线监测。

2. 船舶与港口能效监测是水运行业实施能源管理的行业需求，是降低船舶港口能耗和防治大气污染的前提条件

为掌握交通运输行业节能降耗演变趋势，及时了解节能管理工作的进展情况，需要开展一系列科学化、规范化和精细化水平的船舶与港口能耗统计监测工作。这是有效降低港口能源单耗、控制港口能源消耗总量的基础，能为下一步加大节能减排工作力度，提高节能减排工作效率提供有力保障。

3. 船舶与港口能效监测是技术创新、产业升级的技术要求，能为弥补国际和国内差距奠定坚实基础

《国际防止船舶造成污染公约》附则VI生效后，我国多家大型航运公司为赶超国际船舶的能效水平，也积极根据公约要求制定了《船舶能效管理计划》，并以船舶能效营运指标等作为能效指标开展了能效监测技术的研发和能效管理平台的建设。

三、技术框架体系及分类

船舶与港口能耗监测技术按照其成熟度和推广度可以分为前沿技术，先进成熟技术和需要继续改进完善的技术3大类，技术框架体系及技术分类见表5-9。

技术框架体系及技术分类　　表 5-9

技术类别	主要技术	主要问题
前沿技术	智能监测平台 电能利用监测实验系统	成本较高、需要针对企业需求设计成套系统
先进成熟技术	油耗在线监测技术	成本较高、企业积极性不大
需要继续改进完善的技术	便携式油耗仪	在船舶上的适用性有待考证

前沿技术有应用在船上的智能监测平台和应用在港口能耗监测上的电能利用监测实验系统等。智能监测平台不仅可以实现油耗的监测，还可以结合船舶运行状况，给出油耗统计和分析，并提供燃油消耗的最佳决策方案。电能利用监测实验系统采用模拟和仿真平台，扩展了港口设备电能利用监测实验系统的功能，可用于模拟港口电网及主要用电设备的工况，并分析采用节能技术后的效果，能够减少现场实验的次数和规模，减少检测人员的危险，并可以模拟难以进行实地测试的港口电网运行工况。

先进成熟技术有油耗在线监测技术。油耗在线监测技术可以每天录入船舶油耗数据，还可以自动进行油耗数据的统计，形成标准格式的周耗、月耗、季耗、航次消耗统计报告。除此之外，该技术还加入了与船舶航行有关的海况信息、船舶动态信息，可为跟踪和控制油耗提供决策依据。

需要继续改进完善的技术有船舶能耗监测时使用便携式油耗仪等。便携式油耗仪可以直接测量发动机的实时油耗，其体积小、重量轻，仅有一台计算机大小。但是目前其用于船舶油耗监测的较少，还需要通过试点实验加以完善。

船舶与港口能耗监测技术框架如图 5-6 所示，根据监测主体的不同，分为船舶和港口 2 大类船舶能耗监测技术又分为单船的能耗监测技术和船队的能耗监测技术；港口能耗监测技术又分为港作机械的能耗监测技术和港口固定用能设施的能耗监测技术。

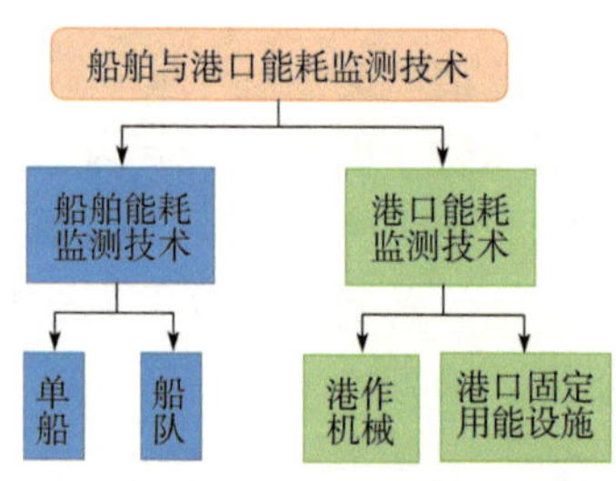

图 5-6　船舶与港口能耗监测技术框架

其中单船的能耗监测技术主要采用在线监测的手段，船队的能耗监测技术主要采用宏观能耗统计方法，即国家统计局能源司能耗统计制度和重点企业统计报表制度。港作机械的能耗监测主要采用油耗在线监测的手段，港口固定用能设备也采用电表实施自动读取的在线监测技术。

四、前沿技术的科研攻关方向

1. 能耗监测体系的动态化

目前的能耗在线监测体系以能耗的日均记录值为主，实行每日上报，无法实现能耗监测的动态记录，无法满足对油耗的实时监管功能。下一步能耗在线监测体系应逐步实现动态化，提高数据传输的时间分辨率，在终端管理平台可以同步接收能耗监测数据，进而为实现管理功能的智能化平台的搭建奠定基础。

2. 能耗监测平台的智能化

目前，大部分的在线能耗监测平台只是实现了燃油消耗和用电量的记录功能，却无法通过大数据分析反馈给出降低能耗和排放的方案策略。下一步在线能耗监测平台的建设应朝着智能化方向发展，要求不仅记录燃油消耗和用电量的数据，而且要利用船舶主机转速、油耗、时间、船舶类型等信息，通过后台计算分析，给出燃油消耗的最优化决策。对于油耗异常的船舶，应可以迅速分析其原因，及时做出正确的指示，使船舶油耗恢复正常，避免油耗的加大，最终形成集记录、分析、反馈和管理于一体的智能化监测平台。

3. 能耗降低的市场化机制良性发展

目前，船舶能耗的监管只是在立法和标准层面推进，还没有实质性的市场机制推动发展。下一步可以通过碳交易、碳基金或者碳税等手段，构建成型的市场机制，协助船舶能耗的进一步降低；制定我国船舶能耗降低和温室气体减排的路线图，逐步开展我国船舶能效管理工作。

五、先进技术的推广和鼓励应用政策

能耗监测体系的先进技术主要体现在在线能耗监测的智能化发展，智能化可集成能耗的监测、统计和分析于一体，通过油耗的分析和统计，提出油耗管理的最优化方案，达到节能减排的效果。

为实现能耗监测体系的动态化和能耗监测平台的智能化发展，一方面，应制定能耗平台资金补贴政策，降低能耗监测系统的成本费用，提高企业的积极性；另一方面应出台能源消耗相关标准，促进能耗监测技术的推广和发展。

六、标准规范体系制修订方案

目前，我国船舶和港口能耗监测标准系统性、全面性和协调性较差。在能耗限值领域，已出台制定营运船舶的燃料消耗量限值标准，需要增加港口机械运营设备的能耗限值标准；在能耗监测领域，已出台船舶能源利用监测评价方法标准，需要增加港口机械的监测评价方法标准；在能耗管理领域，需要制定船舶与港口能效综合管理技术标准。

第四节 小　结

根据船舶污染物监测技术、港口污染物监测技术、船舶与港口营运能效监测技术 3 类领域的研究成果，本书总结提炼了我国船舶与港口污染物监测监管技术的下一步科研主攻方向和适用技术的推广应用技术目录、拟出台的主要技术政策性文件以及亟需制定的标准规范等内容。

一、主要技术研发方向

本书提出了 9 项应重点研发和推广应用的技术（表 5–10），其中近 5 年需要重点研发技术 5 项，包括微流控芯片压载水快速检测技术、船舶尾气监测分布点技术、能耗在线监测平台等关键技术与设备装备。

船舶与港口污染物监测监管技术分类　　表 5–10

序号	技术名称	主要技术内容	适用领域	备　注
1	船舶污染物监测技术			
1.1	船舶尾气遥感监测技术	研究基于岸基、桥梁、执法船、无人机的光学遥感设备和嗅探器的配置场景及技术的可靠性，开展船舶尾气遥感监测试点，研发精度相对较高、覆盖面区域较大、操作相对简单、响应快速的船舶尾气遥感监测设备	适用于船舶尾气排放的日常监测	重点研发技术，该技术应用前景广阔，但技术本身需要进一步研发和优化
1.2*	微流控芯片压载水快速检测技术	将压载水检测结合微流控芯片技术，将常规实验室中涉及的样品制备、生物与化学反应、分离检测等基本操作集成在微米级的芯片上，实现压载水的快速检测	适用于压载水的快速检测	重点研发技术，该技术是面向海洋现场监测和调查便携式快速检测需求的最好解决方案，目前已在我国大连海事大学取得突破性研究进展
1.3*	船舶尾气监测布点技术	收集相关地形、气象、监测、港区平面布置、船舶航行轨迹等相关数据，基于运筹学、统计学等方法研究提出科学合理的船舶尾气监测布点技术	适用于船舶废气排放的日常监测	重点研发技术，该技术正处于研发过程中，未来可进行试点研究

续上表

序号	技术名称	主要技术内容	适用领域	备注
1.4	船舶烟气在线监测技术	能固定安装在船舶上，同时能监测船舶主机和辅机排出的废气	适用于船舶废气排放的日常监测	重点研发技术，该技术正处于研发过程中，未来可进行试点研究
1.5*	便携式船舶烟气快速检测技术	采用便携式装备，可实现对船舶尾气中 SO_x、NO_x、颗粒物的快速检测	适用于船舶尾气检测	该技术较为成熟，可在我国进行大范围推广
1.6*	船用燃料油硫含量快速检测技术	采用便携式装备，可实现对船舶船用燃料油中硫含量的快速检测	适用于船舶燃料油检测	该技术较为成熟，可在我国进行大范围推广
2	港口污染物监测技术			
2.1	港口多环境要素一体化监管信息平台建设	针对港口环境监测中的各环境要素，建立统一的数据监测集成平台，并完善相关软件与硬件的研发	适用于港口污染物排放综合监控管理	该技术尚需继续研发和完善，应用前景较大
3	船舶与港口营运能效监测技术			
3.1*	能耗在线监测平台建设	可实现能耗监测的动态记录，满足对油耗的实时监管；通过逐步提高数据传输的时间分辨率，在终端管理平台可以同步接收能耗监测数据，实现智能化管理	适用于港口船舶能耗监测	该平台建设需要进一步进行技术研发，应用前景广阔
3.2	能耗方案决策系统	利用船舶主机转速、油耗、时间、船舶类型等信息，通过后台计算分析，给出燃油消耗的最优化决策。对于油耗异常的船舶，及时做出正确的指示，使船舶油耗恢复正常，避免油耗的加大。最终形成集记录、分析、反馈和管理于一体的智能化监测平台	适用于港口船舶能耗综合管理	该平台建设需进一步技术研发，应用前景广阔

注：标“*”为近5年需重点研发和推广的技术。

二、主要技术政策性文件

本书提出了6条主要技术政策，侧重于推动近年来应用面广、效益显著的新成果的进一步推广，兼顾当前和今后一个时期应大力发展的新技术的继续研发和应用，重点围绕船舶与港口污染物监测监管等激励机制和鼓励政策。

（一）船舶污染物监测监管

1. 制定船舶污染监测总体规划

明确全国开展船舶污染监测的总体思路，设定不同时期船舶污染监测的工作目标，划定船舶监测的重点区域和重点内容。规划应与《全国公路水路交通运输环境监测网总体规划》形成良好互补。

2. 建立船舶污染监测工作机制

明确年度监测工作计划、监管模式、监测因子和频率，发布船舶污染监测技术框架体系和技术选用指南，切实有效地推动船舶污染监测工作实施。

3. 编制船舶排放控制区监测监管能力建设方案

针对船舶排放控制区监管的迫切需要和特定要求，积极开展无人机、遥感、在线监测和普通柴油快速检测等技术的应用或试点，研究制定开展监测监管能力建设的思路、主要建设内容、建设安排和组织形式。

（二）港口污染物监测监管

1. 发布港口环境监测技术框架体系

在现有监测规范、监测技术框架的基础上，明确将地下水、土壤和水生生物监测技术纳入港口环境监测技术清单中。

2. 发布推进港口环境监测的指导意见

明晰各方事权，落实责任，明确开展港口环境监测的资金渠道；明确将地下水、土壤和水生生物监测技术纳入港口环境监测技术清单中，提出港口环境监测相关标准、技术规范的制修订要求；指明水生生物快速检测等前沿技术的研发与应用方向。

（三）船舶与港口营运能效监测

制定船舶与港口能效监控平台的资金补贴政策。针对能耗监测系统的高成本问题，研究制定补贴政策，鼓励企业积极开展监测系统的建设。

三、主要技术标准规范制修订建议

本书提出了 11 项相关标准体系制修订建议（表 5–11），其中 2 项为亟需制修订的标准。

船舶与港口污染物监测监管技术标准体系制修订建议　　表 5–11

序号	标准名称	标准类型	制修订建议		备　注
			制定	修订	
1	船舶污染物监测装备配置标准	行业标准	√		亟需制定
2	船舶大气污染物监测技术标准	行业标准	√		亟需制定
3	港口环境空气质量监测点位布设技术规范	行业标准	√		
4	大型散货码头污染排放监测点位布设技术规范	行业标准	√		
5	港口施工期、运营期环境监测技术规范	行业标准	√		
6	港口能耗在线监测系统建设规范	行业标准	√		
7	港口环境空气监测标准	行业标准	√		
8	港口水生生物快速检测方法与标准	行业标准	√		
9	港口机械运营设备的能耗限值标准	行业标准	√		
10	港口机械的监测评价技术标准	行业标准	√		
11	船舶与港口能效综合管理技术规范	行业标准	√		

参考文献

[1] 国际海事组织 . 国际防止船舶造成污染公约及其后续相关决议 [Z].1978.

[2] 环境保护部 , 国家质量监督检验检疫总局 . 船舶水污染物排放控制标准 :GB 3552—2018[S]. 北京 : 中国环境科学出版社 ,2018.

[3] 国际海事组织 . 国际船舶压载水和沉积物控制和管理公约 [Z].2004.

[4] 中国船级社 . 实施压载水公约及区域性法令的信息通告 [Z].2017.

[5] 交通部 . 沿海海域船舶排污设备铅封管理规定 [Z].2007.

[6] 交通部 . 渤海海域船舶排污设备铅封程序规定 [Z]. 2003.

[7] 潘良高 . 船舶防污染技术现状及其发展趋势 [J]. 机电设备 ,2015(5):42-45.

[8] 李波 , 周世俊 . 含油污水处理技术 [J]. 辽宁化工 , 2007(1):56-59.

[9] 王泉斌 , 李秋成 . 舰船乳化油污水破乳技术 [J]. 航海工程 , 2016, 45(2):78-81.

[10] 王良武 , 李慧子 , 谢承利 , 等 . 基于透析膜的高乳化油污水分离特性试验 [J]. 中国舰船研究 , 2017, 12(3): 128-134.

[11] 刘婷 . 船舶灰水回用装置的试验研究 [D]. 武汉理工大学 , 2008.

[12] 胡芝悦 , 钟登杰 , 邓胡飞 , 等 . 船舶生活污水处理进展及发展趋势 [J]. 重庆理工大学学报 (自然科学), 2014, 28(12):64-70.

[13] 王新奇 , 程爱华 . 微电解—活性污泥法去除污水中 COD 的试验研究 [J]. 陕西科技大学学报 , 2013, 31(5):38-41.

[14] Yang X, Xue Y, Wang W. Mechanism， kinetics and application studies on enhanced activated sludge by interior microelectrolysis[J].Bioresource technology, 2009, 100(2):649-653.

[15] 张硕慧 . 船舶压载水转移外来物种机制的探讨 [J]. 中国航海 , 2002(1):43-47.

[16] Carton J T. Biological invasions and biodiversity in the Sea: The ecological and human impacts of non-indigenous marine and estuarine organisms[A]. Carlton J T. Proceedings of the Conference and Workshop[C]. USA: National Oceanic and Atmosphere Administration, 1994, 5-11.

[17] 中国船级社 . 国际海事组织海上环境保护委员会第 69 届会议要点快报 [Z]. 2016.

[18] 谢承利 , 翁平 , 李小军 , 等 . 船舶压载水处理技术应用综述 [J]. 航海工程 , 2010, 39(6): 86-90.

[19] 党坤 , 殷佩海 , 孙培廷 . 国内外船舶压载水处理技术现状 [J]. 航海技术 , 2004(2):64-66.

[20] 党坤 . 电解法处理船舶压载水的应用研究 [D]. 大连海事大学 ,2005.

[21] 王雪峰 . 船舶压载水对海洋的污染及处理方法 [J]. 中国水运 , 2004, 9(1):3-4.

[22] 国务院 . 水污染防治行动计划 [Z]. 2015.

[23] 交通运输部 . 船舶与港口污染防治专项行动实施方案 (2015—2020 年)[Z]. 2015.

[24] 交通运输部 .2017 年交通运输行业发展统计公报 [Z]. 2018.

[25] 中国船级社 . 压载水公约实施指南 (2015 年)[Z].2015.
[26] 财政部 . 内河船型标准化补贴资金管理办法 [Z]. 2014.
[27] 孟峥嵘 , 王春明 . 船用焚烧炉技术现状及发展趋势 [J]. 交通科技 ,2012(1):104-107.
[28] 交通运输部 . 珠三角、长三角、环渤海 (京津冀) 水域船舶排放控制区实施方案 [Z]. 2015.
[29] 交通运输部 . 船舶大气污染物排放控制区实施方案 [Z]. 2018.
[30] 国务院 . 中国制造 2025 [Z]. 2015.
[31] 周长江 . 满足 Tier Ⅲ的船舶氮氧化物排放控制方法简析 [J]. 机电设备 , 2018, 35(03):31–34.
[32] 方平 , 陈雄波 , 唐子君 . 船舶柴油机大气污染物排放特性及控制技术研究现状 [J]. 化工进展 , 2017, 36(03): 1067-1076.
[33] 汪宗御 , 张继锋 , 纪玉龙 . 船舶尾气污染物排放控制研究进展 [J]. 化工进展 , 2017, 36(06):2289-2297.
[34] 交通运输部 . 港口岸电布局方案 [Z]. 2017.
[35] 国家质量监督检验检疫总局 . 靠港船舶岸电系统技术条件 :GB/T 36028.1—2018[S]. 北京：中国标准出版社 , 2018.
[36] 交通运输部 . 码头船舶岸电设施工程技术标准 :GB/T 51305—2018[S]. 北京：中国计划出版社 , 2018.
[37] 张光玉 . 港口散货粉尘污染防治理论与技术方法 [M]. 北京 : 人民交通出版社 , 2010.
[38] 蒋江波 , 张立柱 , 李丕学 . 港口水环境污染与监测 [M]. 北京 : 海洋出版社 , 2010.
[39] 路静 , 唐谋生 , 李丕学 . 港口环境污染防治技术 [M]. 北京 : 海洋出版社 , 2007.
[40] 郑远扬 . 含油污水处理与设备 [M]. 北京 : 中国石化出版社 , 2014.
[41] 姜涛 . 天津港环境污染防治分析与治理研究 [J]. 交通信息与安全 . 2014, 32(4): 102-107.
[42] 杨庆霄 , 徐俊英 , 李文森 . 海上溢油溶解过程的研究 [J]. 海洋学报 , 1994, 16(3): 50-56.
[43] 赵冬至 , 张存智 , 徐恒振 . 海洋溢油灾害应急响应技术研究 [M]. 北京：海洋出版社 , 2006.
[44] 程金香 , 徐洪磊 , 汪守东 , 等 . 国家重大海上溢油应急能力建设规划研究 (2015—2020 年) [R]. 交通运输部规划研究院 , 2015.
[45] 徐洪磊 , 程金香 , 汪守东 , 等 . 国家重大海上溢油应急处置预案 [R]. 交通运输部规划研究院 , 2016.
[46] 田荣洁 , 徐洪磊 . 内河区域性溢油风险和应急能力评估 [R]. 交通运输部规划研究院 , 2016.
[47] 毛宁 , 程金香 . 沿海区域性溢油风险和应急能力评估 [R]. 交通运输部规划研究院 , 2017.
[48] 汪守东 . 基于 Lagrange 追踪的海上溢油预报模型研究 [D]. 大连理工大学 , 2008.
[49] 娄厦 , 刘曙光 . 溢油模型理论及研究综述 [J]. 环境科学与管理 , 2008(10): 33-37.
[50] 环境保护部 , 国家质量监督检验检疫总局 . 船舶水污染物排放控制标准 :GB 3552—2018[S]. 北京 : 中国标准出版社 , 2018.
[51] 交通运输部 . 珠三角、长三角、环渤海 (京津冀) 水域船舶排放控制区实施方案 [Z]. 2015.
[52] 交通运输部 . 船舶大气污染物排放控制区实施方案 [Z]. 2018.
[53] 交通运输部 . 推进交通运输生态文明建设实施方案 [Z]. 2017.

[54] 交通运输部 . 关于全面深入推进绿色交通发展的意见 [Z]. 2017.

[55] 交通运输部 . 关于全面加强生态环境保护坚决打好污染防治攻坚战的实施意见 [Z].2018.

[56] 王美飞 . 船舶能耗及船舶能效设计指数研究 [D]. 上海交通大学 , 2013.

[57] 李斌 . 船舶能效涉及指数和能效营运指数介绍及分析 [J]. 船舶机电技术 , 2012, 35(3): 23-26.

[58] 彭传圣 , 李庆祥 . 船舶能效设计指数及其影响 [J]. 航海技术 , 2010(5): 46-48.

[59] 王嘉亮 , 顾晓峰 . 港作船舶在线能耗监控系统的研究与应用 [J]. 港口装卸 , 2015(4): 30-32.

[60] 周新军 . 国内外能耗监测控制管理理论与实践 [J]. 中外能源 , 2013, 18(8): 1-7.

[61] 张爽 , 韩佳霖 . 欧盟海运排放监测报告核实规则及其影响 [J]. 中国航海 , 2014, 37(3): 104-107.

[62] 杨慧慈 , 吴卓敏 . 发展港口环境监测为经济建设服务 . 交通环保 [J]. 1998,4(19):3-4.

[63] 王金波 , 胡学忠 , 颜明东 . 港口船舶岸电综合监控系统设计与实现 [J]. 港口科技 , 2015(9):1-4.

[64] 孙万山 , 孙国治 . 海岸港口工程海洋生态环境监测与指标优化 [J]. 水运工程 , 2007(9):63-65.

[65] 康晓风 , 于勇 , 张迪 , 等 . 新形势下环境监测科技发展现状与展望 [J]. 中国环境监测 , 2015, 31(6):5-8.

[66] 周斌 , 叶伟 , 赵英杰 , 等 . 遥感与 GIS 技术在港口环境监测与管理中的应用初探 [J]. 水道港口 , 2006, 27(6): 396-400.

[67] 齐杨 , 于洋 , 刘海江 , 等 . 中国生态监测存在问题及发展趋势 [J]. 中国环境监测 , 2015, 31(6): 9-14.

附表

港口环境监测主要监测指标及执行的标准和常用技术设备

序号	检测类别	检测项目 / 参数		标准编号 / 检测细则编号 / 检测方法名称	仪器设备名称 型号 / 规格
		序号	名称		
1	水和废水	1-1	色度	GB 11903—1989	比色管
		1-2	透明度	《水和废水监测分析方法》	塞氏盘
		1-3	悬浮物	GB 11901—1989	AG285 电子天平
		1-4	电导率	《水和废水监测分析方法》	电导率仪
		1-5	水温	GB 13195—1991	HQ40d 多参数分析仪
		1-6	pH 值	GB 6920—1986	HQ40d 多参数分析仪
		1-7	溶解氧	HJ 506—2009	HQ40d 多参数分析仪
		1-8	高锰酸盐指数	GB 11892—1989	滴定管
		1-9	化学需氧量	GB 11914—1989	滴定管
		1-10	5 日生化需氧量	HJ 505—2009	生化培养箱
		1-11	氨氮	HJ 535—2009	DR5000 紫外可见光度计
		1-12	总磷	GB 11893—1989	DR5000 紫外可见光度计
		1-13	总氮	HJ 636—2012	DR5000 紫外可见光度计
		1-14	铜、铅、锌、镉	GB 7475—1987	ICE3500 原子吸收仪
		1-15	砷、硒、汞	HJ 694—2014	AFS9230 原子荧光仪
		1-16	六价铬	GB 7467—1987	DR5000 紫外可见光度计
		1-17	氟化物、氯化物、硝酸盐、硫酸盐	HJ 84—2001	MIC 离子色谱仪
		1-18	氰化物	HJ 484—2009	DR5000 紫外可见光度计
		1-19	挥发酚	HJ 503—2009	DR5000 紫外可见光度计
		1-20	石油类和动植物油	HJ 637—2012	红外测油仪 OIL460
		1-21	阴离子表面活性剂	GB 7494—1987	DR5000 紫外可见光度计
		1-22	硫化物	GB/T 16489—1996	DR5000 紫外可见光度计
		1-23	粪大肠菌群	HJ/T 347—2007	生化培养箱

续上表

序号	检测类别	检测项目/参数		标准编号/ 检测细则编号/检测方法名称	仪器设备名称 型号/规格
		序号	名称		
1	水和废水	1-24	铁、锰	GB 11911—1989	ICE3500 原子吸收仪
		1-25	总硬度(钙和镁总量)	GB 7477—1987	滴定管
		1-26	溶解性总固体	GB /T 5750.4-2006	AG285 电子天平
		1-27	甲醛	HJ 601—2011	DR5000 紫外可见光度计
		1-28	乙醛、丙烯醛	GB 11934—1989	TRACE 气相色谱仪
		1-29	苯系物(苯、甲苯、乙苯、对二甲苯、间二甲苯、邻二甲苯、异丙苯、苯乙烯)	GB 11890—1989	TRACE 气相色谱仪
		1-30	有机磷农药(甲基对硫磷、对硫磷、马拉硫磷、乐果,敌敌畏、敌百虫)	GB/T 13192—1991	TRACE 气相色谱仪
		1-31	甲萘威	GB/T 5750.9—2006	WATERS 超高效液相仪
		1-32	阿特拉津	HJ 587—2010	WATERS 超高效液相仪
		1-33	百菌清、溴氰菊酯	HJ 698—2014	TRACE 气相色谱仪
		1-34	有机氯农药	HJ 699—2014 GB/T 7492—1987	TRACE 气相色谱 - 质谱仪
		1-35	氯苯类化合物(氯苯、1,4- 二氯苯、1,3- 二氯苯、1,2- 二氯苯、1,3,5- 三氯苯、1,2,4- 三氯苯、1,2,3- 三氯苯、1,2,4,5- 四氯苯、1,2,3,5- 四氯苯、1,2,3,4- 四氯苯、五氯苯和六氯苯)	HJ 621—2011 HJ 699—2014	TRACE 气相色谱 - 质谱仪
		1-36	酚类化合物(苯酚、2- 氯苯酚、4- 氯苯酚、五氯酚、2,4- 二氯苯酚、2,6- 二氯苯酚、2,4,6- 三氯苯酚、2,4,5- 三氯苯酚、2,3,4,6- 四氯苯酚、4- 硝基酚、2- 甲酚、3- 甲酚、4- 甲酚、2,4- 二甲酚)	HJ 744—2015	TRACE 气相色谱 - 质谱仪

续上表

序号	检测类别	检测项目 / 参数		标准编号 / 检测细则编号 / 检测方法名称	仪器设备名称 型号 / 规格
		序号	名称		
1	水和废水	1-37	挥发性卤代烃（1,1-二氯乙烯、二氯甲烷、反式-1,2-二氯乙烯、氯丁二烯、顺式-1,2-二氯乙烯、三氯甲烷、四氯化碳、1,2-二氯乙烷、三氯乙烯、一溴二氯甲烷、四氯乙烯、二溴一氯甲烷、三溴甲烷、六氯丁二烯）	HJ 620—2011	TRACE 气相色谱仪
		1-38	硝基苯类化合物（硝基苯、邻硝基甲苯、间硝基甲苯、对硝基甲苯、间硝基氯苯、对硝基氯苯、邻硝基氯苯、2,4 二硝基氯苯、对-二硝基苯、间-二硝基苯、邻-二硝基苯、2,6-二硝基甲苯、2,4-二硝基甲苯、3,4-二硝基甲苯、2,4,6-三硝基甲苯、五氯硝基苯）	HJ 716—2014	TRACE 气相色谱-质谱仪
		1-39	苯胺类化合物	GB 11889—1989	DR5000 紫外可见光度计
		1-40	丙烯酰胺	HJ 697—2014	TRACE 气相色谱仪
		1-41	丙烯腈	HJ/T 73—2001	TRACE 气相色谱仪
		1-42	邻苯二甲酸二甲酯、邻苯二甲酸二丁酯、邻苯二甲酸二辛酯	HJ/T 72—2001	WATERS 超高效液相仪
		1-43	活性氯	生活饮用水卫生规范（2001 年修订版）	DR5000 紫外可见光度计
		1-44	甲基汞	GB/T 17132—1997	TRACE 气相色谱仪
		1-45	多氯联苯	HJ 715—2014	TRACE 气相色谱-质谱仪
		1-46	微囊藻毒素-LR	GB/T 20466—2006	WATERS 超高效液相仪

续上表

序号	检测类别	检测项目/参数		标准编号/检测细则编号/检测方法名称	仪器设备名称型号/规格
		序号	名称		
1	水和废水	1-47	磷酸盐	HJ 669—2013	MIC 离子色谱仪
		1-48	镍	GB/T 11912—1989	ICE3500 原子吸收仪
		1-49	钡	HJ 602—2011	ICE3500 原子吸收仪
		1-50	钒	HJ 673—2013	ICE3500 原子吸收仪
		1-51	铊	HJ 748—2015	ICE3500 原子吸收仪
		1-52	硼	HJ/T 49—1999	DR5000 紫外可见光度计
2	空气和废气	2-1	二氧化硫	HJ 482—2009	DR5000 紫外可见光度计
		2-2	二氧化氮	HJ 479—2009	DR5000 紫外可见光度计
		2-3	可吸入颗粒物 (PM_{10})	HJ 618—2011	AG285 电子天平
		2-4	总悬浮颗粒物	GB/T 15432—1995	AG285 电子天平
		2-5	氮氧化物	HJ 479—2009	DR5000 紫外可见光度计
		2-6	总烃	HJ 604—2011	TRACE 气相色谱仪
		2-7	苯系物（苯、甲苯、二甲苯）	HJ 584—2010	TRACE 气相色谱仪
		2-8	一氧化碳	GB 9801—1988	4140 一氧化碳分析仪
		2-9	臭氧	HJ 590—2010	DR5000 紫外可见光度计
		2-10	颗粒物 ($PM_{2.5}$)	HJ 618—2011	AG285 电子天平
		2-11	多环芳烃（苯并 [a] 芘）	GB/T 15439—1995 HJ/T 40—1999	WATERS 超高效液相仪
		2-12	铅	HJ 685—2014 HJ 539—2009	ICE3500 原子吸收仪
		2-13	镉	HJ/T 64.2—2001	ICE3500 原子吸收仪
		2-14	汞	HJ 542—2009	AFS9230 原子荧光仪
		2-15	砷	HJ 540—2009	AFS9230 原子荧光仪
		2-16	铬（六价）	《空气和废气监测分析方法》	DR5000 紫外可见光度计
		2-17	氟化物	HJ 480—2009	AFS9230 原子荧光仪
		2-18	硫化氢、甲硫醇	GB/T 14678—1993	TRACE 气相色谱仪
		2-19	氰化氢	HJ/T 28—1999	DR5000 紫外可见光度计
		2-20	氯化氢	HJ 549—2009	MIC 离子色谱仪

续上表

序号	检测类别	检测项目 / 参数		标准编号 / 检测细则编号 / 检测方法名称	仪器设备名称 型号 / 规格
		序号	名称		
2	空气和废气	2-21	氯气	HJ 547—2009	滴定管
		2-22	氨	HJ 533—2009	DR5000 紫外可见光度计
		2-23	二硫化碳	GB/T 14680—1993	DR5000 紫外可见光度计
		2-24	铬酸雾	HJ/T 29—1999	DR5000 紫外可见光度计
		2-25	硫酸雾	HJ 544—2009	MIC 离子色谱仪
		2-26	醛酮类化合物（丙酮）	HJ 683—2014	WATERS 超高效液相仪
		2-27	丙烯腈	HJ/T 37—1999	TRACE 气相色谱仪
		2-28	氯乙烯	HJ/T 34—1999	TRACE 气相色谱仪
		2-29	硝基苯类化合物（硝基苯、硝基甲苯、硝基氯苯）	HJ 739—2015	TRACE 气相色谱 - 质谱仪
		2-30	苯胺类	HJ/T 68—2001	TRACE 气相色谱仪
		2-31	氯苯类化合物（氯苯、1,4-二氯苯、1,2,4-三氯苯）	HJ/T 66—2001	TRACE 气相色谱仪
		2-32	挥发性有机物	HJ 644—2013	TRACE 气相色谱 - 质谱仪
		2-33	挥发性卤代烃（三氯甲烷、四氯化碳）	HJ 645—2013	TRACE 气相色谱仪
		2-34	有机氯农药和多氯联苯	《空气和废气监测分析方法》	TRACE 气相色谱仪
		2-35	有机磷农药	《空气和废气监测分析方法》	TRACE 气相色谱仪
		2-36	敌百虫	《空气和废气监测分析方法》	DR5000 紫外可见光度计
		2-37	烟气黑度	HJ/T 398—2007	测烟望远镜
		2-38	沥青烟	HJ/T 45—1999	AG285 电子天平
		2-39	饮食业油烟	GB 18483—2001	红外测油仪 OIL460
		2-40	非甲烷总烃	HJ/T 38—1999	TRACE 气相色谱仪
		2-41	甲醇	HJ/T 33—1999	TRACE 气相色谱仪
		2-42	温度	GB/T 18204.1—2013（3.1，3.2）	TY-9700

续上表

序号	检测类别	检测项目/参数		标准编号/检测细则编号/检测方法名称	仪器设备名称型号/规格
		序号	名称		
2	空气和废气	2-43	相对湿度	GB/T 18204.1—2013（4.3）	TY-9700
		2-44	空气流速	GB/T18204.1—2013（5）	TY-9900 数字微风仪
		2-45	新风量	GB/T18204.1—2013（6.2）	TY-9900 数字微风仪
		2-46	总挥发性有机物	GB/T 18883—2002（附录 C）	TRACE 气相色谱仪
		2-47	氡	GB/T 14582—1993	RAD7
		2-48	甲醛	GB/T 15516—1995	DR5000 紫外可见光度计
		2-49	烟度	GB/T 5741—2008	烟度计
3	噪声、振动和辐射	3-1	环境噪声	GB 3096—2008	HS6288B 噪声频谱仪
		3-2	厂界噪声	GB 12348—2008	HS6288B 噪声频谱仪
		3-3	建筑施工场界噪声	GB 12523—2011	HS6288B 噪声频谱仪
		3-4	铁路边界噪声	GB/T 12525—1990	HS6288B 噪声频谱仪
		3-5	环境振动	GB/T 10071—1988	HS6256 环境振动分析仪
		3-6	社会生活环境噪声	GB 22337—2008	HS6288B 噪声频谱仪
		3-7	机场噪声	GB 9661—1988	HS6288B 噪声频谱仪
		3-8	城市道路交通噪声	GB/T 3222—2009	HS6288B 噪声频谱仪
		3-9	城市轨道交通车站、站台噪声	GB 14227—2006	HS6288B 噪声频谱仪
		3-10	工频电场	DL/T 988—2005	RJ-5 工频电场仪
		3-11	工频磁场	DL/T 988—2005	工频磁场测量仪
		3-12	无线电干扰	GB/T 7349—2002	检波器
		3-13	射频电场强度	HJ/T 10.2—1996	工频电场仪
		3-14	射频磁场强度	HJ/T 10.2—1996	磁场仪

续上表

序号	检测类别	检测项目 / 参数		标准编号 / 检测细则编号 / 检测方法名称	仪器设备名称 型号 / 规格
		序号	名称		
4	土壤、底质	4-1	pH	GB/T 7859—1987	HQ40d 多参数分析仪
		4-2	铅、镉	GB/T 17141—1997	ICE3500 原子吸收仪
		4-3	铜、锌	GB/T 17138—1997	ICE3500 原子吸收仪
		4-4	铬	HJ 491—2009	ICE3500 原子吸收仪
		4-5	镍	GB/T 17139—1997	ICE3500 原子吸收仪
		4-6	有机质	NY/T 1121.6—2006	滴定管
		4-7	汞、砷、硒	HJ 680—2013	AFS9230 原子荧光仪
		4-8	氰化物	HJ 745—2015	DR5000 紫外可见光度计
		4-9	油类	GB 17378.5—2007	DR5000 紫外可见光度计
		4-10	六六六、滴滴涕	GB/T 14550—2003	TRACE 气相色谱仪
		4-11	有机氯农药（艾氏剂、狄氏剂）	YC/T 386—2011	TRACE 气相色谱仪
		4-12	有机磷农药（速灭磷、甲拌磷、二嗪磷、马拉硫磷、甲基对硫磷、杀螟硫磷、溴硫磷、水胺硫磷、甲胺磷、杀扑磷、乐果、对硫磷、敌敌畏）	GB/T 14552—2003	TRACE 气相色谱仪
		4-13	多氯联苯	HJ 743—2015	TRACE 气相色谱 - 质谱仪
		4-14	挥发性芳香烃	HJ 742—2015	TRACE 气相色谱仪
		4-15	挥发性卤代烃	HJ 736—2015	TRACE 气相色谱 - 质谱仪
		4-16	酚类化合物	HJ 703—2014	TRACE 气相色谱仪
		4-17	丙烯醛、丙烯腈、乙腈	HJ 679—2013	TRACE 气相色谱仪
		4-18	毒鼠强	HJ 614—2011	TRACE 气相色谱仪
		4-19	干物质和水分的测定	HJ 613—2011	AG285 电子天平
		4-20	水溶性和酸溶性硫酸盐	HJ 635—2012	AG285 电子天平
		4-21	氨氮、亚硝酸盐氮、硝酸盐氮	HJ 634—2012	DR5000 紫外可见光度计

续上表

序号	检测类别	检测项目 / 参数		标准编号 / 检测细则编号 / 检测方法名称	仪器设备名称 型号 / 规格
		序号	名称		
5	生物	5-1	叶绿素 a	《水和废水监测分析方法》/ GB 17378.7—2007	DR5000 紫外可见光度计
		5-2	浮游植物	《水和废水监测分析方法》/ GB 17378.7—2007	显微镜 OLYMPUS
		5-3	浮游动物	《水和废水监测分析方法》/ GB 17378.7—2007	显微镜 OLYMPUS
		5-4	底栖动物	《水和废水监测分析方法》/ GB 17378.7—2007	显微镜 OLYMPUS
		5-5	着生植物	《环境监测技术规范》/ GB 17378.7—2007	显微镜 OLYMPUS
		5-6	水生维管束植物	《环境监测技术规范》/ DB43/T 432—2009	显微镜 OLYMPUS
		5-7	粪链球菌	《水和废水监测分析方法》	生化培养箱
		5-8	游泳动物（成鱼）	SL 167—96/ GB 12763—2007/ GB 17378.1~7—2007	—
		5-9	早期资源（鱼仔鱼卵）	（SL 167—96）/ GB 12763—2007/ GB 17378.1~7—2007	显微镜 OLYMPUS
6	表层海水	6-1	pH	GB 17378.4—2007	HQ40d 多参数分析仪
		6-2	氨氮	GB 17378.4—2007	DR5000 紫外可见光度计
		6-3	CODMn	GB 17378.4—2007	滴定管

续上表

序号	检测类别	检测项目/参数		标准编号/检测细则编号/检测方法名称	仪器设备名称型号/规格
		序号	名称		
6	表层海水	6-4	DO	GB 17378.4—2007	HQ40d 多参数分析仪
		6-5	石油类	GB 17378.4—2007	红外测油仪 OIL460
		6-6	硝酸盐	GB 17378.4—2007	MIC 离子色谱仪
		6-7	铜、铅、锌、镉	GB 17378.4—2007	ICE3500 原子吸收仪